U0024364

兩岸交流與社會發展

社會發展

——「小三通」與旅遊研究文集

>>> 陳建民 著

Taiwan

&China

自　序

　　近年來，筆者積極從事兩岸關係與交流相關議題之研究，特別針對「小三通」之現況與發展問題深入探討。續前所著「兩岸『小三通』議題研究」之後，再以後續之研究成果彙集而成本書。其中部分研究曾發表於列名 TSSCI（Taiwan Social Science Citation Index，國科會臺灣社會科學引文索引資料庫）之學術期刊及其他國內外有審查機制之專業學術刊物或研討會論文，為維持原期刊或研討會之形式，註釋部分保留原來之規格。

　　長久以來兩岸關係隨著政治的千變萬化而起伏不定，其間的交流與社會發展日新月異，2001 年 1 月 1 日開啟兩岸「小三通」交流，不啻為兩岸關係的重大發展與突破；其後隨著兩岸交流互動的頻繁，直接開展大三通直航的呼聲不絕於耳，在兩岸政府達成共識之下，遂於 2008 年 12 月 15 日，在第二次江陳會簽署四項協議的基礎下，兩岸「大三通」正式上路。由於兩岸關係的發展一日千里，作者歷年來特別鑽研此方面的相關議題，包括「小三通」與觀光、政策等面向進行深一層的研究，期能將理論與實務相結合，並拓展個人研究領域與研究興趣上的新知。

　　本書即將出版之際適逢作者升等教授成功，也算是對近五年內研究成果的肯定，本書內容亦是其中的一部分，在此特別對所有幫助過我的人致上十二萬分感謝之意。在這資源貧瘠的小島上，教學自是辛苦，研究更是艱難，資料的取得尤為不易，本書得以完成並彙集成冊，必須感謝周遭支持與鼓勵我的人，惟作者

資質駑鈍，本書若有任何謬誤或疏漏，尚請各界先進不吝賜正，文責當由本人自負。

作者
陳建民　謹識
中華民國九十八年四月

目 次

第一篇

「小三通」篇

金廈「小三通」對金門經濟安全的影響
——從民眾認知的角度分析

壹、前言

　　臺海兩岸在「三通」問題未有具體結果之前，基於實際需求，率先於外島金門、馬祖和對岸試行「小三通」。兩岸實施小三通政策，乃基於兩岸交流的趨勢加上金門、馬祖民意的壓力，促使我臺灣政府於 2000 年 3 月 21 日通過〈離島建設條例〉，其中規定「在臺灣本島與大陸地區全面通航之前，得先試辦金門、馬祖、澎湖地區與大陸地區通航，不受臺灣地區與大陸地區人民關係條例等法令限制。……」其後，立法院又於同年 6 月 13 日決議：「政府應在三個月內完成小三通評估，在三個月內完成規劃後，隨即實施優先試辦項目：一、除罪化。二、可操之在我部分。……」[1]據此，行政院乃相繼擬具〈兩岸小三通影響評估報告〉，並完成修正後轉立法院備查，使小三通的規劃有了具體藍圖。[2]2000 年 12 月 15 日行政院復發

---

[1]　「小三通」有關「除罪化」問題主要是考量金馬地區與中國大陸地區不可分割之密切關係及民生需求，經分析若犯罪行為係出於當地人民之需要，且無礙國家安全者，將優先考量開放或放寬管制，予以「除罪化」；惟若考量有違國家安全或非關當地民生需求者，則不予「除罪化」。至於「可操之在我」方面，其意義係指「小三通」之規劃事項，不必然須經兩岸協商即可運作。目前「小三通」的範圍主要包含二個項目：一為讓金門、馬祖民眾與中國大陸地區進行合法的直接經貿交流，此部分是指「除罪化」的事項；二為在有效控管風險及採取完善配套措施的前提下，有限度開放中國大陸地區船舶、貨品及人員進入金馬地區，此部分所指為「可操之在我」的事項。

[2]　行政院大陸委員會編，《兩岸「小三通」影響評估及規劃方向》（臺北：行政

布〈試辦金門馬祖與大陸地區通航實施辦法〉,並於 2001 年 1 月 1 日起正式實施。截至 2008 年 8 月為止,兩岸經小三通往來民眾已高達 1,642,235 人次,且有逐年增加之趨勢。[3]

近年來,世界經濟格局正產生急劇的變化,經濟區域化、國際化的趨勢日益明顯,亦愈來愈受學術界的重視。金門地區地屬偏遠的離島區域,本身發展條件受到地理環境、嚴重人口外流、資源及基礎設施不足等問題影響,推動工商業發展原本較為不易,又因 1992 年戰地政務解除及「國軍精實案」之實施,原仰賴國軍消費之民間企業大幅縮減,使得金門地區工商業發展環境更為艱難。就現實面而言,兩岸經貿關係的發展,將會影響我國產業以及整體經濟結構,在兩岸經貿相互依賴加深的關係中,小三通對於金門的經濟影響應是首當其衝,是否提供一嶄新的發展契機,抑或產生負面的衝擊,都是值得研究和注意的課題。

雖然國內探討小三通的相關研究所在多有,惟大都針對實施後民眾對其政策的滿意度,以及兩岸政治的情勢發展等問題之分析,對於小三通實施後影響金門地區經濟層面的實證調查則較少著墨。小三通施行之前,有許多研究即針對兩岸三通或小三通形成背景進行政治面的探討;[4]自小三通試辦以來,相關之研究多著墨於小三通

院大陸委員會,2000 年),頁 1-2。

[3] 行政院大陸委員會,〈金馬小三通航運人員往來統計月報〉,《行政院大陸委員會全球資訊網》,2008 年 10 月 1 日,〈http://www.mac.gov.tw/big5/statistic/ass_em/3link.htm〉。

[4] 包宗和,《臺海兩岸互動的理論與政策面向(1950-1989)》(臺北:三民書局,1991 年),頁 11-32;趙春山,《大陸政策與兩岸關係》(臺北:財團法人民主文教基金會,1991 年),頁 25-40;王國琛,《一個中國與兩岸統一》(臺北:環宇出版社,1996 年),頁 421-425;張同新、何仲山,《「一國兩制」與海峽兩岸關係》(北京:中國人民大學出版社,1998 年),頁 75-96;李英明,《全球化時代下的臺灣和兩岸關係》(臺北:生智出版社,2001 年),頁 116-121;張亞中、李英明,《中國大陸與兩岸關係概論》(臺北:生智出版社,

對於兩岸關係影響層面，[5]或是針對小三通政策之分析，[6]只有少部分研究以離島觀點來探討小三通對於離島地區經濟發展的影響，且其研究範疇卻只有限定為馬祖地區。[7]至於對金門地區之小三通相關研究，亦多以民眾對於小三通施政的滿意度，以及小三通後金廈經濟整合可行性評估等為主。[8]綜合上述之文獻探討，發現較少研究分析兩岸小三通後經濟互賴加深所造成對金門地方經濟安全的影響。有鑑於此，本研究基於金門民眾對小三通實施後影響金門經濟發展的因素構面，以及是否對金門地區有正面或負面的經濟效應等問題應是最有感受，尤其不同人口統計變項對於小三通所造成金門地區經濟的影響會有不同的認知和感受；因此，本研究根據這些變項有可能的影響要素，針對曾經使用小三通管道之民眾的觀察角度進行比較分析，以了解不同身份類別的民眾在小三通政策實施後，因金廈經濟互賴而對金門地區經濟安全產生不同的影響，期能提供日後兩岸持續擴大交流對我經濟安全影響層面的參考。

2001 年），頁 321-324；邵宗海，《兩岸關係——陳水扁的大陸政策》（臺北：生智出版社，2001 年），頁 43-51；蔡瑋，《中共的涉臺決策與兩岸關係發展》（臺北：風雲論壇出版社，2001 年），頁 56-80。

5 蔡宏明，〈「小三通」對兩岸互動的影響〉，《遠景基金會季刊》，第 2 卷第 2 期，2001 年 4 月，頁 140-143；張多馬，《臺灣推動兩岸「小三通」之研究》（臺北：國立政治大學外交學系戰略與國際事務在職專班碩士論文，2004 年），頁 1-3。

6 許競任，《小三通與金馬戰略角色之調整——系統理論的分析》（臺北：淡江大學國際事務與戰略研究所碩士論文，2004 年），頁 2-5；林信政，《試辦金門馬祖與大陸地區通航（小三通）之政策分析》（臺中：東海大學公共行政學系研究所碩士論文，2004 年），頁 3-5。

7 劉秋華，《「小三通」對馬祖經濟發展前景影響之研究》（臺北：世新大學行政管理學系研究所碩士論文，2003 年），頁 2-5。

8 吳興邦，《金門縣民眾對金廈「小三通」政策滿意度之研究（2001- 2003 年）》（臺北：銘傳大學社會科學院國家發展與兩岸關係在職專班碩士論文，2004 年），頁 4-5；王衛煌，《「小三通」後金廈經濟整合可行性之評析》（臺北：淡江大學中國大陸研究所碩士在職專班碩士論文，2004 年），頁 1-11。

貳、兩岸經濟互賴與經濟安全

在全球化時代，新的全球性問題改變了傳統地緣戰略的觀念。[9]
美國學者杭廷頓（Samuel P. Huntington）認為冷戰後的世界，全球
政治在歷史上第一次成為多極和多文化的體系。[10]隨著全球化的浪
潮風起雲湧，使得當今世界的開放性、變革性、合作性更加明顯，
區域性的合作和互賴也愈來愈明顯。由於全球化本身是一個進程，
而不是單一的狀態，[11]在此全球化時代，最重要的條件就是社會關
係空間規模的擴大，[12]造成時空距離的縮短，同時亦形成了弗里德
曼（Jonathan Friedman）所謂的「全球互賴的增加，與互賴意識的增
強」。[13]此論點與國際關係學者基歐漢（Robert O. Keohane）和奈伊
（Joseph S. Nye）所提出的「複合互賴」(Complex Interdependence)
之觀點，強調在國際關係與跨國互動日益密切和複雜的情況下，各
種行為者之間都會受到彼此行動的影響，而且彼此的需求與依賴也
將有增無減，[14]二者有不謀而合之處。尤其在全球化的觀念之下，
同時指涉世界的壓縮(Global Compression)，以及增強世界作為一個

---

[9] 陳松川，〈全球化進程時期的國家安全觀〉，楚樹龍、耿秦編，《世界、美國和
中國──新世紀國際關係和國際戰略理論探索》（北京：清華大學出版社，
2003 年），頁 140-141。

[10] Samuel P. Huntington, *The Clash of Civilizations and the Remaking of World
Order* (New York: Simon & Schuster, 1998), p. 21.

[11] 戴維‧赫爾德（David Held）等著，楊雪冬等譯，《全球大變革──全球化時
代的政治、經濟與文化》（Global Transformations: Politics, Economics and
Culture）（北京：社會科學文獻出版社，2001 年），頁 36。

[12] Gillian Youngs, *International Relations in a Global Age: A Conceptual Challenge*
(London: Polity Press, 1999), p.97.

[13] Jonathan Friedman, *Culture Identity and Global Process* (London: Sage, 1994),
p.196.

[14] Robert O. Keohane & Joseph S. Nye, *Power and Interdependence* (New York:
Harper Collins, 2001), pp.23-28.

整體的意識，兩者融合了全球互賴與全球整體意識，使得國家與國家間的互動更顯頻繁，關係也愈來愈密切。[15]隨著整體研究風潮興起，複合相互依賴儼然已成為論述國際政治和超國家（Supernational）關係的主要理論之一。吉樂尼（Fabio Ghironi）以具有經濟學理論基礎的數學計量方法，對國際上經濟互賴作總體分析。[16]此外，斯帕尼爾（John Spanier）、盧吉（John G. Ruggie）、皮雷奇斯（Dennis Pirages）、吉爾平（Robert Gilpin）等西方學者都曾就相互依賴的觀點論述過國際間的政經議題。[17]其中，吉爾平指出「相互依賴」是相互但又不平等的依附關係，[18]也就是華爾滋（Kenneth N. Waltz）指稱的「非對稱相互依賴或相互依賴的非對稱性」。[19]帕帕優諾（Paul A. Papayoanou）亦從權力紐帶（Power Ties）的觀點，認為互賴未必能確保和平。[20]由於互賴理論並不尋求否認或取代現實主義，而是

---

[15] Robert O. Keohane & Joseph S. Nye, *Power and Interdependence*, pp.306-310; Jan Aart Scholte "Global Trade and Finance," in John Baylis & Steve Smith, eds., *The Globalization of World Politics* (Oxford: Oxford University Press, 2005), pp. 608-615. Samuel M. Makinda, "Sovereignty and International Security: Challenges for the United Nations," *Global Governance*, Vol.2, No.2, April 1996, pp.150-154.

[16] 徐淑敏，〈互賴理論中「敏感性與脆弱性」概念應用於兩岸互動關係的操作化分析〉，《遠景基金會季刊》，第 5 卷第 4 期，2004 年 10 月，頁 191-202。

[17] John Spanier, *Games Nations Play* (Washington D.C.: CQ Press, 1993), pp.3-36; John G. Ruggie, *The Antinomies of Interdependence* (New York: Columbia University Press, 1983), pp.423-428; Dennis Pirages, *Global Ecopolitics: The New Context of International Relations* (MA: Duxbury Press, 1978), pp.4-44; Robert Gilpin, *The Political Economy of International Relations* (New Jersey: Princeton University Press, 1987), pp.34-41, 65-92.

[18] Robert Gilpin, *The Political Economy of International Relations*, p.24.

[19] Kenneth N. Waltz, *Theory of International Politics* (New York: Random House, 1979), p.178.

[20] Paul A. Papayoanou, *Power Ties: Economic Interdependence, Balancing, and War* (Michigan: University of Michigan Press, 1999), pp.122-136.

建立一種看待世界政治經濟的方法，幫助理解國際政經關係，同時保留現實主義關於世界政治中權力和利益作用的核心洞見，[21]以至越來越多的美國政治學者都逐漸認為此一學說所具有相當大的合理性。[22]

　　隨著全球化下經濟互賴程度不斷的加深，各種國際行為主體都會試圖通過國際政治活動來實現各自的利益和目標，使得世界經濟政治化、政治經濟化，經濟問題逐漸成為國際政治的核心問題。[23]經濟全球化與經濟互賴的長期發展勢必衝擊到國家的主權與管制，從而導致對絕對主權（Absolute Sovereignty）的看法將淪為過去歷史。[24]在此情況之下，國家權力對國家安全的影響會受到削弱，而經濟市場的作用在國家安全系統中的地位將越來越重要。做為全球化的基本特徵，就是全球已屬於單一市場，各國不再可能制定片面或侷限性的政策，於是許多地域和國家的議題，必須從全球性的範疇來思考。[25]從安全的內涵來看，安全的內涵需要擴展，同時容納傳統的國家安全問題與新出現的經濟安全問題。從安全的主體而言，安全的範圍必須同時容納國家和國家以外的多種行為體，使政府與民眾

[21] Robert O. Keohane & Joseph Nye 著，門洪華譯，《權力與相互依賴》(Power and Interdependence: World Politics in Transition)，（北京：北京大學出版社，2005年），頁 29。

[22] Ole Waever, "Figures of International Thought: Introducing Persons Instead of Paradigms," in Iver B. Neumann & Ole Waever, eds., *The Future of International Relations: Masters in the Making.* (London: Routledge, 1997), p.30.

[23] 衛靈，〈經濟全球化及其發展趨勢〉，衛靈編，《當代世界經濟與政治》（北京：中國人民大學出版社，2008 年），頁 23-26。

[24] Robert J. Holton, *Globalization and the Nation-State* (New York: St. Martin's Press, 1998), p.68; Ken Booth, "Security and Emancipation," *Review of International Studies*, Vol.17, No.4, October 1991, pp.314-317.

[25] 王崑義，〈全球化、人類安全與後 SARS 時代的關連〉，翁明賢、吳建德主編，《兩岸關係與信心建立措施》（臺北：華立出版社，2005 年），頁 125。

的關係、集體與個人的關係及各族群之間的關係等受到更大的重視。[26]當今國家安全的領域，不僅應該包括軍事、領土等傳統安全領域，也包括了生態、社會，以及金融、貿易等經濟層面的非傳統安全的領域。[27]在經濟層面上，安全的研究是一個困難的課題，一方面來自經濟單元的生產工具質量和市場關係的內在不安全；另一方面來自其他領域經濟活動普遍深入的結果，這種情形包括了全球市場存在著經濟依賴的可能性。[28]儘管「經濟」與「安全」可能是互斥的兩個觀點，然而，當國家在處理經濟問題時，可能會採取保護的手段，防止過度依賴的發生。在全球經濟日益緊密的時代下，國家更重視外部經濟對於內部的衝擊，以減緩傷害的程度。[29]布贊（Barry Buzzan）甚至認為，愈來愈多成熟的國家已了解在為自己制定政策時，基於安全的理由，亦應考慮到鄰國的利益，因為國家的安全必須相互依賴，因此在其對「新安全觀」領域範圍的界定上，也加上了經濟領域。特別是當經濟領域威脅到基本的人類需要或者國家生存時，這種情況毫無疑問會被建構成安全事務。[30]此外，在地方層次上行為主體的政治空間日益擴大，像國家這類的行為主

[26] 王逸舟，《全球政治和中國外交》（北京：世界知識出版社，2003 年），頁 6-7；Helga Haftendorn, "The Security Puzzle: Theory-Building and Discipline-Building in International Security," *International Security Quarterly*, Vol.35, No.1, March 1991, pp.5-7.

[27] 傅勇，〈非傳統安全問題的理論研究及其意義〉，上海社會科學院編，《變化中的世界與中國因素》（北京：時事出版社，2006 年），頁 121-128；陸忠偉，〈非傳統安全理論概述〉，陸忠偉編，《非傳統安全論》（北京：時事出版社，2003 年），頁 10-15。

[28] Barry Buzan, Ole Waever & Jaap de Wilde, *Security: A New Framework for Analysis* (Boulder Colo: Lynne Rienner Pub., 1998), pp.115-117.

[29] 林琮盛、耿曙，〈從「安全」與「利益」的兩難中解套：再思兩岸關係中的市場力量〉，《遠景基金會季刊》，第 6 卷第 4 期，2005 年 10 月，頁 246。

[30] Barry Buzzan, *People, State and Fear* (London: Harvester Wheatsheaf, 1983), p.208.

體，則會由於全球經濟秩序的失衡而變得日益衰弱。尤其全球市場
內的經濟依賴將因為政治的終結而被充分利用，或者因依賴外部供
給所帶來的不安全，國家就放棄了低效率的自力更生的安全能力。
這使得全球市場中，作為國家軍事動員權力的經濟關係更受到重
視，也使得經濟安全議題更顯重要。綜上所述，一個國家的經濟安
全基本上是來自對於國際經濟或對於特定國家的過度「依賴」，進而
產生對國家安全上的威脅，亦即外在的經濟活動對該國整體經濟的
安全性；換句話說，經濟安全就是國家安全免於受經濟活動或經濟
政策的負面影響。因此，經濟安全是國家安全的必要條件之一，但
不是充分條件；因為對於國家安全的威脅可能來自經濟以外的層
面。某些情況下，國家企圖運用經濟利益逐步影響其他國家的政治
與社會結構，或經由更加緊密的經濟整合，且不必侷限於擴大國內
的生產能力，或者積極掌握某些重要的經濟資源和科技，也可以經
由這個國家的對外貿易與直接投資，讓其他國家對本國的經濟依賴
程度提高，再運用經濟利益的交換去影響那些國家的政策決定階
層，使其為了追求經濟利益而放棄軍事對抗。因此，摒除或遠離「依
賴」是獲得經濟安全的必要措施。[31]

　　時至 21 世紀，在全球化的趨勢與影響之下，經濟利益也逐漸成
為中國重要的國家利益，[32]而在對臺政策的制定上，其國家領導人
的空間和個人偏好取向會有更多的限制。[33]由於兩岸關係錯綜複

---

[31] Barry Buzan, Ole Waever & Jaap de Wilde, *Security: A New Framework for Analysis*, pp.95-110；林健次，〈經濟安全與國家安全〉，發表於「迎接全球化──經濟安全」研討會（臺北：國家展望文教基金會主辦，2003 年 9 月 10 日），頁 29-31。

[32] 閻學通，〈國家利益的分析方法──對部分「中國國家利益分析」批評的討論〉，《中國社會科學季刊》，第 20 卷第 1 期，1997 年 3 月，頁 144-145。

[33] Chu Yun-han, "Power Transition and the Making of Beijing's Policy towards Taiwan," *The China Quarterly*, Vol.176, No.1, December 2003, pp.962-963.

雜，兩岸經貿交流亦存在著經濟全球化與兩岸對峙兩個背景因素。一方面，經濟全球化的市場力量形成一股吸力，讓兩岸的經貿交流迅速發展；另一方面，兩岸長期的政治對抗，又讓經貿交流蒙上政治與安全顧慮的陰影。[34]近年來，隨著我臺灣政府對中國大陸政策方面的逐漸開放，以及臺商赴中國大陸投資增加，使得中國成為臺灣第一大海外投資目的地及第二大出口市場。[35]臺灣對中國各項經貿依存度指標攀高，相對提升了中國對臺灣實施經濟制裁的籌碼，若兩岸貿易往來受挫，則臺灣的經濟恐將受到嚴重衝擊。[36]尤其經貿問題不能自外於政治因素，也不能自外於國際形勢的影響，兩岸經貿密切結合所帶來的經濟波動與政治干預之風險不可忽視。[37]長期以來兩岸之間固然呈現了經貿、社會多方面的互動互利，但仍存在著軍事衝突的潛在危險，甚至也普遍存在更多導致臺灣依賴中國的顧慮。[38]如此一來，亦將導致臺灣對國家安全和生存威脅的疑慮，無疑加深了臺灣對抗中國的政治意圖，進而開啟「經濟扈從、政治對抗」的局面。[39]陳明通即曾表示，臺灣是單方面依賴中國大陸的市場，不僅不會為臺灣帶來安全，反而會危害臺灣政策的自主性。[40]

---

[34] 童振源，《全球化下的兩岸經濟關係》（臺北：生智出版社，2003 年），頁 25。

[35] 丁松泉，〈兩岸的經濟整合與臺北的政治反制〉，《聯合早報》，2002 年 8 月 5日，版 3。

[36] 高長，《大陸經改與兩岸經貿關係》（臺北：五南書局，2002 年），頁 302。

[37] 陳博志，《臺灣經濟戰略──從虎尾到全球化》（臺北：時報文化出版社，2004年），頁 91-115。

[38] 徐淑敏，〈互賴理論中「敏感性與脆弱性」概念應用於兩岸互動關係的操作化分析〉，頁 190-192；童振源，〈兩岸經濟整合與臺灣的國家安全顧慮〉，《遠景基金會季刊》，第 4 卷第 3 期，2003 年 7 月，頁 52-54。

[39] 吳玉山，《抗衡或扈從：兩岸關係新詮》（臺北：正中書局，1997 年），頁209-211。

[40] 有關陳明通當時的論述，請見譚淑珍，〈登陸利弊，薛琦、陳明通針鋒相對〉，《工商時報》，2002 年 3 月 27 日，版 3。

　　不過亦有不同的論述指出，中國利用兩岸經貿依存來威脅臺灣，雖然有其可能性，但是機率卻很低。因為兩岸的經濟關係，尚牽涉到其他國家與跨國企業的利益，也牽涉到中國國內的既得利益，除非北京要將兩岸關係倒退到冷戰對立準備作戰的情況，否則不會利用臺灣經濟對中國的依賴而在政治上要脅臺灣。臺灣主要擔心的是一旦臺灣和中國之間出現了不對稱的相互依賴，中國會利用其獲得的經濟槓桿，透過實施經濟制裁來達成政治目的。臺北則會擔心北京將運用經濟的互動迫使臺灣在政治上讓步。傳統的經濟治國術認為經濟的依賴會增加敵對國對本國施加經濟制裁的機會，從而危及國家安全。由於國家安全欠缺一套嚴謹、深入的經驗合理論證，使得國家安全被抽象化與意識形態化。臺北害怕北京會使用這種經濟槓桿的力量來對付臺灣的憂慮過於簡化。基本上，在兩岸經貿互動中，中國尚不具備這種對付臺灣的經濟槓桿。[41]更何況目前中國仍未達經濟強權的層次，臺灣可藉由本身的市場利基，並結合國際市場力量，不斷誘使中國大陸依賴臺灣的經濟實力，提高臺灣的互動籌碼。[42]無論上述兩面相反之觀點所持依據為何，在當前開放的體制之下，臺灣無法自外於中國向世界整合的過程，由於臺灣與中國經濟的互賴加深，雙方為了鞏固共同的經濟利益，應會有比較理性的作為，目前尚未有任何跡象顯示中國利用貿易政策來對臺

[41] 相關論述請見吳介民，〈經貿躍進，政治僵持？——後冷戰時代初期兩岸關係的基調與變奏〉，《臺灣政治學刊》，第 1 卷第 1 期，1997 年 3 月，頁 229-244；張五岳，〈臺灣兩岸直接三通的政經研究〉，發表於「臺灣經濟與兩岸經貿關係」研討會（廈門：廈門大學主辦，2003 年 7 月 28 日），頁 4-6。童振源，〈中共「十六大」後對臺政策分析〉，《中國大陸研究》，第 46 卷第 2 期，2003 年 3、4 月，頁 49-51；陳添枝，〈當前兩岸財經互動之展望議題〉，《經濟日報》，2003 年 2 月 15 日，版 3。

[42] 林琮盛、耿曙，〈從「安全」與「利益」的兩難中解套：再思兩岸關係中的市場力量〉，頁 272。

灣並施加政治影響，多數西方的觀點看待兩岸之間的互動關係，認為兩岸經由經貿交往關係，有助於促進雙方利益與建立長久的和平。[43]況且，面對經濟全球化所帶來的機遇和挑戰，國際間因應的策略不外乎促進產業升級，健全經濟結構，或是透過雙邊或多邊協議推動區域經濟整合，加速區域間生產因素和資源的流動與融合，以提升國際經濟競爭力。[44]在兩岸方面，1980 年代後期到 1990 年代初期，海內外學者也提出諸如「中國人共同體」、「中國圈」、「華人共同市場」、「小臺灣」等兩岸經濟合作的概念和構想，[45]惟此等問題亦面臨了政治環境和意識型態的諸多限制。

　　兩岸關係的互動日益加深，對於兩岸經貿交流的影響至關重要。就金廈「小三通」而言，從經濟發展的角度來看，兩岸小三通政策實施以來對於金門的經濟產生正面的影響。以臺灣地區與金門地區的經濟成長作比較，在小三通之前，2000 年金門地區平均每人國民所得為 8,656 美元，臺灣地區為 14,188 美元，前者為後者的 60.89%；而在小三通以後，2003 年前者成長為 8,889 美元，後者則為 13,157 美元，前者為後者的 67.56%。[46]2005 年金門縣每人國民所得為新臺幣 346,132 元，折合美金為 10,756 元，達臺灣

---

[43] 童振源，〈中共「十六大」後對臺政策分析〉，頁 54-55。

[44] 魏艾，〈「小三通」政策實施成效及其對兩岸經濟整合的意涵〉，發表於「2007 小三通試辦六週年」學術研討會（金門：金門縣政府等，2007 年 10 月 23-25 日），頁 62。

[45] 魏艾，〈兩岸合作模式總評估〉《大陸現場》，第 1 卷第 3 期，1990 年 5 月，頁 112-114；田志立，《21 世紀中華經濟圈——一個全球關注的新經濟課題》（臺北：立緒文化事業有限公司，1998 年），頁 58-82。

[46] 歷年來，金門地區的平均國民所得均較臺灣為低，其原因為：人力資源不足、投資動能與研發能力不足、缺乏自由與開放的市場發展環境、經濟基本建設不足、政府對金門缺乏明確的政策與定位等。請見蔡承旺，《以互賴理論建構金門經濟發展策略》（臺北：臺灣師範大學政治學研究所博士論文，2006 年），頁 175-180。

地區的 66.95%；[47]2007 年前者再增加為 11,197 美元，後者則為 16,472 美元，金門為臺灣地區的 67.98%。[48]以上資料顯示，小三通之後金門地區的經濟成長率反而較臺灣地區為大，應是與小三通有所關聯。

不過，針對兩岸小三通後金廈互動頻繁之現象，大大加深了金廈經濟互賴的疑慮。小三通是臺灣地區繼 1987 年 11 月開放民眾赴大陸探親、1993 年 3 月兩岸簽署「辜汪四協議」及 1995 年 5 月發布「境外轉運中心設置作業辦法」推動境外轉運政策後，兩岸交流交往的最大突破。根據統計，自 2001 年 1 月至 2008 年 6 月底為止，金馬「小三通」航運往來航次達 22,700 航次，在人員往來方面，臺灣地區出境 138 萬 5,616 人次，大陸地區入境 15 萬 1,272 人次，[49]呈現臺灣方面向中國大陸單邊傾斜之不對稱現象。另在資金流動變化與資金匯兌方面，因小三通所帶來的商品多樣化與前往中國大陸的便利性，導致金門人多在對岸置產，使得資金外流情形惡化。[50]

綜上所述，透過小三通政策使得金門與對岸的廈門產生區域經濟一體化之現象，許多研究亦指出金廈之間相互依賴以及經濟

---

[47] 莊煥寧，〈金馬國民所得連江再躍居上風〉，《金門日報》，2007 年 1 月 20 日，版 4。

[48] 金門縣政府，〈金門地區重要經濟指標〉，《金門縣政府全球資訊網》，2008 年 2 月 1 日，〈http://www.kinmen.gov.tw/Org/371010000A14/datahtml/經濟指標.htm〉。

[49] 行政院大陸委員會，〈金馬小三通航運人員往來統計月報〉，《行政院大陸委員會全球資訊網》，2008 年 9 月 1 日，〈http://www.mac.gov.tw/big5/statistic/ass_em/3link9708.pdf〉。

[50] 金門縣政府，〈小三通六年各方對推動成效多持保留態度〉，《金門縣政府全球資訊網》，2007 年 3 月 20 日，〈http://www.kinmen.gov.tw/News/News.aspx?doctag=37860〉。

合作關係值得期待，並且有愈趨緊密的趨勢；[51]在經濟上可影響到雙邊的資金、貿易與旅遊往來，而經濟上的交流整合亦有助於政治上的整合。[52]惟值此兩岸交流日漸頻繁之際，對金門經濟是否會造成過度依賴抑或經濟安全層面的影響，從小三通實施後民眾認知的角度去觀察，是一個值得研究的課題。準此，本研究著眼於兩岸經濟互賴加深情況下，資金與投資逐漸流入大陸市場所造成對金門經濟之威脅，並擬由金門地區民眾認知的觀點切入，透過與小三通政策最密切相關的金門地區民眾對於開放小三通政策後金門地區經濟安全影響的了解，進一步分析兩岸小三通之後，金廈經貿交流互動頻繁情況下對金門地區經濟安全之影響，其議題之設定包括經濟依賴、經濟發展、經濟政策等面向，期以分析之結果與實際現象做比較。

[51] 陳蘋，〈「小三通」活躍了金門島〉，《經濟導報》，總卷第 3013 期，2007 年 4 月，頁 24。

[52] 兩岸相關論述在臺灣方面請見高長，〈金廈經濟配成對，待兩岸當局協商〉，《投資中國》，總卷第 123 期，2004 年 5 月，頁 62-63；郭勵誠、崔小茹，〈金馬經貿特區之可行性探討〉，《國政研究報告》，2001 年 1 月 12 日，〈http://old.npf.org.tw/PUBLICATION/TE/090/R/TE-R-090-002.HTM〉；邱振淼，〈金廈大橋對兩岸政經的影響〉，發表於「金廈大橋方案與影響」學術研討會（金門：金門縣政府等，2003 年 12 月 20-21 日），頁 268。另外，在中國大陸方面請見李非，〈建立金廈經濟合作區時機來了〉，《投資中國》，總卷第 123 期，2004 年 5 月，頁 58；唐永紅、蔡承旺，〈兩岸經濟一體化進程中廈金經濟合作發展的機會與應對〉，發表於「兩岸政經發展」研討會（金門：中國大陸研究學會等，2005 年 12 月 20-22 日），頁 2-3；韓清海，〈廈金經貿合作的階段性研究〉，黃呈建編，《廈門涉臺調研課題匯編》（廈門：廈門市人民政府臺灣事務辦公室，2005 年），頁 240-251；何仲山，〈金門廈門「小三通」——合則兩利的示範〉，《新視點》，第 3 卷第 2 期，2003 年 3 月，頁 51-54；林勁、張敦財、王茹，〈進一步推動廈金經貿文化交流與合作之研究〉，黃呈建編，《廈門涉臺調研課題匯編》，頁 200-205。

參、研究方法

一、研究架構與研究假設

本研究之目的在了解金門地區民眾對於小三通政策對金門之經濟安全影響認知，主要針對金門縣民眾不同的小三通個人親身經驗及個人社經背景，進一步探討其對經濟安全影響的關係。本研究擬定研究架構如圖1，研究之假設如下：

假設一（H1）：金門縣民眾之不同的小三通個人親身經驗與社經背景對金廈小三通政策之經濟安全影響認知會有差異。

H1-1：是否前往過中國大陸之金門民眾，對金廈小三通政策之經濟安全影響認知會有差異。

H1-2：不同性別的金門民眾，對金廈小三通政策之經濟安全影響認知會有差異。

H1-3：不同年齡的金門民眾，對金廈小三通政策之經濟安全影響認知會有差異。

H1-4：不同教育程度的金門民眾，對金廈小三通政策之經濟安全影響認知會有差異。

H1-5：不同職業的金門民眾，對金廈小三通政策之經濟安全影響認知會有差異。

H1-6：不同年收入的金門民眾，對金廈小三通政策之經濟安全影響認知會有差異。

假設二（H2）：金門民眾是否具有經由小三通前往中國大陸之經驗與其社經背景有關係。

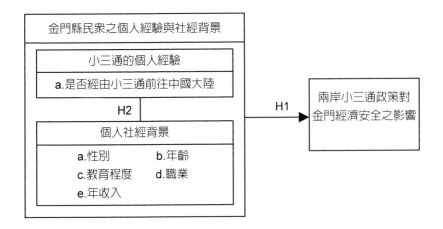

圖 1　研究架構圖

資料來源：作者自行整理。

二、問卷設計與抽樣方法

　　本研究依文獻回顧結果設計問卷，問卷之設計可分為問卷簡介以及其他三個部分，分別為小三通的個人親身經驗、小三通對經濟安全的影響、個人基本資料等。在抽樣對象方面，主要為年滿 20 歲以上的金門地區民眾，居住範圍包含居住於大金門（金城鎮、金湖鎮、金沙鎮、金寧鄉），以及小金門（烈嶼鄉）的民眾。本研究係依據 2006 年 6 月全金門之人口數為 69765 人，採用克瑞西（R. V. Krejcie）與摩根（D. W. Morgan）提出之計算方式，[53] 應抽取 382 份以上較為適當。為避免樣本數不足、無效樣本或回收率太低等因素，

---

[53] R. V. Krejcie & D. W. Morgan, "Determining Sample Size for Research Activities," *Educational and Psychological Measurement*, Vol.30, No.3, October 1970, p.608.

因此於金城鎮抽取 300 份（相較於其他鄉鎮的人口多），其他四個鄉鎮各抽取 150 份，總計於五個鄉鎮中共抽取 900 份。[54]在調查地點的部分，將問卷委託各村里之里長送到受測門牌之家戶，由受訪者逕行於家中做答；問卷調查日期於 2006 年 7-10 月間實施。

　　此外，本研究之抽樣方法採隨機抽樣，運用電腦軟體以各鄉鎮之門牌號碼各自進行隨機抽樣，再將各鄉鎮抽取之門牌號碼整理成冊，委託鄉鎮之村里長代為送至各家戶，採一戶一份問卷的方式進行問卷調查。問卷回收方面，為顧及個人隱私問題，本研究隨問卷附上回郵信封，讓受訪者自行寄回。

三、資料分析方法

　　本研究運用之資料處理系統為 SPSS10.0，部分統計圖型使用 Excel 繪製，除以李克特五等量表（5-point Likert Scale）為測量尺度外，另運用描述性統計分析（Descriptive Statistics Analysis）、t 檢定（t-test）、單因子變異數分析（One-Way Analysis of Variance）、交叉表分析（Cross-table Analysis）等方法進一步了解變項間的關係以及有無呈現顯著差異的情形。此外，本研究並使用以下統計及資料分析方法：

（一）信度分析（Reliability Analysis）

　　信度分析為評估整份量表的可靠程度，[55]常用的信度檢測方法為「Cronbach's α」或折半信度（Split-half reliability）。本研究採用

---

[54] 抽樣人口數係依據《金門縣政府統計年報》資料。請見金門縣政府，《金門縣政府統計年報》（金門：金門縣政府，2006 年），頁 20-21。

[55] 邱皓政，《量化研究與統計分析》（臺北：五南書局，2006 年），頁 15。

「Cronbach's α」來檢測本問卷題項之信度,是否具有一致性、穩定性及可靠性,以提供各項客觀的指標,作為測驗與量表良窳程度的具體證據。就一般社會科學領域「Cronbach's α」值大於或等於 0.6 即可宣稱問卷題項之信度可接受,而信度係數愈高即表示該題項檢測的結果愈一致、穩定與可靠。

Cronbach's α 的公式如下:

$$(1) \quad \alpha = \frac{I}{I-1}(1 - \frac{\sum_{i=1}^{I} S_i^2}{S^2})$$

(1)式中 I 為測驗所包括的題目數,S_i^2 為第 i 題得分的變異數,S^2 為測驗總分的變異數。

(二)因素分析(Factor Analysis)

因素分析為一可釐清題項中潛在特質的內在結構,將題項精簡成為構面的統計分析技術。本研究運用此一方法精簡問卷中小三通對金門經濟安全之影響部分的題項,並以此結果進行是否前往過中國大陸、性別、年齡、教育程度、職業、年收入、旅遊花費等人口統計變項之差異性檢定。

因素分析的使用上,各部分題項間必須具有一定程度的相關,以確定各部分題項是否適合進行因素分析:[56]

1. 巴特利球形檢定(Bartlett's Test of Sphericity):巴特利球形檢定可做適合度檢定,即檢定其相關係數是否適當,透過球形檢定可以了解相關係數是否足以做為因素分析抽取因素之用,球形檢定顯著則表示可進行因素分析。

---

[56] 同前註,頁 17。

$$H_0 : \sum = LL' + \Psi$$

Bartletts 提出檢定統計量

$$(2) \quad (n-(\frac{2p+11}{6})-\frac{2q}{3})\ln\left|\frac{\overset{\wedge}{\sum}}{S}\right|$$

(2)式中當 n 大時，此統計量近似以 χ^2 分配，自由度為 $k = \frac{1}{2}((p-q)^2-(p+q))$，當統計量大於 $\chi^2_{k,\alpha}$ 時則卻 H_0，表示採用的模式不適合（有可能是因素個數要增加，或是資料不合適做因素分析）。

2. KMO（Kaiser-Meyer-Olkin measure of sampling adequacy, KMO）：表示整體的取樣適切性，它是對每個變數與全體變數評估經由抽取共同因素後變數間的偏相關比原變數之間的相關小多少的指標。通常須高於 0.5 以上才可以被接受，該係數越大，表示相關情形良好。[57]

因素分析簡化過程中，可參考黑爾(J. F. Hair)等人之四項標準：（1）因素特徵值(Eigenvalue)大於 1 之因素；（2）累加解釋變異量的百分比，社會科學的領域通常要求至少需有 60%的解釋力，略低一些亦可接受；（3）根據「陡坡圖」（scree plot）因素特徵值遞減情形趨於平緩的臨界點來決定因素數目；或（4）應用已有的理論基礎或前人研究等以決定因素數目。[58]

---

[57] H. F. Kaiser, "An Index of Factorial Simplicity," *Psychometrika*, Vol.39, No.1, March 1974, pp.32-33.

[58] J. F. Hair, R. E. Anderson, R. L. Tatham & W. C. Black, *Multivariate Data Analysis* (Upper Saddle River, NJ: Prentice-Hall,1998), pp.114-115.

肆、研究結果

一、研究變項測量結果

（一）受訪者個人社經背景調查結果

　　本研究之抽樣結果為調查份數 900 份問卷，共回收 701 份問卷，回收率達 77.89%，無效問卷比率為 6.99%，因此有效問卷份數為 652 份，已超過依 Krejcie 與 Morgan 的樣本數計算方法所得之 382 份問卷，符合統計分析及母體推論之需求。其中 35% 的樣本來自於金城鎮的居民，其他的樣本則平均來自於金湖鎮（18%）、金沙鎮（13%）、金寧鄉（17%）與烈嶼鄉（16%）。在性別方面，女性的樣本數目（52.6%）略高於男性樣本群（47.4%），而年齡則以 20-30 歲的樣本群最多（38.6%），31-40 歲（28.3%）居次，第三為 41-50 歲（20.8%）。在職業的分布上，大約有 35% 從事商業活動，還有 41% 的樣本群則為軍公教人員，在收入方面，超過六成之樣本（67.9%）其平均年收入低於新臺幣 50 萬元。

（二）小三通個人經驗分析

　　對於在開放小三通之後，本研究之樣本群仍有三成左右的並未前往過中國大陸旅遊（31%），30.1% 則去過 1-2 次，仍有一成左右的樣本（8.8%）曾經去過 10 次以上。針對樣本群經由小三通到中國大陸的平均花費，包括有住宿費、交通費、遊樂等等花費，三成左右（33%）之平均花費為一萬元以下，有 40% 的樣本平均花費為介於 10,000-20,000 新臺幣之間，至於金門民眾到中國大陸之主要目的則以旅遊為主（58.7%），約有 10% 的樣本是以商務為主要目的，另外也有 9% 的樣本是以探訪親人為主。

表1　小三通對經濟安全的影響變項

	非常不同意	不同意	沒意見	同意	非常同意	平均數	標準差
開放小三通後，我認為有助於金門地區的經濟發展。	8%	23%	24%	40%	5%	3.12	1.071
開放小三通後，我個人有在大陸置產或投資。	18%	28%	37%	14%	3%	2.55	1.038
開放小三通後，我認為金門資金會更快、更多的流向大陸。	2%	7%	19%	45%	27%	3.88	0.947
我認為應該要開放大陸貨物由金門中轉至臺灣的政策。	4%	12%	30%	39%	16%	3.51	1.014
我認為小三通後，金門在經濟上對大陸依賴會愈來愈重。	2%	15%	27%	43%	13%	3.50	0.962
我認為開放在金門當地銀行兌換人民幣的政策非常好。	2%	4%	23%	52%	17%	3.79	0.862
我認為開放小三通後，金門未來的經濟發展應該會與大陸更緊密結合，而非臺灣。	3%	10%	31%	44%	12%	3.52	0.943
我認為金門應該設立賭場以吸引大陸觀光客。	26%	21%	25%	18%	10%	2.64	1.306
我認為金廈之間應該設立跨海大橋以節省時間。	6%	10%	24%	34%	25%	3.61	1.158
我認為金門應該成立經濟特區，或免稅特區。	2%	4%	19%	43%	33%	4.02	0.894
我認為金門應該吸引工業進駐。	10%	19%	26%	27%	17%	3.21	1.234
我認為金門應該引進廉價的大陸勞工 。	27%	30%	25%	12%	6%	2.39	1.172

資料來源：作者自行整理。

（三）小三通對經濟安全的影響變項

　　根據資料分析結果可知，金門地區的民眾對於「金門應該成立經濟特區，或免稅區」最為同意，介於「同意」至「沒意見」之間的項目包括有：「開放小三通後，金門資金會更快且更多流向大陸」、「開放在金門當地銀行兌換人民幣的政策非常好」等等，其中對於「金門應該引進廉價的大陸勞工」或是「金門應該設立賭場以吸引大陸觀光客」等項目比較不同意（請見表 1）。

二、兩岸小三通對經濟安全之影響測量值轉換結果

（一）信度分析

　　本研究採用常用的信度檢測方法「Cronbach 's α」，針對兩岸小三通對經濟安全的影響檢測其問卷題項之信度，是否具有一致性、穩定性及可靠性。檢定結果兩岸小三通對經濟安全的影響量表之 Cronbach's α 係數值達到 0.7（0.4 < Cronbach's α 係數<0.5 為可信，0.5 < Cronbach's α 係數<0.7 為很可信、α 係數>0.8 為非常可信），因此本研究之兩岸小三通對經濟安全的影響量表題項檢測結果為一致、穩定與具有可靠性。

（二）效度分析

　　效度的衡量可透過幾種方式來建立：第一，相關分析──可應用於同時效度、預測效度，或是聚合效度、區辨效度上；第二，因素分析──是一種多變量分析的技巧，用來確認概念的構面，以及標示出每個題項所適合歸屬的構面向度（建立構念效度）。[59]因此，

---

[59] 烏瑪‧謝卡蘭（Uma Sekaran）著，祝道松、林家五譯，《企業研究方法》（Research

本研究首先對「經濟安全」的內容依相關理論及上述學者之定義，加上作者對金門地區長期的觀察研究所整理出來相關的經濟安全問題計 12 題，符合內容效度及專家效度，並以因素分析將 12 題問項作變數簡化成三個變數以作更進一步的檢定。

根據因素分析結果顯示，KMO＝0.79 ＞0.5，表示適合進行因素分析，而 Bartlett 球型考驗的近似卡方分配值為 1512.415（自由度為66）也有達到顯著水準，代表母群體的相關矩陣間有共同因素存在，亦非常適合進行因素分析。因素分析的結果總共產生 3 個構面，每一項的因素負荷量（Factor Loading）均達 0.5 以上。因素一命名為「大陸投資」，此項可解釋 19.85%的變異；因素二命名為「便利投資」，此項因素可解釋 16.94%的變異；因素三命名為「金門經濟」，此項因素可解釋 15.71%的變異。其次就構面內項目間之共同特性予以命名如下（請見表2）：

1. 因素一為「大陸投資」，解釋變異量為 19.85%、包含 5 項目（開放小三通後，我認為有助於金門地區的經濟發展；我認為應該要開放大陸貨物由金門中轉至臺灣的政策；我認為小三通後，金門在經濟上對大陸依賴會愈來愈重；我認為開放在金門當地銀行兌換人民幣的政策非常好；我認為開放小三通後，金門未來的經濟發展應該會與大陸更緊密結合，而非臺灣）。

2. 因素二為「便利投資」，解釋變異量為 16.94%，包含 4 項目（開放小三通後，我認為金門資金會更快、更多的流向大陸；我認為金廈之間應該設立跨海大橋以節省時間；我認為金門應該成立經濟特區，或免稅特區；我認為金門應該吸引工業進駐）。

Methods for Business）（臺北：智勝出版社，2003 年），頁 229-233。

表 2　經濟安全影響項目因素分析摘要表

因素名稱	因素內容	成分*		
		1（因素負荷量）	2（因素負荷量）	3（因素負荷量）
大陸投資	開放小三通後，我認為有助於金門地區的經濟發展。	0.590		
	我認為應該要開放大陸貨物由金門中轉至臺灣的政策。	0.472		
	我認為小三通後，金門在經濟上對大陸依賴會愈來愈重。	0.685		
	我認為開放在金門當地銀行兌換人民幣的政策非常好。	0.646		
	我認為開放小三通後，金門未來的經濟發展應該會與大陸更緊密結合，而非臺灣。	0.738		
便利投資	開放小三通後，我認為金門資金會更快、更多的流向大陸。		0.490	
	我認為金廈之間應該設立跨海大橋以節省時間。		0.587	
	我認為金門應該成立經濟特區，或免稅特區。		0.750	
	我認為金門應該吸引工業進駐。		0.652	
金門經濟	開放小三通後，我個人有在大陸置產或投資。			0.709
	我認為金門應該設立賭場以吸引大陸觀光客。			0.625
	我認為金門應該引進廉價的大陸勞工 。			0.756
特徵值		2.38	2.03	1.88
可解釋變異量（%）		19.85	16.94	15.71
累積可解釋變異量（%）		19.85	36.79	52.50
Cronbach α		0.7268		

*萃取法：主成份分析；萃取了 3 個成份。

資料來源：作者自行整理。

3. 因素三為「金門經濟」，解釋變異量為 15.71%，包含 3 項目
   （開放小三通後，我個人有在大陸置產或投資；我認為金門
   應該設立賭場以吸引大陸觀光客；我認為金門應該引進廉價
   的大陸勞工）。

三、兩岸小三通對經濟安全之影響假設檢定結果

　　根據因素分析產生之構面與相關變數進行假設檢定，先以因素
分析的結果，再將歸屬於同一構面之變數的分數加以加總求取平均
數，再以此構面的平均數進行假設檢定。兩岸小三通對經濟安全的
影響因素分析產生之構面，分別為大陸投資、便利投資、金門經濟
等三個構面。

（一）假設一檢定結果：金門縣民眾不同的小三通個人親身經驗
　　　與社經背景對金廈小三通政策之經濟安全影響認知會有
　　　顯著性差異

1. 假設 1-1：是否經由小三通前往中國大陸之金門民眾，對金門
   小三通後的經濟安全影響的看法有顯著性差異。

　　由表 3 中檢定結果可知，是否去過中國大陸之金門民眾在經濟安
全認知中之「大陸投資」與「金門經濟」兩構面上有顯著的差異。在
「大陸投資」項，曾經由小三通前往中國大陸的受訪者較未曾經由小
三通前往中國大陸的受訪者更認同開放小三通後，有助於金門地區的
經濟發展，而金門未來的經濟發展應該會與中國大陸更緊密結合，且
經濟上對中國大陸依賴會愈來愈重；同時亦認同中國大陸貨物由金門
中轉至臺灣的政策及金門當地銀行兌換人民幣的政策值得推動。

在「經濟安全－金門經濟」構面上，未曾經由小三通前往中國大陸的受訪者與曾由小三通前往中國大陸的受訪者有顯著差異，未曾經由小三通前往中國大陸的受訪者較曾經由小三通前往中國大陸的受訪者更不認同開放小三通後，金門人會在中國大陸置產或投資，亦不認同金門應該設立賭場以吸引大陸觀光客及引進廉價的大陸勞工。與其他構面相較之下，「經濟安全－金門經濟」構面平均分數上曾前往者與未曾前往者皆相當低，顯見受訪者反對的立場（請見表3）。

2. 假設 1-2：不同性別的金門民眾，對小三通後金門經濟安全影響的看法有差異性存在。

採用t檢定進行統計假設檢定，所得結果如表3。根據表3結果顯示，性別在經濟影響方面皆有顯著性的差異存在。

「經濟安全－大陸投資」構面上，男性與女性有顯著差異，男性受訪者較女性受訪者更認同開放小三通後，有助於金門地區的經濟發展，而金門未來的經濟發展應該會與中國大陸更緊密結合，且經濟上對中國大陸依賴會愈來愈重；同時亦認同大陸貨物由金門中轉至臺灣的政策及金門當地銀行兌換人民幣的政策值得推動。

「經濟安全－便利投資」構面上，男性與女性有顯著差異，男性較女性更認同開放小三通後，金門資金會更快、更多的流向中國大陸，因此認為應吸引工業進駐，並設立跨海大橋以節省時間，以成立經濟特區或免稅特區繁榮地區經濟。

「經濟安全－金門經濟」構面上，男性與女性有顯著差異，女性受訪者較男性受訪者更不認同開放小三通後，金門人會在中國大陸置產或投資，亦不認同金門應該設立賭場以吸引大陸觀光客及引進廉價的大陸勞工。

表 3　中國大陸旅遊經驗、性別 V.S.其對於經濟安全影響認知同意度
之差異性分析

	經濟安全影響因素構面	類別	樣本數	平均數	標準差	T 值	顯著性
是否曾經由「小三通」去過中國大陸	大陸投資	未曾去過	202	3.4069	0.68047	-3.091	0.037
		曾經去過	445	3.5222	0.63571		
	便利投資	未曾去過	201	3.6119	0.71320	-1.668	0.096
		曾經去過	448	3.7126	0.70562		
	金門經濟	未曾去過	202	2.3333	0.77410	-3.959	0.000
		曾經去過	449	2.6206	0.89107		
性別	大陸投資	女性	340	3.3665	0.62338	4.977	0.00
		男性	305	3.6177	0.65460		
	便利投資	女性	340	3.6140	0.71235	2.482	0.01
		男性	307	3.7516	0.69751		
	金門經濟	女性	342	2.3460	0.81380	5.893	0.00
		男性	307	2.7394	0.87952		

資料來源：作者自行整理。

3. 假設 1-3：不同年齡的金門民眾，對小三通後金門經濟安全影響的看法有差異性存在。

　　此項檢定是以「單因子變異數分析」來檢定不同的年齡層對經濟安全的認定標準是否一致，顯著水準 α 為 0.01，由表 4 中可看出年齡對各經濟安全構面（大陸投資、便利投資、金門經濟）皆大於 0.01，未達顯著水準。因此，年齡對經濟安全的看法並沒有顯著性的差異，在此未予解釋（請見表 4）。

4. 假設 1-4：不同教育程度的金門民眾，對小三通後金門經濟安全影響的看法有差異性存在。

　　在表 4 中，不同的教育程度分別對經濟安全各構面作 F 檢定，其中「經濟安全－大陸投資」之構面，其 *p* 值小於 0.01 達顯著水準，顯示不同的教育水準對大陸投資構面的看法是有顯著的差異。為找出差異點，經進一步利用事後檢定（Post Hoc）多重比較，得出如表 4 中所呈現的大專以上的學歷與國中以下的學歷，其看法是不一樣的，且大專程度以上的民眾，其對大陸投資較國中以下的民眾更認同開放小三通後未來金門的發展將隨著大陸經濟發展而改變。

　　另在「經濟安全－便利投資」與「經濟安全－金門經濟」之構面之同意程度上，經統計分析之 *p* 值皆大於 0.01 未達顯著水準，顯示不同的教育程度對此兩構面之看法並無顯著差異。

5. 假設 1-5：不同職業的金門民眾，對小三通後金門經濟安全影響的看法會有差異。

　　採用單因子變異數分析進行統計假設檢定，所得結果如表 4。根據表 4 結果顯示，所有的 p 值皆未達顯著水準。因此，不同職業類別對經濟安全之看法是沒有顯著性的差異存在。

6. 假設 1-6：不同年收入的金門民眾，對小三通後金門經濟安全影響的看法有差異性存在。

　　採用單因子變異數分析進行統計假設檢定，所得結果如表 4。根據表 4 結果顯示，不同收入之民眾在「經濟安全－大陸投資、金門經濟」之構面的同意程度上皆有顯著性的差異存在。

表4　年齡、教育程度、職業、年收入*V.S.其對於經濟安全影響同意度之差異性分析

變項	經濟安全影響因素構面		平方和	自由度	F檢定	顯著性	事後比較
(1)年齡	大陸投資	組間	0.479	3	0.375	0.771	
		組內	272.984	641			
	便利投資	組間	4.816	3	3.220	0.022	
		組內	320.595	643			
	金門經濟	組間	7.083	3	3.189	0.023	
		組內	477.588	645			
(2)教育程度	大陸投資	組間	8.441	2	10.222	0.000	大專以上>國中以下 大專以上>高中
		組內	265.906	644			
	便利投資	組間	0.424	2	0.421	0.657	
		組內	325.275	646			
	金門經濟	組間	4.839	2	3.248	0.040	
		組內	482.821	648			
(3)職業	大陸投資	組間	1.722	3	1.344	0.259	
		組內	270.655	634			
	便利投資	組間	2.409	3	1.598	0.189	
		組內	319.594	636			
	金門經濟	組間	6.879	3	3.063	0.028	
		組內	477.561	638			
(4)年收入	大陸投資	組間	5.934	3	4.725	0.003	71萬元以上>30萬元以下
		組內	267.932	640			
	便利投資	組間	3.697	3	2.465	0.061	
		組內	320.973	642			
	金門經濟	組間	20.472	3	9.423	0.000	51-70萬元>30萬元以下 71萬元以上>30萬元以下
		組內	466.382	644			

* 說明：(1)年齡分成：20-30歲、31-40歲、41-50歲、51歲以上；(2)教育程度分成：國中以下、高中、大專以上；(3)職業分成：農、漁、工、商、軍公教；(4)年收入分成：30萬元以下、31-50萬元、51-70萬元、71-90萬元、91萬元以上。

資料來源：作者自行整理。

「經濟安全－大陸投資」之構面的同意程度上，年收入高於 71
萬元的民眾之同意程度顯著高於年收入低於 30 萬元之民眾，表示年
收入高於 71 萬元的民眾較年收入低於 30 萬元的民眾認同開放小三
通後金門的經濟發展會隨著大陸經濟發展而改變。

「經濟安全－金門經濟」之構面的同意程度上，年收入高於 71
萬元與年收入為 51-70 萬元的民眾之同意程度皆顯著高於年收入低
於 30 萬元之民眾，表示年收入高於 71 萬元與年收入為 51-70 萬元
的民眾較年收入低於 30 萬元之民眾認為開放小三通後會吸引金門
民眾前往中國大陸投資置產、吸引大陸觀光客到金門觀光以及大量
引進大陸勞工到金門。

（二）假設二檢定結果：金門民眾是否有經由小三通前往中國大陸之經驗與社經背景之關係

透過交叉表分析結果顯示，樣本群其年齡、年所得等個人社經
背景特性與是否有經由小三通前往中國大陸的經驗有顯著的關係存
在（請見表 5、6），而性別、教育程度、職業與是否有經由小三通
前往中國大陸的經驗沒有顯著的關係存在。

在年齡分布上，本研究調查的樣本群中有 69.1%的樣本曾經由
小三通前往中國大陸，有 30.9%的樣本未曾經由小三通前往中國大
陸。依曾經由小三通前往中國大陸的樣本而言，以年齡層為 20-30
歲、31-40 歲的樣本比例最高，分別為 32.5%及 30.7%，其次為 41-50
歲的樣本比例為 24.1%。依各年齡層是否經由小三通前往中國大陸
而言，年齡為 31-40 歲、41-50 歲、51-60 歲的樣本曾經經由小三通
前往中國大陸的比例皆高達 74%以上，而年齡為 20-30 歲的樣本曾
經經由小三通前往中國大陸的比例相對的低於其他年齡層的比例，

因此樣本群中年齡層為 31-40 歲、41-50 歲、51-60 歲的樣本相對上有較多經由小三通前往中國大陸的經驗。

在年所得分布上，本研究調查的樣本群中有 69.2%的樣本曾經由小三通前往中國大陸，有 30.8%的樣本未曾經由小三通前往中國大陸。依曾經由小三通前往中國大陸的樣本而言，以年所得為 30 萬元以下的樣本比例最高，占 37.4%，其次為年所得 31-50 萬元的樣本，占 30.5%。依各年所得分類是否經由小三通前往中國大陸而言，以年所得為 31-50 萬元、51-70 萬的樣本曾經經由小三通前往中國大陸的比例最高，二者皆達 77%以上，而年所得為 91 萬元以上及 30 萬元以下的樣本曾經經由小三通前往中國大陸的比例相對的低於其他年所得者，因此年所得為 31-50 萬元、51-70 萬元的樣本相對上有較多經由小三通前往中國大陸的經驗。

伍、結論與發現

本研究運用因素分析進行小三通政策對經濟安全影響題項縮減，萃取出大陸投資、便利投資、金門經濟等構面。經檢定結果顯示，金門縣民眾對兩岸小三通政策後經濟安全影響的看法分別會受到是否前往過中國大陸旅遊、性別、及教育程度等的影響，研究假設結果經彙整如表 7。研究發現，是否經由小三通前去中國大陸之金門民眾，對小三通後金門的經濟影響的看法確實存在顯著的差異性。特別是曾經由小三通前往中國大陸的受訪者較未曾經由小三通前往中國大陸的受訪者更認同開放小三通後，有助於金門地區的經濟發展，以及金門未來的經濟發展應該會與中國大陸更緊密結合，

表 5　經由小三通前往中國大陸之經驗 V.S.年齡之交叉分析

		是否曾經去過中國大陸		卡方值	顯著性
		否	是		
20-30 歲	次數	105	146		
	欄 %	41.8%	58.2%		
	列 %	52.2%	32.5%		
31-40 歲	次數	46	138		
	欄 %	25.0%	75.0%		
	列 %	22.9%	30.7%		
41-50 歲	次數	27	108	25.84	0.000
	欄 %	20.0%	80.0%		
	列 %	13.4%	24.1%		
51-60 歲	次數	16	46		
	欄 %	25.8%	74.2%		
	列 %	8.0%	10.2%		
60 歲以上	次數	7	11		
	欄 %	38.9%	61.1%		
	列 %	3.5%	2.4%		
總合	次數	201	449		
	欄 %	30.9%	69.1%		
	列 %	100.0%	100.0%		

資料來源：作者自行整理。

且經濟上對中國大陸依賴會愈來愈重。此項結果亦說明了透過個人旅遊經驗的比較，有小三通旅遊經驗，亦即實際到過中國大陸的受訪者更能親自體會開放兩岸小三通之後對金門經濟發展的正面效果，惟其負面的經濟依賴隱憂仍不容忽視。

此外，經交叉分析結果顯示，在「大陸投資」構面上，男性、教育程度為大專以上、年收入高於 71 萬元的受訪者，相較女性、教育程度為國中以下及高中程度、年收入低於 30 萬元的受訪者更認同

表 6　經由小三通前往中國大陸之經驗 V.S.年所得之交叉分析

		是否曾經去過中國大陸		卡方值	顯著性
		否	是		
30 萬元以下	次數	102	168		
	欄 %	37.8%	62.2%		
	列 %	51.0%	37.4%		
31-50 萬元	次數	34	137		
	欄 %	19.9%	80.1%		
	列 %	17.0%	30.5%		
51-70 萬元	次數	21	74		
	欄 %	22.1%	77.9%		
	列 %	10.5%	16.5%	22.500	0.000
71-90 萬元	次數	19	36		
	欄 %	34.5%	65.5%		
	列 %	9.5%	8.0%		
91 萬元以上	次數	24	34		
	欄 %	41.4%	58.6%		
	列 %	12.0%	7.6%		
總合	次數	200	449		
	欄 %	30.8%	69.2%		
	列 %	100.0%	100.0%		

資料來源：作者自行整理。

開放小三通後，有助於金門地區的經濟發展，而金門未來的經濟發展應該會與中國大陸更緊密結合，且經濟上對中國大陸依賴會愈來愈重；同時亦認同大陸貨物由金門中轉至臺灣的政策及金門當地銀行兌換人民幣的政策值得推動。此亦說明了收入及教育水準較高的男性較樂觀看待兩岸小三通對金門經濟所造成的影響，或許因為大陸市場龐大，處處充滿著商機，對於收入高及教育水準高的男性們而言具有較大的吸引力，以致更能認同此項政策的正面效果。

在「便利投資」構面上，男性受訪者相較於女性受訪者更認同開放小三通後，金門資金會更快、更多的流向中國大陸，因此認為應吸引工業進駐，並設立跨海大橋以節省時間，以成立經濟特區或免稅特區繁榮地區經濟。

在「金門經濟」構面上，男性、年收入高於 71 萬元與 51-70 萬元的受訪者，相較於女性、年收入低於 30 萬元的受訪者較認同開放小三通後，金門人會在中國大陸置產或投資，亦認同金門應該設立賭場以吸引大陸觀光客及引進廉價的大陸勞工。此項結果應可說明收入及教育水準較高的男性認為小三通後金門的資金會逐漸轉往中國大陸，對於金門的經濟發展仍需創造有利的條件，避免因經濟依賴產生不利的影響和衝擊。

綜合以上結果顯示本研究之假設大致成立，且有小三通旅遊經驗、男性、收入和教育程度較高的受訪者均對於兩岸小三通後，金門的經濟發展契機充滿期待；惟對兩岸經濟互賴加深之後，將造成金門的資金外流、經濟愈形依賴大陸等方面仍普遍存有疑慮。就經濟面而言，雖然小三通帶動了金門的經濟成長，但是因外部經濟活動所引發的經濟過度依賴，進而可能造成經濟安全上的隱憂亦值得重視，若能使內需達到一定的程度，將使金門當地的經濟朝較為獨立的方向發展，如此對金門經濟負面的衝擊應會減緩許多。

再就以上實證研究與實際現況比較，值得注意地是，本研究發現開放小三通後，金門民眾認為「有助於金門地區經濟發展」者高達 45%，此結果與前述小三通之後金門地區的經濟成長率較臺灣地區為大，與民眾的認知若合符節，亦顯示係小三通所帶來的正面影響。然而，在受訪者中，認為小三通實施之後，「金門在經濟上對大陸依賴會愈來愈重」，以及「金門未來的經濟發展應該會與大陸更緊密結合」，兩者之同意度均高達 56%，且本研究亦顯示有 17%的受

表 7　研究假設檢定結果彙整表

	研究假設	檢定結果
假設一 （H1）	金門縣民眾不同的小三通個人親身經驗與社經背景對金廈小三通政策之經濟安全影響認知會有差異。	是否前往過中國大陸旅遊經驗、性別、年收入、教育程度皆有顯著差異。
H1-1：	是否前往過中國大陸之金門民眾，對金廈小三通政策之經濟安全影響認知會有差異。	「金門經濟」因素構面與曾去與未曾去過中國大陸有顯著差異。
H1-2：	不同性別的金門民眾，對金廈小三通政策之經濟安全影響認知會有差異。	「大陸投資」、「便利投資」、「金門經濟」因素構面與性別有顯著差異。
H1-3：	不同年齡的金門民眾，對金廈小三通政策之經濟安全影響認知會有差異。	不同的年齡對經濟安全各構面的看法無顯著差異。
H1-4：	不同教育程度的金門民眾，對金廈小三通政策之經濟安全影響認知會有差異。	「大陸投資」因素構面與不同教育程度有顯著差異。
H1-5：	不同職業的金門民眾，對金廈小三通政策之經濟安全影響認知會有差異。	不同的職業對經濟安全各構面的看法無顯著差異。
H1-6：	不同年收入的金門民眾，對金廈小三通政策之經濟安全影響認知會有差異。	「大陸投資」、「金門經濟」因素構面與不同年收入有顯著差異。
假設二 （H2）：	金門民眾是否有經由小三通前往中國大陸之經驗與社經背景之關係。	經驗對照年齡有顯著差異 經驗對照年收入有顯著差異

資料來源：作者自行整理。

訪者表示在中國大陸置產或投資，另根據廈門市政府及金門縣政府一項非正式統計資料顯示，金門人在廈門至少購置七千套以上房地產，超過新臺幣 150 億元的資金流往廈門投資，且正逐漸增加之中，[60] 對此結果和影響應予以正視。此外，自小三通實施以來，從

---

[60] 張元祥，〈金門，第二春〉，《遠見雜誌》，第 238 期，2006 年 4 月，頁 98；蔡家蓁，〈復華金董座顏慶章拜會縣議會〉，《金門日報》，2007 年 1 月 29 日，版 2；蔡家蓁，〈金門文藝五週年〉，《金門日報》，2008 年 4 月 11 日，版 3。

金門前往廈門的旅客（包含臺商）一直都超出從廈門前來金門的旅客甚多，以 2007 年為例，前者高達 319,502 人次，後者則僅有 45,509 人次。[61]另在金融方面，根據中央銀行的統計，從 2005 年 10 月 3 日開放金馬地區金融機構人民幣業務，一直到 2007 年 2 月底，金馬地區金融機構合計賣出人民幣 2 億 2,563 萬元，買入人民幣僅 3,615 萬元，[62]顯示出資金外流的情況；在貨物進出口方面，根據統計，從 2001 年至 2007 年 6 月，小三通進出口裝卸貨物，金門已達 146 萬 9,733 公噸，其中進口 146 萬 5,963 噸、出口僅 3,770 噸，亦顯示金廈兩地不管人員或貨物進口與出口量均不成比例，[63]凡此皆使得金門經濟依賴廈門的疑慮加深。綜合本研究發現兩岸小三通擴大交流之後，由於市場的相互依賴導致金門經濟成長，但是金門經濟的自主性亦將受到衝擊，資金持續外流的效應亦值得關注。由於經濟領域已屬於非傳統安全的議題，在金廈小三通的案例中顯示我方單向依賴廈門市場的可能性，此結果可能危害到我方政策的自主性。

　　小三通模式下，金廈經濟互賴結構的發展，導致金門地區的經濟安全有其正面和負面的影響，由於金門的經濟在小三通的驅使之下有所成長，金廈未來循序漸進式的區域性整合仍是可以考慮的方向，可藉由目前小三通所形成的經濟圈，將兩岸共同推動農業交流、物流整合、以及進一步推動「金廈經濟商圈」等合作方案更加具體

---

[61] 行政院大陸委員會，〈金馬小三通航運人員往來統計月報〉，《行政院大陸委員會全球資訊網》，2008 年 2 月 12 日，〈http://www.mac.gov.tw/big5/statistic/ass_em/3link.htm〉。

[62] 魏艾，〈「小三通」政策實施成效及其對兩岸經濟整合的意涵〉，頁 54-63。

[63] 曹爾忠，〈小三通架起了兩岸和平發展的大橋〉，《第二屆海峽西岸經濟區論壇》，2008 年 2 月 14 日，〈http://www.kmdn.gov.tw/show_pub.asp?pub_id=2007-10-9-21-7-50〉。

化，如此一來，金門在小三通之下的兩岸經貿交流中將具有較多的籌碼和施展的空間。金門依據它的地緣性有些東西仍是不可替代性，未來金門長遠的發展仍須結合其地緣、人文及產業特性，特別是觀光產業的資源，朝向較具未來性和區域性之經濟結合，例如：金廈經濟特區、金廈自由貿易區、金廈旅遊商圈等方向規劃。在不對稱依賴的情勢之下，尤其應創造出金門當地獨特的特色和優勢，有效結合金廈的差異性和依存度，進而經由經貿交往，有助於促進兩岸利益與建立和平關係。

兩岸由於受到政治因素的制約，全方位的區域性經濟整合，恐難以在短時期內實現，小三通可視為是緩合「三通」壓力的一個暫行模式而已。雖然長久以來兩岸之間的經貿交流日趨熱絡，惟近年來存在一些結構性的問題，例如軍事互信問題、臺灣外交空間和國際承認問題等，在在嚴重制約著兩岸關係的發展。這些問題亟需兩岸經過協商、談判，以化解過度僵持的態度才能有效的進一步解決，在此之前雙方仍存在著軍事衝突的潛在危險，甚至也普遍存在更多導致臺灣經濟過度依賴中國大陸的顧慮。目前，臺灣地區仍不能忽視兩岸經濟互賴的風險問題，然而，在兩岸交流日益加深致使經貿結構不對稱的情況之下，臺灣雖仰賴中國大陸經濟的養分，但是中國大陸的產業部門亦需臺灣在生產財、科技、資本、管理技能及人才的挹注，此不對稱並非中國大陸所獨有；[64]不同的是，在小三通的案例中，金門尚未擁有上述臺灣的優勢結構。未來臺灣仍可以金廈小三通模式所帶來的效應為參考，一方面在思考兩岸加深經貿交往，有助於促進雙方利益之外，另一方面亦應嚴正思考經濟片面過度依賴，將會削弱臺灣政策的自主性，或造成臺灣經濟安全方面的

---

[64] 林琮盛、耿曙，〈從「安全」與「利益」的兩難中解套：再思兩岸關係中的市場力量〉，頁 271。

問題。因此有效提昇自身的產業優勢和籌碼，藉以增加中國大陸制裁臺灣的成本，或可達到臺灣在經濟利益和安全兩難中的平衡點。

（本文發表於《遠景基金會季刊》（TSSCI），第 9 卷第 4 期，2008 年 10 月，頁 53-96）

參考文獻

中文部分

專書

王國琛，1996。《一個中國與兩岸統一》。臺北：環宇出版社。

王逸舟，2003。《全球政治和中國外交》。北京：世界知識出版社。

田志立，1998。《21 世紀中華經濟圈——一個全球關注的新經濟課題》。臺北：
　　立緒文化事業有限公司。

包宗和，1991。《臺海兩岸互動的理論與政策面向（1950-1989）》。臺北：三民
　　書局。

行政院大陸委員會，2000。《兩岸「小三通」影響評估及規劃方向》。臺北：行
　　政院大陸委員會。

李英明，2001。《全球化時代下的臺灣和兩岸關係》。臺北：生智出版社。

邱皓政，2006。《量化研究與統計分析》。臺北：五南書局。

吳玉山，1997。《抗衡或扈從：兩岸關係新詮》。臺北：正中書局。

邵宗海，2001。《兩岸關係——陳水扁的大陸政策》。臺北：生智出版社。

金門縣政府，2006。《金門縣政府統計年報》。金門：金門縣政府。

高長，2002。《大陸經改與兩岸經貿關係》。臺北：五南書局。

陳博志，2004。《臺灣經濟戰略——從虎尾到全球化》。臺北：時報文化出版社。

張同新、何仲山，1998。《「一國兩制」與海峽兩岸關係》。北京：中國人民大學
　　出版社。

張亞中、李英明，2001。《中國大陸與兩岸關係概論》。臺北：生智出版社。

童振源，2003。《全球化下的兩岸經濟關係》。臺北：生智出版社。

趙春山，1991。《大陸政策與兩岸關係》。臺北：財團法人民主文教基金會。

蔡瑋，2001。《中共的涉臺決策與兩岸關係發展》。臺北：風雲論壇出版社。

專書譯著

Held, David, Goldblatt, D. McGrew, A. & Perraton, J.著，楊雪冬等譯，2001。《全球大變革——全球化時代的政治、經濟與文化》（Global Transformations: Politics, Economics and Culture）。北京：社會科學文獻出版社。

Keohane, Robert O. & Nye, Joseph 著，門洪華譯，2005。《權力與相互依賴》(Power and Interdependence: World Politics in Transition)。北京：北京大學出版社。

Sekaran, Uma 著，祝道松、林家五譯，2003。《企業研究方法》（Research Methods for Business）。臺北：智勝出版社。

專書論文

林勁、張敦財、王茹，2005。〈進一步推動廈金經貿文化交流與合作之研究〉，黃呈建編，《廈門涉臺調研課題匯編》。廈門：廈門市人民政府臺灣事務辦公室，頁 174-206。

陳松川，2003。〈全球化進程時期的國家安全觀〉，楚樹龍、耿秦編，《世界、美國和中國——新世紀國際關係和國際戰略理論探索》。北京：清華大學出版社，頁 139-148。

傅勇，2006。〈非傳統安全問題的理論研究及其意義〉，上海社會科學院編，《變化中的世界與中國因素》。北京：時事出版社，頁 114-132。

韓清海，2005。〈廈金經貿合作的階段性研究〉，黃呈建編，《廈門涉臺調研課題匯編》。廈門：廈門市人民政府臺灣事務辦公室，頁 230-256。

專書論文

王崑義，2005。〈全球化、人類安全與後 SARS 時代的關連〉，翁明賢、吳建德主編，《兩岸關係與信心建立措施》。臺北：華立出版社。頁 124-133。

陸忠偉，2003。〈非傳統安全理論概述〉，陸忠偉編，《非傳統安全論》。北京：時事出版社。頁 9-95。

衛靈，2008。〈經濟全球化及其發展趨勢〉，衛靈編，《當代世界經濟與政治》。北京：中國人民大學出版社。頁 20-35。

期刊論文

何仲山，2003/3。〈金門廈門「小三通」——合則兩利的示範〉，《新視點》，第 3 卷第 2 期，頁 49-55。

李非，2004/5。〈建立金廈經濟合作區時機來了〉，《投資中國》，總卷第 123 期，頁 58-60。

吳介民，1997/3。〈經貿躍進，政治僵持？——後冷戰時代初期兩岸關係的基調與變奏〉，《臺灣政治學刊》，第 1 卷第 1 期，頁 211-255。

林琮盛、耿曙，2005/10。〈從「安全」與「利益」的兩難中解套：再思兩岸關係中的市場力量〉，《遠景基金會季刊》，第 6 卷第 4 期，頁 239-281。

高長，2004/5。〈金廈經濟配成對，待兩岸當局協商〉，《投資中國》，總卷第 123 期，頁 61-63。

徐淑敏，2004/10。〈互賴理論中「敏感性與脆弱性」概念應用於兩岸互動關係的操作化分析〉，《遠景基金會季刊》，第 5 卷第 4 期，頁 189-217。

陳蘋，2007/4。〈「小三通」活躍了金門島〉，《經濟導報》，總卷第 3013 期，頁 24-26。

張元祥，2006/4。〈金門，第二春〉，《遠見雜誌》，第 238 期，頁 90-122。

童振源，2003/3、4。〈中共『十六大』後對臺政策分析〉，《中國大陸研究》，第 46 卷第 2 期，頁 41-56。

童振源，2003/7。〈兩岸經濟整合與臺灣的國家安全顧慮〉，《遠景基金會季刊》，第 4 卷第 3 期，頁 41-58。

蔡宏明，2001/4。〈「小三通」對兩岸互動的影響〉，《遠景基金會季刊》，第 2 卷第 2 期，頁 135-162。

閻學通，1997/3。〈國家利益的分析方法——對部分「中國國家利益分析」批評的討論〉，《中國社會科學季刊》，第 20 卷第 1 期，頁 143-147。

魏艾，1990/5。〈兩岸合作模式總評估〉，《大陸現場》，第 1 卷第 3 期，頁 112-116。

學位論文

王衛煌，2004。《「小三通」後金廈經濟整合可行性之評析》。臺北：淡江大學中
　　國大陸研究所碩士在職專班碩士論文。

林信政，2004。《試辦金門馬祖與大陸地區通航（小三通）之政策分析》。臺中：
　　東海大學公共行政學系研究所碩士論文。

吳興邦，2004。《金門縣民眾對金廈「小三通」政策滿意度之研究（2001- 2003
　　年）》。臺北：銘傳大學社會科學院國家發展與兩岸關係在職專班碩士論文。

許競任，2004。《小三通與金馬戰略角色之調整──系統理論的分析》。臺北：
　　淡江大學國際事務與戰略研究所碩士論文。

張多馬，2004。《臺灣推動兩岸「小三通」之研究》。臺北：國立政治大學外交
　　學系戰略與國際事務在職專班碩士論文。

蔡承旺，2006。《以互賴理論建構金門經濟發展策略》。臺北：國立臺灣師範大
　　學政治學研究所博士論文。

劉秋華，2003。《「小三通」對馬祖經濟發展前景影響之研究》。臺北：世新大學
　　行政管理學系研究所碩士論文。

研討會論文

邱振森，2003/12/20-21。〈金廈大橋對兩岸政經的影響〉，「金廈大橋方案與影響」
　　學術研討會。金門：金門縣政府等。頁 266-274。

林健次，2003/9/10。〈經濟安全與國家安全〉，「迎接全球化──經濟安全」研討
　　會。臺北：國家展望文教基金會。頁 27-51。

張五岳，2003/7/28。〈臺灣兩岸直接三通的政經研究〉，「臺灣經濟與兩岸經貿
　　關係」研討會。廈門：廈門大學。頁 3-9。

唐永紅、蔡承旺，2005/12/20-22。〈兩岸經濟一體化進程中廈金經濟合作發展的
　　機會與應對〉，「兩岸政經發展」研討會。金門：中國大陸研究學會等。頁
　　1-7。

魏艾，2007/10/23-25。〈「小三通」政策實施成效及其對兩岸經濟整合的意涵〉，
　　「2007 小三通試辦六週年」學術研討會。金門：金門縣政府等。頁 54-63。

報紙

丁松泉，2002/8/5。〈兩岸的經濟整合與臺北的政治反制〉，《聯合早報》，版 3。

陳添枝，2003/2/15。〈當前兩岸財經互動之展望議題〉，《經濟日報》，版 3。

莊煥寧，2007/1/20。〈金馬國民所得連江再躍居上風〉，《金門日報》，版 4。

譚淑珍，2002/3/27。〈登陸利弊，薛琦、陳明通針鋒相對〉，《工商時報》，版 3。

蔡家蓁，2007/1/29。〈復華金董座顏慶章拜會縣議會〉，《金門日報》，版 2。

蔡家蓁，2008/4/11。〈金門文藝五週年〉，《金門日報》，版 3。

網際網路

郭勵誠、崔小茹，2001/1/12。〈金馬經貿特區之可行性探討〉，《國政研究報告》，
　　〈http://old.npf.org.tw/PUBLICATION/TE/090/ R/TE-R-090-002.HTM〉。

金門縣政府，2007/3/20。〈小三通六年各方對推動成效多持保留態度〉，《金門縣
　　政府全球資訊網》，〈http://www.kinmen.gov.tw/News/News.aspx?doctag=37860〉。

金門縣政府，2008/2/1。〈金門地區重要經濟指標〉，《金門縣政府全球資訊網》，
　　〈http://www.kinmen.gov.tw/Org/371010000A14/datahtml/經濟指標.htm〉。

行政院大陸委員會，2008/2/12。〈金馬小三通航運人員往來統計月報〉，《行政
　　院大陸委員會全球資訊網》，〈http://www.mac.gov.tw/big5/statistic/ass_em/
　　3link.htm〉。

行政院大陸委員會，〈金馬小三通航運人員往來統計月報〉，《行政院大陸委員會
　　全球資訊網》，2008 年 9 月 1 日，〈http://www.mac.gov.tw/big5/statistic/ass_
　　em/3link9708.pdf〉。

行政院大陸委員會，2008/10/1。〈金馬小三通航運人員往來統計月報〉，《行政院大
　　陸委員會全球資訊網》，〈http://www.mac.gov.tw/big5/statistic/ass_em/3link.htm〉。

曹爾忠，2008/2/14。〈小三通架起了兩岸和平發展的大橋〉，《第二屆海峽西岸
　　經濟區論壇》，〈http://www.kmdn.gov.tw/show_pub.asp?pub_id=2007-10-9-
　　21-7-50〉。

行政院大陸委員會，2008/9/1。〈金馬小三通航運人員往來統計月報〉，《行政院
　　大陸委員會網站》，〈http://www.mac.gov.tw/big5/statistic/ass_em/3link.htm〉。

英文部分

專書

Buzzan, Barry, 1983. *People, State and Fear*. London: Harvester Wheatsheaf.

Buzan, Barry, Ole Waever & Jaap de Wilde., 1998. *Security: A New Framework for Analysis*. Boulder Colo: Lynne Rienner Pub.

Friedman, Jonathan, 1994. *Culture Identity and Global Process*. London: Sage.

Gilpin, Robert, 1987. *The Political Economy of International Relations*. New Jersey: Princeton University Press.

Hair, J. F., R. E. Anderson, R. L. Tatham & W. C. Black, 1998. *Multivariate Data Analysis.* Upper Saddle River, NJ: Prentice-Hall.

Holton, Robert J., 1998. *Globalization and the Nation-State*. New York: St. Martin's Press.

Huntington, Samuel P., 1996. *The Clash of Civilizations and the Remaking of World Order*. Simon & Schuster.

Keohane, Robert O. & Joseph S. Nye, 2001. *Power and Interdependence*. New York: Harper Collins.

Papayoanou, Paul A., 1999. *Power Ties: Economic Interdependence, Balancing, and War*. Michigan: University of Michigan Press.

Pirages, Dennis, 1978. *Global Ecopolitics: The New Context of International Relations*. MA: Duxbury Press.

Ruggie, John G., 1983. *The Antinomies of Interdependence*. New York: Columbia University Press.

Spanier, John, 1993. *Games Nations Play*. Washington D.C.: CQ Press.

Waltz, Kenneth N., 1979. *Theory of International Politics*. New York: Random House.

Youngs, Gillian., 1999. *International Relations in a Global Age: A Conceptual Challenge*. London: Polity Press.

專書論文

Scholte, Jan A., 2005. "Global Trade and Finance," in John Baylis & Steve Smith, eds. *The Globalization of World Politics*. Oxford: Oxford University Press. pp. 600-617.

Waever, Ole., 1997. "Figures of International Thought: Introducing Persons Instead of Paradigms," in Neumann, Iver B. & Ole Waever, eds., *The Future of International Relations: Masters in the Making*. London: Routledge. pp. 7-37.

期刊論文

Booth, Ken, 1991/10. "Security and Emancipation," *Review of International Studies*, Vol.17, No.4, pp.313-327.

Chu, Yun-han, 2003/12. "Power Transition and the Making of Beijing's Policy towards Taiwan," *The China Quarterly*, Vol.176, No.1, pp.960-980.

Haftendorn, Helga, 1991/3. "The Security Puzzle: Theory-Building and Discipline-Building in International Security," *International Security Quarterly*, Vol.35, No.1, pp.3-17.

Kaiser, H. F. 1974/3. "An Index of Factorial Simplicity," *Psychometrika*, Vol.39, No.1, pp.31-36.

Krejcie, R. V. & D. W. Morgan, 1970/10. "Determining Sample Size for Research Activities," *Educational and Psychological Measurement*, Vol.30, No.3, pp.607-610.

Makinda, Samuel M., 1996/4. "Sovereignty and International Security: Challenges for the United Nations," *Global Governance*, Vol.2, No.2, pp.149-168.

臺海兩岸信心建立措施之研究
——從金廈「小三通」政策上論析

壹、前言

　　「信心建立措施」自 1970 年代中期起在歐洲大陸到 1990 年代中期在亞太地區，隱然成為區域安全建構的主軸。[1]隨著全球化的來臨，國際間對安全觀的重視以及國家對綜合性安全的追求，已經蔚為趨勢。臺海兩岸之間的關係由於意識形態與政治議題的糾葛，顯得複雜且癥結難解，更因受到軍事、經濟與美國觀點等因素的影響，要從傳統性軍事的角度去推動互信機制的建立，短期間恐怕還存在著潛在的困難性。尤其中共方面始終堅持其「一個中國」政治立場，更使得兩岸的復談陷入僵局，兩岸的協商機制也暫告中斷，這些都與兩岸人民所期盼以和平解決臺海問題的目標大相逕庭。因此，兩岸在「信心建立措施」上的努力益發顯得重要。

　　2004 年臺灣地區的總統選舉，讓臺海問題成為國際矚目焦點。就在兩岸民間交流遲緩及互信不足的前提下，出現「和平實驗區」、「和平穩定互動架構」及「劃定非軍事區」等用以和緩緊張的構想。[2]不論是結束敵對狀態、兩岸軍事交流、簽訂和平協定、建立和平穩定機制、建立熱線等，這些都屬於「信心建立措施」的範疇和作為，

---

[1]　林正義，〈美國與臺海兩岸信心建立措施〉，《問題與研究》，第 44 卷第 6 期，2005 年 11、12 月，頁 2。

[2]　任海傳，〈從共同打擊犯罪探討兩岸和平架構的建立〉，《展望與探索》，第 2 卷第 7 期，2004 年 7 月，頁 68-82。

而這些有關兩岸「建立信任措施」的構想，之前亦曾在臺灣地區引起廣泛的討論。[3]

臺海兩岸的關係順應和平發展的時代潮流，不僅是兩岸人民的根本利益，攸關亞太地區集體利益之所在，也符合美國在亞太地區的戰略利益。[4]美國無論是柯林頓或小布希總統均鼓勵臺海兩岸在降低衝突、減少軍事誤判上，建立「信心建立措施」，柯林頓政府甚至建議兩岸「中程協議」的路線圖。美國總統柯林頓在 1999 年 4 月 7 日中國總理朱鎔基訪問華府前夕，以「和平解決歧見」為基調，發表中國政策演說，其中有關臺海兩岸問題，柯林頓一再重申，強調美國鼓勵兩岸政府「和平解決分歧、增加接觸」的立場。[5]此外，美國國務院發言人包潤石也曾就該構想，表達了美國對於降低緊張符合美國利益的看法，並重申美國支持兩岸對話與討論的一貫立場。[6]然而，上述議題在中國迄未宣布放棄以武力解決臺灣問題之前，在策略執行方面確實有相當的困難。[7]

其實，兩岸共同利益之所在，除了政治、軍事議題外，其他諸如經濟、文化、科技、生態及社會等屬於非傳統安全領域的議題，已然成為緩和兩岸緊張情勢持續發展的重要參考指標。兩岸應可考量先擱置彼此的政治歧見，從追求兩岸間綜合安全的概念著手。由

---

[3] 鍾堅，〈海峽兩岸軍事交流的可行性〉，《國策雙週刊》（臺北），第 144 期，1996 年 8 月 6 日，頁 8-9；張中勇，〈以信心建立為主導的兩岸關係〉，《國策雙週刊》（臺北），第 139 期，1996 年 5 月 28 日，頁 14-17；陳國銘，〈建立信任措施的演進及我國的啟示〉，《國防雜誌》（臺北），第 12 期第 7 卷，1997 年 1 月 16 日，頁 58-67。

[4] 〈陳明通：和平是兩岸共同利益〉，《工商時報》（臺北），2004 年 5 月 8 日。

[5] 《聯合報》（臺北），1999 年 4 月 8 日，版 3。

[6] 劉屏，〈國務院：和平架構、兩岸自談〉，《中時晚報》（臺北），2004 年 2 月 4 日。

[7] 〈兩岸政策又畫大餅〉，《工商時報》（臺北），2004 年 2 月 4 日。

於「信心建立措施」乃在經由透明化的過程，逐步釋放彼此的善意，再透過各項溝通管道或檢證作為，推動雙邊或多邊性的對話，以降低敵對國間因誤解或誤判所導致的緊張情勢，甚或是衝突危機，並以追求和確保和平為最終目標，因此，對於現階段難解的兩岸關係，應以較為正面的態度視之。近年來，兩岸關係瞬息萬變，即便是昔日屬於臺灣前線的外島金門、馬祖，其角色與戰略地位亦隨著兩岸關係的發展，而在逐漸改變之中。早在 1990 年 9 月 11 日至 12 日兩岸代表即在金門進行兩日的會談，並簽訂「金門協議」，雙方合作共同執行海上遣返事宜。[8]2001 年 1 月 1 日，兩岸又在金門、廈門之間，以及馬祖、馬尾之間實施「小三通」，使得兩岸之間設置軍事緩衝區與和平區等構想，再度蔚為話題。有鑒於此，金廈「小三通」模式對於兩岸「信心建立措施」是否有其作用和影響，是一值得探討的課題。

貳、兩岸「信心建立措施」的意義和內涵

一、「信心建立措施」的涵義

「信心建立措施」（Confidence-building Measures, CBMs）的概念源自於對純軍事層面實踐經驗，[9]原係西方經過漫長而不斷累積經驗的一個過程，起初僅限於較狹隘的軍事性措施。回顧七〇及八〇

---

[8]　「金門協議」係就雙方參與見證其主管部門執行海上遣返事宜，達成以下協議：一是遣返原則；二是遣返對象；三是遣返交接地點；四是遣返程序。該協議書係由兩岸紅十字會代表陳長文與韓長林於金門簽字後實施。參閱〈http://www.mac.gov.tw/big5/negociat/negociate/gd.htm〉

[9]　吳建德，〈臺海兩岸建立軍事互信機制之可行性——信心建立措施的觀點〉，《國防政策評論》（臺北），第 1 期，2000 年 10 月，頁 73-74。

年代的歐洲關係史，學者普遍認為此段時期的「信心建立措施」，對於爭端頻傳的地區具有參考的價值，嗣於 1975 年在赫爾辛基最後議定書明訂此一概念後，即逐漸為國際間運用到化解國際衝突與矛盾上；迄 1986 年在斯德哥爾摩會議文件（Document of the Stockholm Conference）中，因針對安全議題而被改稱為「信心暨安全建立措施」（Confidence- and Security-Building Measures, CSBMs）。[10]其後復分別於 1990、1992、1994 年簽訂的「維也納文件」修訂後，使其架構更臻完善。在斯德哥爾摩文件中，總共有 104 條條文與 4 個附件，對於軍事行動作了更嚴格的規定。相對於「信心建立措施」的萌芽階段，「信心暨安全建立措施」比較強調軍事意涵的重要性及各項查證性措施的使用，進入更具體、繁複、及強制性的階段，其內容有涵蓋政治、經濟、環保等非軍事性層面的措施，亦有限定軍事層面的措施。[11]

由於能直接影響並嚴重破壞國家安全的各類衝突議題中，軍事衝突與戰爭還是主要的關鍵，至於政治、經濟及其他非與安全直接有關的變項，縱使在促進敵對國間的互信建立有其關鍵性影響的效果，但仍易置於稍次等位階的考量，揆諸兩岸關係中的軍事對峙即為一例。[12]此外，例如東協亦嘗試從冷戰時期在歐洲所發展「信心

---

[10] 吳建德，〈臺海兩岸建立軍事互信機制之芻議——信心建立措施之個案研究〉，輯於《2000 年國家安全戰略情勢評估：不對稱戰略思考與作為學術研討會論文集》（臺北：淡江大學國際事務與戰略研究所，2000 年 3 月 25 日），頁 24。

[11] 林正義，〈歐洲及亞太信心暨安全建立措施之研究〉，《理論與政策》（臺北），第 12 卷第 3 期，1998 年 9 月，頁 75。

[12] 學者 Susan M. Pederson & Stanley Weeks 等對於「信心建立措施」狹義與廣義的定義有詳細界定，可參閱：Susan M. Pederson & Stanley Weeks, " A Survey of Confidence and Security Building Measures", in Ralph A. Cossa ed., *Asia Pacific Confidence and Security Measures*, （Washington D.C.: The Center for Strategic & International Study, 1995）, pp. 82-83.

建立措施」的經驗，提出預防區域軍事衝突的建議，以配合東協國家在後冷戰時期逐步擴張其安全機制的演變，而逐漸納入亞太與東南亞區域安全對話的議題之中。[13]因此，「信心建立措施」在最初概念的形成與運用，乃至於當今國際社會在處理軍事層面的議題上，仍或占著重要的地位。挪威前國防部長何斯特（Johan Jorgen Holst）即將「信心建立措施」定義為加強雙方在彼此心智及信念更加確定的種種措施，主要是增加軍事活動的可預測性，使軍事活動有一個正常的規範，藉此確定並瞭解雙方的意圖，有關外交上的磋商、調停、斡旋、仲裁及談判等均屬之。[14]

　　有鑑於此，舉凡國際間軍事、外交和安全上的爭端，都可是「信心建立措施」亟欲解決的議題和範圍。前聯合國秘書長蓋里（Boutros-Ghali）在 1992 年所提出「和平議程：預防外交、和平締造與和平維持」(An Agenda for Peace: Preventive Diplomacy, Peace-making and Peacekeeping)的報告中，即指出「信心建立措施」是預防外交的第一個步驟，透過互信與善意的建立，「信心建立措施」將可有效降低衝突之可能。[15]戰略學者瑪森（Margaret Mason）則認為「信心建立措施」就是政府間在有關安全議題方面某種程度的溝通協調，其目的在於促進彼此間的互動與互信，以消除不確定性的危機，「信心建立措施」不僅是一種漸進的過程，也是一種自願性、自我約束限制與需要查證的措施。[16]

[13] 莫大華，〈後冷戰時期東協國家對東南亞區域建立信心安全措施之省思〉，《東南亞季刊》（臺北），第 2 卷第 1 期，1997 年 1 月。

[14] Johan Jorgen Holst, "Confidence Building Measures: A Conceptual Framework," *Survival*, Vol. 25, No. 1, January/February, 1983, p.1.

[15] Boutros Boutros-Ghali, "An Agenda for Peace: Preventive Diplomacy, Peace-making and Peacekeeping," United Nation, June 17, 1992.

[16] Margaret (Peggy) Mason, "Confidence building in the Asia Pacific Region: Prospects and Problems," in Ralph A. Cossa ed., Ibid., p.102.

關於「信心建立措施」的內涵，美國智庫史汀生中心（The Henry L. Stimson Center）主任克蘭普（Michael Krepon）作了深入研究並將其理論化。他認為在敵對國實際建立信心前的早期步驟，應屬「衝突避免措施」（Conflict Avoidance Measures），緣於衝突的發生勢必會對雙方或各方的利益造成傷害，但藉由此種措施所需要的政治資本較少，因而在實施之後，方有機會實現政治敏感度較高的「信心建立措施」，且「信心建立措施」一經迅速採用，即有助於政治環境的改變。[17]此外，史汀生中心亦將「信心建立措施」概分為四類：溝通性措施（Communication Measures）、透明性措施（Transparency Measures）、限制性措施（Constraint Measures）、檢證性措施（Verification Measures），[18]並進一步將「信心建立措施」建構一個可以分為三階段的模式，亦即第一階段：衝突避免（Conflict Avoidance）；第二階段：建立信心（Confidence-building）；以及第三階段：強化和平（Strengthening the Peace）。[19]

在臺灣方面，學術界亦常用「信心建立措施」作為研究的通稱。一般認為，「信心建立措施」是近二十年來國際社會用以降低衝突、避免戰爭的重要方法。[20]其目的主要在提供保障承諾的因素，尤其是在危機出現時，透過熱線裝設、軍事情報交換、重大軍演活動預先通知、裁減軍力、及建立區域性安全對話協商機制等措施，來防杜突發的軍事衝突。[21]透過「信心建立措施」的運作與制度化的發

[17] Michael Krepon et. Al., "A Handbook of Confidence-Building Measures for Regional Security," 3rd ed., (Washington D.C.: The Stimson Center, 1998).
[18] 參閱史汀生中心網站，〈RUL:http://www.stimson.org/cbm/cbmdef.htm〉。
[19] Michael Krepon et. Al. , "A Handbook of Confidence-Building Measures for Regional Security, "pp. 4-13.
[20] 林文程，〈中共對信心建立措施的立場及作法〉，陳鴻瑜主編，《信心建立措施的理論與實際》（臺北：臺灣綜合研究院戰略與國際研究所，2001年2月）。
[21] 周世雄，《國際體系與區域安全協商──歐亞安全體系之探討》（臺北：五南

展，可降低緊張氣氛與減少潛在的衝突，雙方由功能性、事務性的「信心建立措施」進行學習過程，奠定「和平協定」的信心基礎，進而累積未來追求兩岸的互信與共識。[22]

　　綜上所述，「信心建立措施」顧名思義就是彼此建立互信、降低敵意及消弭衝突的諸項措施的實現，詞義延伸便是指國家間可用來降低彼此的緊張情勢，藉以避免爆發戰爭衝突危機的一種方法與措施。究其定義的範疇，從最狹義侷限於軍事層面、與安全直接相關實際經驗的意涵，拓而較廣義的解釋，則涵蓋有關會挑動兩國或多國間衝突所有因子的透明與檢證，諸如：政治活動、經貿外交、科技金融、能源問題、跨國犯罪及人權議題等。因此，關於「信心建立措施」的意涵，應無法用片面而固定的意旨去加以闡釋。學者林正義即明確指出，「信心建立措施」不能包羅萬象，也不能侷限於軍事領域，其定義鬆散、範疇不拘，且無法律強制拘束力、容易被接受。[23]當今的「信心建立措施」已屬於全面向的預防性措施，其所涵蓋的範圍相當廣泛。以兩岸之間為例，除了軍事議題外，政治、經濟、文化、環境及犯罪防制等相關層面的議題，雖然與安全可能沒有直接的關係，但整體上間接對增進區域的信心和安全貢獻而言，卻有可能超越那些專為促進信心與安全而特別設計的的措施。[24]

出版公司，1994 年 12 月）。

[22] 張中勇，〈以信心建立為主導的兩岸關係〉，輯於《「中華民國新開端：國家安全與國力提昇」圓桌研討會論文集》（臺北：國策中心，1996 年 5 月 11 日）。

[23] 林正義，〈美國與臺海兩岸信心建立措施〉，頁 2-3。

[24] 林文程，〈中國大陸對信心建立措施的立場及作法〉，頁 108。

二、兩岸「信心建立措施」的相關內涵

冷戰後的亞太地區，由於一些國家在區域內強化軍事同盟關係，進行軍備競賽，導致該地區的軍事安全問題仍然嚴重，雖然亞太同時也成為全球主要軍事力量部署的中心，屬於一種相對穩定的安全，但仍潛存著對地區安全構成威脅的許多不穩定及不確定因素。例如北方四島、朝鮮半島、南海問題、以及臺灣海峽等熱點問題。兩岸之間的問題正是處於此種不穩定的衝突點上，一旦問題遭到激化，勢必破壞均勢，引起美國和亞太區域內各大國間利益上的衝突和矛盾，導致對抗；因此，臺海兩岸之間的「信心建立措施」顯得有其必要性和迫切性。

對於兩岸間建立制度化「軍事互信機制」，以追求臺海的永久和平，不僅是近年來我國國防政策的主軸，也是美國一直亟思解決和處理的議題。美國在柯林頓總統時期的亞洲事務特別助理，及白宮國安會亞太資深主任李侃如（Kenneth Lieberthal）即曾企圖扮演「中程協議」的推手，並曾向臺灣施壓。李侃如認為要避免臺海發生戰爭，有兩條路可以相輔相成，也不必勉強兩岸放棄自己的原則。第一條是北京接受臺灣獨立的「中國定義」，主要是由北京採取主動，接受國際對臺灣獨立所下的定義，也就是「國際定義（International Definition）」，取代目前的「觀念作用定義（Ideational Definition）」或「法理定義（Juridical Definition）」；而第二條路是透過美國協助，兩岸簽訂二十至三十年的「中程協議」。[25]

---

[25] 所謂「國際定義」，就是一個獨立的國家必須獲得國際外交承認；而「觀念作用定義」，是指一個國家的人民，自認為與他人有所不同，而形成一個獨立的政治實體。至於「法理定義」，是指一個國家採取一些法律行動做為獨立的宣示。參閱 Kenneth Lieberthal, "Preventing a War Over Taiwan," *Foreign Affairs*, Vol. 84, No. 2, March/April, 2005, pp. 53-63.〈李侃如：中程協議是現

　　臺灣方面自 1996 年臺海危機以來，不斷研究軍事互信機制。邇來臺灣的國防政策也能本此原則，強調為促使兩岸軍事透明化，避免誤判情勢而導致戰爭，全力支持政府透過安全對話與交流，建立兩岸軍事互信機制，以追求臺海永久和平。[26]回顧近年來，兩岸在非軍事領域方面的「信心建立措施」仍所在多有，包括 1993 年 4 月辜振甫與汪道涵在新加坡會談；臺海兩岸並透過海基會與海協會建立各層級的協商；自 1997 年開始的「境外航運中心」先由臺灣提出，經中國加以評估之後，兩岸再透過非官方管道協商加以實現；2001 年 1 月起兩岸在金門、馬祖與福建試辦的「小三通」，也是先由臺灣提出，中國隨後才有限度地加以配合。[27]2004 年 2 月初，國民黨主席連戰在金門就擴大「小三通」適用範圍的主張作說明時，即宣示其若當選總統，將促進金廈地區非軍事化，讓金廈成為「兩岸和平實驗區」的主張；[28]隨後，陳水扁即推出建立兩岸和平穩定互動架構，並倡議兩岸劃定非軍事區的構想。[29]尤有進者，美國國務院發言人包潤石也就該構想，表達了美國對於降低緊張符合美國利益的看法，並重申美國支持兩岸對話與討論的一貫立場。然而，前述議題在中共對臺動武條件未作改變前，其策略執行確實有相當的盲點與困境。

階段臺灣問題唯一出路〉，《中央社》，2005/2/22，〈http://www.gov.tw/news/cna/international/news/200502/20050222302776.html〉。

[26] 國防部「國防報告書」編纂委員會，《中華民國九十一年國防報告書》（臺北：國防部，2002 年 7 月）。

[27] 林正義，〈美國與臺海兩岸信心建立措施〉，頁 19。

[28] 〈連戰：金廈地區非軍事化，讓金廈成為「兩岸和平實驗區」〉，輯於中國國民黨全球資訊網重要言論，2004 年 2 月 2 日，〈http://www.kmt.org.tw/category_2/category2_2.asp〉。

[29] 鄭竹園，〈如何建立「兩岸和平互動架構」〉，《聯合報》（臺北），2004 年 2 月 21 日，版 A15。

　　臺海兩岸之間，正式結束敵對狀態，長期和平共存，無疑是兩岸人民的共同心聲和最大願望，同時也符合世界終結冷戰體系與建立國際和平新秩序的願望，只有在「和平協議」之後，兩岸關係才能真正人民化、民間化，即按人民需要，相互交往、相互往來。[30]2004年11月，陳水扁提出完整的「軍事互信機制」版本，包括：非軍事化、緩衝區、國際監督等；胡錦濤亦在「五一七聲明」、「胡連新聞公報」、「胡宋會談公報」等亦多次提到「軍事互信機制」，但均未見進一步的落實。[31]不過兩岸間的「信心建立措施」仍是雙方嘗試的方向，未來的可能內容可以朝以下幾點進行：（一）在「宣示性措施」方面：包括兩岸共同尊重現有邊界，承認現狀；承諾和平解決爭端，不訴諸武力，並在和平共處五原則下展開交流。（二）在「綜合性安全措施」方面：包括加強經濟安全對話與合作、發展貿易、科學及文化交流；共同打擊犯罪、走私、毒品等。（三）在「資訊性透明化措施」方面：包括軍事戰略、意圖與演習想定議題之公佈；軍事國防白皮書之公佈。（四）在「溝通性措施」方面：包括兩岸領導人或政府建立熱線聯繫；危險軍事意外通報制度；軍事研究人員安全對話管道的建立。（五）在「規範性措施」方面：包括避免在敏感地區進行軍事演習；不從事可能被對方視為威脅性之軍事活動；臺灣海峽與空中中線軍事遭遇行為準則。[32]

---

[30] 楊開煌，〈臺海兩岸和平協議芻議〉，《第二屆孫中山與現代中國學術研討會論文集》（臺北：國父紀念館，1999年1月）。

[31] 林正義，〈臺海飛彈危機十年後臺灣的反思〉，《戰略安全研析》，第11期，2006年3月，頁18。

[32] 郭臨伍，〈信心建立措施與兩岸關係〉，發表於「信心建立措施（CBMs）與國防研討會」（臺灣綜合研究院，1996年6月），頁5-13。

　　以上信心建立機制的項目設計，遍及政治、軍事、經貿、文化等多方面，不過在現行兩岸關係的架構之下，仍或有以下幾點問題，足以造成實施上的困難度：

（一）對安全認知的問題：由於兩岸對安全威脅認知的不同，臺灣雖然擔心中國武力進犯，但是中國比較擔憂的卻是臺獨問題，而非臺灣的軍事威脅。因此雖然臺灣有意推動兩岸「信心建立措施」，但是中國考慮的優先次序卻不一樣，導致中國在推動上的意願較為薄弱。

（二）主權的問題：中國領導階層主觀認為，「安全」問題應是屬於主權國家間的行為範疇，要發展「信心建立措施」，必然是主權國家與主權國家之間來進行。因此擔心和臺灣進行這方面的談判，會造成臺灣因而取得實際的國際地位，或給臺灣製造機會在國際上製造出獨立國家地位的形象。[33]

（三）「一中原則」的問題：中國方面始終強調臺灣是中國大陸領土不可分割的一部分，中國與臺灣間的問題屬於內政問題，絕不容國際外力介入干涉。中國外交部長唐家璇在東協第六屆年會的論壇上，即強硬地向與會國宣示，唯有堅持「一個中國」的原則，才是兩岸關係發展的基礎、亞太地區穩定所在，凡涉及「一中一臺」或「兩個中國」的議題，都是不能為中國所接受而堅決反對的，中國政府和人民是絕對不會坐視不管。[34]2001 年 1 月間，

33　〈遠景基金會「兩岸政治談判的先決條件——信心建立措施：汪道涵來訪的對策建議」座談會〉，〈http://www.future-china.org.tw/csipf/activity/19990226-1.htm〉。

34　〈唐家璇在東盟地區論壇會議上發表講話〉，《人民日報》（北京），1999 年 7 月 27 日，版 6。

　　　　臺灣立法院三通訪問團訪問北京，在與中國大陸國務院
　　　　副總理錢其琛會談時，即提出為避免兩岸發生軍事衝
　　　　突，應建立互信機制的議題，然錢其琛卻回應以，兩岸
　　　　建立互信機制的問題，大陸方面認為兩岸間主要爭議是
　　　　政治問題，應回到「一中原則」，再談其他。[35]

　　雖然臺海兩岸的關係錯綜複雜，既非國際關係層次亦非單純的
國內關係，無法完全套用國際間的「信心建立措施」，然而為防止
臺海兩岸危機和衝突的發生，美國積極鼓勵雙方建構「信心建立措
施」。縱使臺海兩岸的互信不足，雖有協商機制卻未能暢通運作，
然而「信心建立措施」是降低敵意、誤解誤判的途徑之一，在歐洲
及亞太地區相繼透過「信心建立措施」來建構區域和平的借鏡下，
臺海兩岸不宜置外於此一和平途徑，宜儘早結束敵對、限制軍事行
動等的相關措施，才能為維持臺海和平情勢創造有利的環境；[36]亦
適正由於「信心建立措施」的範圍不拘，且單方善意常帶來雙方互
惠，[37]若適用於兩岸之間，其作用和效果並非遙不可及。

---

[35] 吳振逢，〈三通訪問團隨團紀實〉，《立法院院聞》（臺北），第 29 卷第 2 期，
　　2001 年 3 月，頁 14-15。

[36] 林正義，〈臺海兩岸信心建立措施芻議〉，《國防雜誌》（臺北），第 13 卷第 2
　　期，1998 年 6 月。

[37] Marie-France Desjardins, *Rethinking Confidence-Building Measures* (London:
　　Oxford University Press, 1996), p. 24; Ralph A. Cossa, ed., *Asia Pacific
　　Confidence and Security Building Measures* (Washington, DC: Center for
　　Strategic and International Studies, 1995).

參、「小三通」政策的建構

一、「小三通」政策的背景與內容

　　「小三通」係依據「三通」──「通郵」、「通商」、「通航」而來，亦即在兩岸尚未開放直接三通之前，先由金門、馬祖二離島與對岸的廈門和福州進行「小三通」。此一「兩門（金門、廈門）對開、兩馬（馬祖、馬尾）先行」的觀念，最早係由中國福建省委書記陳光毅於 1992 年 3 月 23 日向媒體提出，然而後來陳光毅卻表示，「兩門對開是金門方面首先提出的要求。」[38]無論如何，金門地區人士繼而於 1993 年 10 月擬具「小三通說帖」加以呼應，其主要內容為金門、廈門之間先試行「小三通」，其方式為「單向直航」、「定點直航」、「先海後空」、「先貨後人」，並強力向中央爭取政策之實施。

　　由於自 1987 年臺灣開放民眾赴大陸探親以來，兩岸民間交流與經貿互動日益頻仍，致使臺灣內部有普遍的看法，認為臺海兩岸的直接通航終不可免。然而，中國迄未承認臺灣為對等的政治實體，並堅持「一個中國」是指「中華人民共和國」，臺灣只能是「一個中國」之下的地方政府，在此前提之下，兩岸直航可能會牽涉到主權與法律管轄權等問題，包括國籍與國旗問題、證件相互承認問題、法律適用與糾紛處理問題，[39]在未進一步協商解決之前，短期內實施三通直航的可能性不高。此外，臺灣方面亦考量到經濟效益與國家安全並重的關係，在邁向直接通航的過程中，應逐步實施，避免

[38] 楊樹清，《金門社會觀察》（臺北：稻田出版社，1998 年 12 月），頁 214。
[39] 洪儒明，《民進黨執政後的中共對臺政策》（臺北：秀威出版社，2004 年），頁 115-116。

躁進。尤其過去幾年來臺海兩岸的通航，從完全禁止，到後來的第三地灣靠後通航，以及之後的境外航運中心，已形成某種程度的直接通航，是以分階段、分項目循序漸進的政策較為可行。職是之故，兩岸過渡時期的「小三通」政策隱然浮現。

　　在民意的驅使和壓力下，臺灣立法院先於 2000 年 6 月 13 日第 23 次院會決議：政府應於三個月內完成「小三通」政策評估，再三個月完成規劃之後，隨即實施「小額貿易除罪化」以及「可操之在我部分」，作為第一階段實施之項目。同年 12 月 15 日行政院據以發布「試辦金門馬祖與大陸地區通航實施辦法」，也就是所謂的「小三通」，並且正式從 2001 年元月 1 日開始試辦，該辦法分別於 2001 至 2005 年逐年進行多項條文之修訂，顯見「小三通」實施後實際情況之變化十分迅速。依據該辦法之規定，「小三通」的開放內容包括：航運、人員往來、商品貿易、通匯、檢疫、軍艦等六項，但是目前「小三通」的實施範圍主要包含二個項目：一為讓金門、馬祖民眾與大陸地區進行合法的直接經貿交流，此部分是指「除罪化」的事項；二為在有效控管風險及採取完善配套措施的前提下，有限度開放大陸地區船舶、貨品及人員進入金、馬地區，此部分所指為「可操之在我」的事項。據此，在該辦法第十二條規定大陸地區人民可因探親、探病、奔喪、返鄉探視、商務活動、學術活動、宗教文化體育活動、交流活動與旅行，得申請許可入出金門、馬祖。[40]

---

[40] 1.探親：其父母、配偶或子女在金、馬設有戶籍者。2.探病、奔喪：其二親等內血親、繼父母、配偶之父母、配偶或子女之配偶在金、馬設有戶籍，因患重病或受重傷，而有生命危險，或年逾六十歲，患重病或受重傷，或死亡未滿一年者。但奔喪得不受設有戶籍之限制。3.返鄉探視：在金、馬出生者及其隨行之配偶、子女。4.商務活動：大陸地區福建之公司或其他商業負責人。5.學術活動：在大陸地區福建之各級學校教職員生。6.宗教、文化、體育活動：在大陸地區福建具有專業造詣或能力者。7.交流活動：經入出境管理局會同相關目的事業主管機關專案核准者。8.旅行：經交通部觀光局許可，

二、「小三通」實施現況

　　由於「小三通」並不是臺灣行政部門預定推展的施政項目，而是金馬民意尋求發展定位，向中央積極爭取和施壓的結果，因此形成了「中央冷、地方熱」的基本格局。[41]尤其自實施以來，此項「除罪化」的政策在當地並未積極落實。經調查發現，有高達 59.5%的金門地區民眾覺得「小三通」之後，一般民眾對於「小三通」之「除罪化」目標有所誤解，認為「小三通」要將原有的「岸邊交易」犯罪行為除罪，致使「岸邊交易」的情況更為嚴重。甚至有 38.7%的民眾不認為由「岸邊交易」購買大陸物品是犯罪的行為，因而造成非法的供需循環效應，這也是「岸邊交易」比起「小三通」實施之前更嚴重的原因。[42]此外，對於「小三通」政策執行以來，在整體的評價方面，有 57.5%的金門民眾評分為「及格」，惟多數民眾的評分介於 50-79 分之間（72.8%），分數大多在 60 分上下，顯示當地民眾對於政府在「小三通」政策的開放上仍力有未逮，並抱持更多的期待。[43]

　　此外，就實際實施層面而言，小三通試辦迄今，截至 2006 年 6 月底，航運往來方面，雙方航班往來有一萬一千三百五十三航次，其中臺灣方面船舶航行五千零五航次，金門至廈門、泉州三千五百零三航次，馬祖至福州地區一千五百零二航次；大陸船舶往來金門、馬祖計六千三百四十八航次。客運航班方面，金門地區金廈客運船

在金、馬營業之綜合或甲種旅行社代申請者。請參閱《兩岸「小三通」影響評估及規劃方向》（臺北：行政院大陸委員會，2000 年 10 月 2 日）。

[41] 張多馬，《臺灣推動兩岸「小三通」之研究》（臺北：國立政治大學外交學系戰略與國際事務研究所碩士論文，2004 年 2 月），頁 48。

[42] 《金門縣民眾對金廈「小三通」實施兩週年民意調查》（金門：銘傳大學金門校區國家發展與兩岸關係研究所，2002 年 12 月 28 日），頁 18。

[43] 同前註，頁 22。

班現由兩岸各三家航商經營，2006 年 7 月 1 日起每日單向十航班可載運二千九百餘人次，金泉客運船班自 2006 年 6 月 8 日開始定期航線，由臺灣一家航商經營，現每日單向一航班可載運二百八十二人次。另在人員入出境方面，臺灣人民入出大陸地區逾一百四十三萬人次，其中由金門地區實際入出大陸地區逾一百三十五萬人次，馬祖地區約八萬七千人次，金門地區平均每月約有二萬四千人次臺商往返，約占所有旅客之六成。而大陸人民進入金門馬祖僅有五萬四千多人次（其中探親、探病、大陸配偶等社會交流案有三萬七千多人次），大陸人民實際來金馬觀光僅一萬零五百一十八人次（臺灣每年開放大陸人民到金門觀光數額規模二十一萬九千人，不限大陸省份，但大陸目前僅開放福建居民到金門觀光，其它省份則尚未開放）。[44]由此顯示，「小三通」實施以來，兩岸人民經金廈交流人數呈現「向大陸傾斜」的現象，且落差甚大。雖然「小三通」試辦的結果，有助於臺商的中轉，導致臺商對於「小三通」試辦的滿意度高達 75.7 分，然而金門民眾的滿意度逐年下降。2002 年滿意度為58.6 分，2003 年降為 56.6 分，2004 年再降為 50.5 分。[45]其原因應為臺商的中轉並未讓金門地區實際受惠。值得注意的是，「小三通」實施以來，兩岸學界亦有較不樂觀的分析，認為「小三通」實施後並未讓金門成為兩岸貨物往來的中轉地，人員往來也受限重重，從而影響了金門開放旅遊和經濟發展的預期成效，造成了當地發展前景不明和不確定。[46]臺灣官方方面的評價亦認為，「小三通」近年來

---

[44] 〈實施五年餘，小三通與地方期待落差大〉，《金門日報》，2006 年 8 月 24 日，〈http://www.kinmen.gov.tw〉。

[45] 參閱《金門日報》，2005 年 1 月 13 日，〈http://web2.kinmen.gov.tw/eNews/index/eNews.aspx〉。

[46] 參閱吳能遠，〈金門發展與兩岸關係〉；發表於「2007 小三通試辦六週年」學術研討會（金門：金門縣政府等，2007 年 10 月 23-25 日），頁 5-6；蔡承旺，

試辦的結果，並未如預期般為大三通帶來很多經驗，也無法從「小三通」的實施瞭解到大三通該如何操作，或是如何促進大三通另一種思維的格局，因此，「小三通」對於大三通並沒有收到實質的示範效果。[47]不過，對於「小三通」的評價，一時之間尚不能單從經濟發展的角度論其功過，其對於兩岸之間的交流和互動亦可就某些政治性的功能和角色去觀察，才會有比較具體的結論。

肆、兩岸對「小三通」政策的回應

一、臺北的反應

　　鑒於兩岸民間交流的速度遠超越政府對兩岸政策的開放，民間對兩岸三通的需求日殷。2000 年時值臺灣總統大選前夕，各組總統候選人紛紛提出兩岸政策，國民黨總統候選人連戰即明確指出，只要大陸領導人江澤民先生能以具體行動展現和平誠意，他將依據國家統一綱領，推動兩岸之間進入中程之互信合作階段。其具體事項共有十項，其中第四項為「擴大境外航運中心的功能，建立兩岸經貿特區，優先協商開放金馬地區與大陸沿海地區的商務、航運往來，進而建立金馬福建和平區」。[48]當時的觀點在於，開放金、馬和大陸通航除了考量當地實際上早已和大陸海上往來外，未來民眾可以由金門轉往大陸，不必再由香港、澳門等地進出，此舉不僅是由臺灣

〈金門經濟發展的困境分析〉，《2007 小三通試辦六週年學術研討會論文集》，頁 42-46。

[47] 〈監委對小三通調查意見（系列之二）〉，《金門日報》，2002 年 9 月 10 日，版 2。

[48] 〈連戰大陸政策全文〉，《工商時報》（臺北），2000 年 2 月 18 日，版 4。

主動創造兩岸三通新局勢，在港澳陸續回歸後不必處處受限已由大陸管制的港澳地區，而且臺灣地區人民在港澳轉進大陸所獲得的利益將逐漸轉移回金馬地區。[49]此外，宋楚瑜也承諾當選之後將推動「金馬經濟特區」，開放兩岸「小三通」。[50]同樣地，當時民進黨總統候選人陳水扁亦曾於 1999 年 11 月在金門演說時表示，未來應透過「三通」或「小三通」的政策執行，讓金門成為兩岸的和平橋樑，同時升格為「免稅特區」，或建設金門成為與臺北市同等級的「離島特別行政區」。[51]

2000 年民進黨執政之後，陳水扁總統隨即強調加入 WTO，並在兩岸通航問題上表示：「兩岸三通是無法迴避的問題」、「今年施政的最大目標就是三通」、「希望在年底前實施金馬『小三通』」。揆諸當時民進黨實施「小三通」的政策，對外具有向國際社會宣示臺灣在兩岸對話的善意回應，以符合國際間，特別是美國對維持亞太地區和平與地緣政治利益的考量；對內則是紓解國內喧嚷大三通的壓力，並在經濟與安全兼顧的情形之下，分階段、分項目逐步實施，避免因「一次交易」造成我利益上的得失過大。[52]不過，由於兩岸在「一個中國」問題上，始終未達成共識與交集，率爾實施「小三通」，並以「小三通」作為緩解兩岸關係的政策工具，其宣示性的意義遠大於其他實質性的意義。[53]

---

[49] 《聯合報》（臺北），2000 年 2 月 19 日，版 1。

[50] 蔡宏明，〈『小三通』對兩岸互動的影響〉，《遠景季刊》，第 2 卷第 2 期，2001年 4 月，頁 140-143。

[51] 《臺灣新生報》，2000 年 2 月 23 日，版 4。

[52] 顏萬進，《在野時期民進黨大陸政策》（臺北：新文京開發出版公司，2003年），頁 137。

[53] 〈小三通政策檢視系列報導──系列二〉，《自由時報》，2000 年 12 月 25 日，〈http://www.libertytimes.com.tw/2001/new/jan/1/r-pass2.htm〉。

　　綜觀民進黨自從 2000 年執政以後，臺北對於兩岸的三通政策方面曾多所宣示。陳水扁於 2000 年 9 月 22 日接受美國 CNN 電視臺訪問時表示對兩岸同時加入 WTO 一事持正面態度，而且新政府已經積極檢討對大陸的經貿政策，包括「大三通」在內，因為兩岸關係要正常化，首先就要從經貿關係正常化開始做起。[54]2002 年 5 月 9 日，陳水扁又在金門大膽島表示，「兩岸必須重開協商大門，兩岸三通是必須要走的路」，以及「兩岸直航必須秉持民主、對等、和平三原則，與不能矮化、地方化、邊緣化的三不政策」。[55]然而，具體而言，由於近年來兩岸在三通議題上並未有重大的發展和突破，因此，「小三通」便成了兩岸政治的角力場所。

　　其實，「小三通」實施之前，臺灣地區多數人並不看好，有人更質疑是否能順利推動。因為，當時尚由國民黨執政，行政院院會對此方案表示，將考慮提出「覆議」，意圖翻案，不接受立法院通過的「小三通」法案條文；甚至金門、馬祖民眾在「既期待又怕受傷害」的心情下，也出現反對的聲音；但嗣後經過溝通、協調、折衝尊俎，最後行政院才放棄「覆議」，並正式公佈施行。2000 年 5 月 20 日接續執政的民進黨政府，於同年 12 月 15 日頒布了「試辦金門馬祖與大陸地區通航實施辦法」，並同意金門、馬祖於 2001 年 1 月 2 日分別首航廈門、馬尾。[56]事實上，「小三通」實施以來，相關法源不周延、配套措施不完整，導致實施成效不彰，尤其兩岸之間迄無法進行有效協商，雙方人員往來不均衡，使「小三通」對金門、馬祖地

---

[54]　〈總統接受 CNN 專訪〉，《行政院新聞局網站》，2000 年 9 月 22 日。〈http://www.gio.gov.tw/info/2000htm/0922.htm〉。

[55]　〈陳總統：三通是必走的路〉，《自由時報》，2002 年 5 月 9 日。

[56]　曹爾忠，〈小三通架起了兩岸和平發展的大橋〉，發表於「第二屆海峽西岸經濟區論壇」研討會，2007 年 9 月 7 日，〈http://www.matsu.idv.tw/attach/matsu-3eba61b66772b11154f0261d17940fb7.doc〉。

區的經濟效益難以發揮作用；況且當地的投資環境未獲改善，觀光旅遊設施仍未能符合大陸人民以及臺灣民眾前往金門旅遊的需求，限制了金門服務業的吸引力，從而影響了經濟效益。[57]儘管如此，臺北方面還是積極擴大「小三通」交流，並自 2007 年 4 月 1 日起，試辦多年的金馬「小三通」正式擴大至澎湖，亦即澎湖和中國大陸福建省民眾可以借道金門與馬祖進出，[58]顯然其政治上的意義遠大於實質性的經濟效益。

二、北京的反應

北京方面為了要與臺灣三通，於 1993 年即訂定「對臺灣地區小額貿易管理辦法」，並於 1999 年 5 月 1 日在金門對岸的大嶝島設立「小額貿易專區」。雖然兩岸三通的議題，早在 1979 年中國在全國人大常委會中即已提出，然而臺灣方面卻一直未予以積極的回應，最後拋出「小三通」政策，並且在兩岸政府未充分有效溝通即斷然實施，中國方面對此當然不甚滿意，認為臺灣既無法抗拒三通，又為了迴避「一個中國」的原則才先實施「小三通」，因而之後亦不積極配合，僅以冷處理的方式看待。[59]北京方面甚至表示臺灣所稱的「小三通」，並非兩岸人民期待的「三通」，不能滿足兩岸交流的需求，傳出拒絕配合。[60]不過，按照中共的政策，兩岸三通可以採取

---

[57] 魏艾，〈「小三通」政策實施成效及其對兩岸經濟整合的意涵〉，《2007 小三通試辦六週年學術研討會論文集》，頁 54-63。

[58] 〈澎湖擴大金馬「小三通」〉，《臺灣商會聯合資訊網》，2007 年 7 月 21 日，〈 http://www.taiwanchambers.net/newslist/032600/32638.asp 〉。

[59] 中共社科院臺灣研究所余克禮即認為，臺灣如果不接受「一個中國」的原則，兩岸無法實現真正的三通。參閱《經濟日報》，2000 年 10 月 3 日，版 11。

[60] 曹爾忠，〈小三通架起了兩岸和平發展的大橋〉，前揭文。

港對港、民間對民間的方式為之，一方面進行三通，一方面堅持一中原則，對中國來說，只要兩岸三通，則其對臺工作又可以往前進一大步。[61]在此情形之下，大陸方面雖然不滿意「小三通」，不過也沒有大力阻止，特別是以地方對地方、民間對民間的模式來進行的交流，持續本著「一個國家內部事務」的原則來加以處理，對於有利於金、馬民眾改善生活和發展經濟的事情，中共亦樂於協助，以便為早日實現三通做準備。[62]

　　具體而言，大陸方面認為「小三通」航線屬「國內特殊航線」，通航的談判必須堅守「一中原則」及「九二共識」。惟大陸方面從「小三通」實施以來，最初的反應並不熱衷，甚至採取不合作的態度，因為中共當局不滿該方案在推出之前未經兩岸協商，因此轉而認為臺灣方面推動「小三通」只是在延緩全面三通的時程，金、馬與大陸間的小額貿易與人員交流早已存在，臺灣大張旗鼓的搞「小三通」是一種混淆國際視聽的作法，大陸對民進黨政府在「觀其言、聽其行」的基本前提未變情況下，乃以冷處理的態度低調面對「小三通」。[63]儘管如此，中共之後發現「小三通」經由操作仍可掌握諸多優勢，特別是廈金直航方面，不論是從金門或是經金門中轉的人員都需經廈門核准，大陸方面掌控了實質性的主導權；有鑒於此，中國遂對「小三通」的政策由保守趨於漸進式的開放政策。

　　基本上，近年來中國積極發展其對臺工作，「小三通」適可經其操作而在以下兩方面積極扮演策略性的角色：

[61] 楊開煌，《崢嶸——兩岸關係之鬥爭與對策》（臺北：海峽學術出版社，2001年10月），頁165。

[62] 魏艾，〈從『小三通』看兩岸發展〉，《共黨問題研究》，第27卷第2期，2001年2月，頁4。

[63] 樊中原，〈『小三通』政策的檢視與展望〉，《臺灣研究的基礎與前沿學術研討會論文集》（廈門：廈門大學臺灣研究院，2005年7月），頁344-355。

（一）以「小三通」作為「海峽西岸經濟區」的觸角

　　大陸方面在 2005 年 10 月將「海峽西岸經濟區」（簡稱「海西區」）列入 16 屆 5 中全會通過的「中共中央關於國民經濟和社會發展第十一個五年規劃的建議」（俗稱「十一五規劃」）。所謂「海西區」是以福建為主體，涵蓋周邊區域，對應臺灣海峽，具有自身特點、自然集聚、獨特優勢的區域經濟綜合體，主要以福州、廈門、泉州為中心，北起浙江溫州，包括浙南溫州、金華、麗水地區；南至廣東以東，包括粵東汕頭、潮州地區的臺灣海峽的海域與陸地。中共福建當局推動「海西區」建設，一方面是為發展自身的經濟，提升綜合競爭力；另一方面則希望藉以發揮對臺優勢，加強雙邊經貿交流，並積極促進閩臺的經濟整合。[64] 臺灣陸委會對此則表示，「海西區」的規劃純係中共的政治陰謀，目的在矮化臺灣成為地方政府以及如同香港一般的經濟特區。[65]

　　基本上，「海西區」的戰略構想凸顯了福建連接兩岸三地特別是面對臺灣的區位特點和優勢，可進一步發揮產業合作以及文化交流，並掌握兩岸三通先行一步的優勢。[66] 依據中共「海西區」的對臺政策，基本上是以福建為主體，並以廈門為中心，進而聯結漳州、泉州以及臺灣方面的金門，而廈門的角色則是以其既有經濟資源和優勢，加上同文同種和地緣關係，扮演主導性的功能，以帶動整個

---

[64] 郭瑞華，〈海峽西岸經濟區評析〉，《展望與探索》，第 4 卷第 4 期，2006 年 4 月，頁 9-14。

[65] "MAC (Mainland Affairs Council) Says China's Economic Plan 'Politically Driven'," *Taiwan Headlines*, 〈http://english.www.gov.tw/TaiwanHeadlines/index.jsp?categid=8&recordid=92816〉。

[66] 蘇增添，〈潮湧岸闊，海峽西岸起宏圖〉，《中國經濟導報》，2007 年 7 月 25 日，〈http://www.fjdpc.gov.cn/preview.aspx?unid=34E9532F065B4B9D998469A133818F50〉。

「海西區」的經濟成長。[67]中國前國務院副總理錢其琛即曾於 2002 年及 2003 年兩次前往福建考察，並宣示要充分利用廈金航線，先從推動兩岸旅遊開始，逐漸尋求突破。2003 年 2 月 14 至 16 日，錢其琛在聽取福建省工作匯報時特別指出：「福建比較特殊，要充分利用這個口子……。你們與金門關係不錯，要讓臺胞感覺大陸方便……。福建可以鬆一點、靈活一點，但不可能一切都事先設想好，只要做起來，慢慢就會有突破。」[68]在此政策宣示之下，中共在兩岸三通之前積極運用「小三通」，作為「海西區」與臺灣連接最方便的一個觸角。

（二）擴大實施「小三通」，加強對臺工作

在中共中央一連串的政策調整之下，兩岸「小三通」政策也有更大幅度的開放。2004 年年底福建省率先開放人民赴金門、馬祖旅遊，對此，中國國臺辦發言人李維一也表示，將支持有關方面積極推動落實此項政策，而且廈門方面也已積極進行整合。[69]為進一步擴大福建沿海與金門、馬祖、澎湖的直接往來，中共更於 2006 年 6 月 8 日增加福建省泉州石井港和金門水頭港之間的客運直航。

中共逐步擴大「小三通」的措施，在目前兩岸關係尚無法大幅突破之前，似有將臺灣與金、馬事務暫時加以分開處理之意味。目前中國大陸與金、馬地區進行磋商的對口單位，主要為福建省臺辦、福建省旅遊局與福建省公安局所組成之「福建省旅遊協會金馬澎分

---

[67] Zhan Bian, "Xiamen to Play Leading Role in Economic Zone," *China Daily*, May 17, 2005.

[68] 林長華、趙玉榕，〈廈門在建設東南沿海中心城市中金門所扮演的角色分析〉，《廈門涉臺調研課題匯編》（廈門：廈門市人民政府臺灣事務辦公室，2004 年 1 月），頁 92-93。

[69] 參閱〈http://tw.news.yahoo.com/041024/43/13g7d.html〉。

會」。由此一單位名稱可知，大陸目前是將目標放在金、馬地區，而未來「小三通」的目標則會逐步朝接近臺灣本島的澎湖發展。例如2005 年 3 月在「第八屆海峽兩岸旅行業聯誼會」上，中共國臺辦交流局局長戴蕭峰即公開表示國臺辦正積極準備開放大陸民眾到澎湖旅遊。[70]

伍、「小三通」對兩岸「信心建立措施」的作用

一、「小三通」的影響

（一）對金、馬外島戰略位置的影響

　　金門與馬祖問題在整個 1950 年代的美中臺三角關係中，扮演著舉足輕重的角色。以金門為衝突焦點的臺海危機，幾乎可以說是五〇年代美中臺三角關係在臺海互動的主軸。在 1971 年以前，中國基本上尋求以武力方式解決臺灣問題，1949 年 10 月 25 日發生的金門古寧頭戰役，以及 1954 年和 1958 年的兩次臺海危機，都是中共試圖以武力壓制臺灣的具體行動。[71]具體而言，1954 至 1955 年以浙江沿海島嶼的攻防以及「九三金門砲戰」為中心的「第一次臺海危機」，催化了「中美共同防禦條約」與「臺海決議案」的產生；而 1958 年以「八二三金門砲戰」為中心的「第二次臺海危機」，則是直接影響

---

[70]　〈大陸擬漸開放居民赴金馬澎旅遊〉，《聯合新聞網》，2005 年 3 月 4 日，〈http://tw.news.yahoo.com/050304/15/1jwmz.html〉。

[71]　林文程，〈臺海兩岸協商的過去、現在與未來〉，《兩岸關係研究》（臺北：新文京開發出版公司，2003 年 9 月），頁 97-122。

了「中美聯合公報」的簽署。因此，早在 1950 年代，美國總統艾森豪（Dwight D. Eisenhower）即曾經主張金門、馬祖外島非軍事化，藉以換取福建東南沿海減少軍事上的部署。[72]

中國自從 1979 年與美國建立正式外交關係後，便開始停止對金、馬實施砲擊，兩岸之間軍事衝突的局勢稍為緩和，然而大多數的美國分析家都認為，金門、馬祖仍處於中共的武力威脅之下。[73]況且中共迄未放棄對臺使用武力，特別是中國於 2000 年 2 月 21 日發表之對臺白皮書，仍然明確提出對臺動武三條件：（一）如果臺灣被以任何名義從中國分割出去的重大事變；（二）如果出現外國侵佔臺灣；（三）如果臺灣當局無限期拒絕通過談判和平解決兩岸統一問題。[74]在此情況之下，拉長兩岸間的安全距離仍屬必要考量。

就臺灣方面而言，隨著兩岸民間交流的持續擴大，金門、馬祖昔日戰略位置的重要性已逐漸改變。前民進黨主席施明德即提出自金、馬撤軍，並發展成為國際貿易自由區的觀念，[75]而臺灣前總統李登輝先生亦提出建議中國自金、馬對岸後撤三百公里，成立金、馬軍事緩衝區的構想。[76]民進黨執政之後，開放金、馬兩地作為與大陸三通的優先試點，亦有向國際社會展示願與大陸和平交流的誠意。

---

[72] Foreign Relations of the United States, 1958-1960, Vol. XIX, *China* (Washington, DC: United States Government Printing Office, 1996), pp. 157-158; 216-217; 226-227.

[73] 楊志誠，〈中共國家戰略的探討〉《共黨問題研究》，第 18 卷第 7 期，1992 年 7 月，頁 1-15。

[74] 〈中共「一個中國的原則與臺灣問題」白皮書〉，《聯合報》（臺北），2000 年 2 月 22 日，版 39。

[75] 施明德，〈金、馬國際貿易自由區〉，謝淑媛編著，《臺海安全情報》（臺北：玉山社出版公司，1996 年 1 月），頁 104-111。

[76] 林正義，〈臺灣安全的戰略〉，謝淑媛編著，《臺海安全情報》，頁 53。

　　由於金門、馬祖長期以來被形塑成戰地的軍事角色,如果兩岸之間一直充滿敵意,長期處於敵對狀態之下,並非兩岸人民所樂見,且會直接影響兩岸的和平與臺灣的安全。「小三通」之後,金門、馬祖的軍事角色正在逐漸褪祛之中,「小三通」制度的設計儼然成了高度的政治象徵性意義,其所代表的是臺灣方面主動釋出的善意。對金、馬而言,長期的軍事管制與軍政措施使得經濟嚴重落後,「小三通」的實施,一則,可使金、馬對照廈門、福州成為和平示範區;二則,制度化的「小三通」,除了把行之有年、地下化的小額貿易行為納入合法的規範外,更代表著金、馬自此擺脫純粹軍事化的角色,而成為兩岸直接交流的和平示範區,這對當地以及國家和兩岸關係而言,的確是一項新的嘗試。尤其對中共而言,金廈共同體的成形,目的在使臺灣藉此獲取經驗,建立信心,跳脫兩岸對立的格局,共創合作互利的新局面。[77]另就臺灣而言,以金、馬兩地作為首先試點,檢證兩岸三通對臺灣安全,亦是符合循序漸進的戰略設計。[78]

(二)對兩岸關係之影響

　　就戰略安全的觀點而言,只要金、馬外島的舊有戰略地位不改變,則金門、馬祖就不能免於兩岸衝突的不穩定因素。正如戰略專家鮑爾文(Baldwin)指出:「就戰略觀點而言,臺灣及中華民國政府所扼守的金、馬外島,控制了自汕頭經廈門至福州的中國大陸海岸,並掌握了連接東海與南海長達百餘哩的風雲際會的臺灣海

---

[77]　羅德水,〈金門要當活棋,不願意被夾殺〉,《中國時報》(臺北),1996 年 2 月 29 日,版 11。

[78]　〈將金門規劃為經貿特區並納入規劃小三通〉,《金門日報》,2000 年 2 月 17 日,版 2。

峽。……對於北京而言，臺灣係代表在戰略上的一項致命的潛在威脅─對於據有整個大陸的共黨的巨大門面而言，其危險性似乎並不大太，但卻具有明確的心理與政治的危險性，而且為一重大的軍事威脅」。[79]由於金、馬特殊的歷史經驗，夾處於兩岸之間的地理位置，以及兩岸因素與國際局勢的變化，使得金、馬的定位在過去半個世紀以來與兩岸關係的發展息息相關。因此，金、馬更由於特殊的時空背景與地理位置，遂成為兩岸在交手和互動時，不得不接觸的點，也扮演了攸關兩岸關係發展的重要角色。

　　職是之故，現行以金、馬外島作為試行「小三通」的實驗區，對於未來以和平解決兩岸問題應有正面的意義和影響。從民眾的認知上亦可瞭解「小三通」對兩岸關係的影響程度。根據 90 年度我行政院陸委會蒐集十三次國內媒體調查資料，民意對「小三通」政策之認知及意見，經彙整並進行綜合分析顯示：對於開放離島之金門、馬祖地區先行試辦「小三通」的政策有六成以上的民眾表示支持，並且有四成左右的民眾認為對促進兩岸關係有正面的意義。[80]「小三通」的立意，若要做為實施大三通的基礎和學習的經驗，未免過於高估「小三通」的重要性，但是若從兩岸關係的角度而言，卻能夠在政策上作為測試兩岸良性互動與否以及改善兩岸關係的風向球。「小三通」是兩岸分隔對立五十年後邁向直接往來的重要一步，這一步充分展現新政府希望兩岸從此告別對立，開啟穩定和平、共存共榮關係的新契機。綜觀金、馬長久以來的歷史定位，向來都不是以經濟為取向，也正是因為如此，兩岸之間的「小三通」，其政治上的象徵意義，絕對要高於實質上的經濟效益。[81]「小三通」可說

[79] 陳志奇，《美國對華政策三十年》（臺北：中華日報社，1981 年 5 月），頁 60。
[80] 〈監委對小三通調查意見（系列之二）〉。
[81] 羅德水，〈盼以金門戰地，作為和平起點〉，《中國時報》（臺北），1996 年 3

是我政府大陸政策之下推動兩岸三通的觀察站，因此，當務之急，必需先求兩岸透過「小三通」模式建立進一步交流與相互依存度，進而促成兩岸關係更趨和緩。

二、「小三通」對兩岸「信心建立措施」的功能

（一）宣示性功能方面

　　由於大陸方面認為，兩岸建立互信機制的爭議，主要是政治問題，應回到「一中原則」才有進一步談判的空間。另一方面，目前兩岸在對「一個中國」的原則尚未取得共識之前，在三通方面亦有所阻滯。反觀「小三通」的實施，是兩岸在「一個中國」原則的問題上，尚未達成共識與交集的情況下，即斷然實施的政策，以「小三通」作為和緩兩岸關係的工具，其宣示性的意義不可謂不大。雖然開始時中共方面對此不甚滿意，認為臺灣方面係為了迴避「一個中國」的原則才先實施「小三通」，不過後來中共並沒有加以阻止，反而充分利用「小三通」的機能，並且擴大實施的層面，持續以地方對地方、民間對民間的模式，以及本著「一個國家內部事務」的原則來加以處理，而臺灣方面亦沒有因為中共擴大「小三通」而有所退縮。因此「小三通」後來是在兩岸未刻意堅持，甚至有意模糊「一中原則」的情況之下，雙方都可以接受的一種模式，並且持續擴大實施，此對於兩岸「信心建立措施」的架構著實具有宣示性的功能。尤其，大陸方面不斷擴大觀光客經由「小三通」進入金、馬地區，對於臺灣也會形成某種宣示意義，除了讓臺灣民間鑒於經濟的發展，迫使政府開放大陸觀光客直接來臺旅遊的壓力增加外，亦

將造成臺灣地區民眾認為只有維持兩岸良好的關係，大陸才會持續開放大陸觀光客來臺。

（二）溝通性功能方面

　　近年來，兩岸在強調非軍事化的「信心建立措施」議題上多所論述。尤其臺灣方面對於促進金廈地區非軍事化，以及倡議兩岸劃定非軍事區、緩衝區的構想，自李登輝時期到陳水扁時代都有著墨。相關構想雖不見全然落實，但是自從「小三通」實施之後，金、馬外島的戰地角色與戰略地位已逐漸改變。實際上，國防部自民國九十二年起實施「精進案」，外島部隊已大幅縮小，預計實施後的五年內金、馬、澎等三個防衛司令部將降為「指揮部」；同時，駐防外島兵力亦大幅縮減，金門將僅剩三千餘人。[82]顯然將昔日戰地最前線的金、馬外島非軍事化的政策正在逐漸落實之中，而此舉亦有助於日後強化兩岸溝通性措施之建立。兩岸如果在金廈之間建立軍事緩衝區，主要的功能在於信息溝通透明化、預防與控制衝突、以及做好危機的管控，尤其應以實際功能的發揮為重點，增加兩岸軍事安全對話與交流為內容的相關活動。

　　尤有進者，「小三通」之後兩岸高層均對此前景表現出善意回應。例如，2002 年 9 月 4 日至 9 日，時任中國國務院副總理的錢其琛到福建考察時表示，要積極推動大陸居民赴臺旅遊，可同意福建省先行試辦大陸居民赴金門旅遊，並稱：「你們那裡願意到臺灣旅遊的人不少，特別是閩南地區的……，先到金門看看，以後更多的就往前移。」[83]有鑑於大陸擬逐步開放兩岸「小三通」的政策，臺灣

---

[82]　〈金門非軍事化應更有經濟發展空間〉，《金門日報》，2006 年 6 月 12 日，〈http://www.kinmen.gov.tw/〉。
[83]　林長華、趙玉榕，〈廈門在建設東南沿海中心城市中金門所扮演的角色分析〉，

政府於 2005 年 8 月，當時行政院長謝長廷亦拋出將研擬開放澎湖試辦定點直航大陸的議題。此議題宣佈之後，福建省臺灣事務辦公室副主任林衛國立即公開表示，福建省將積極推動福建沿海地區與澎湖的直接往來，包括澎湖民眾到福建探親旅遊和從事經貿文化等交流活動，福建省組織文化、經貿、宗教等團體到澎湖交流，參照福建沿海與金門、馬祖航線往來的做法，推動福建居民赴澎湖旅遊，讓福建居民能有機會欣賞澎湖的美麗風光。[84]準此，兩岸高層適可透過「小三通」作為測試雙方政策底線的風向球，對於溝通性功能之發揮亦有正面的意義。

（三）綜合性功能方面

有關綜合性措施建立方面，可賴雙方加強經濟安全之合作與交流，以及共同打擊犯罪。其實兩岸早在 1990 年即簽訂「金門協議」，並訂定以偷渡犯、刑事嫌疑犯及刑事犯為雙方遣返對象之相關規定，[85]雖迄未訂定兩岸執法人員共同合作偵辦刑案及相關司法互助之規定，但「小三通」之後「金門協議」之執行更有其便利性，對於兩岸共同打擊犯罪仍多所助益。

在加強經貿合作和交流方面，未來隨著大陸「海西區」政策的進一步發展，中國為了凸顯「海西區」政策之具體成果，「小三通」將會是一個重要的管道，因此將更大幅度的開放大陸民眾前往金、馬地區甚至澎湖、臺灣旅遊。2004 年 10 月 26 日大陸福建省副省長王美香在會見我連江縣縣長陳雪生時就指出：「馬尾與馬祖的交流

頁 93。

[84] 〈福建將積極推動沿海地區與澎湖直接往來〉，《中央社》，2005 年 8 月 5 日，〈http://tw.news.yahoo.com/050805/43/258b0.html〉。

[85] 朱蓓蕾，〈兩岸交流衍生的治安問題：非傳統性安全威脅之概念分析〉，《中國大陸問題研究》，第 46 卷第 5 期，2003 年 9、10 月，頁 43。

合作能有今日的局面，是因雙方有誠意、多用心、常溝通」，[86]足見大陸方面策略運用之綿密。

　　再者，「小三通」之後，金門地區的發展勢必與廈門愈來愈密切，最主要的因素乃是地緣關係。由於廈門經濟特區在臺政策上被中共中央賦予對臺工作之前線基地任務。在 1985 年 6 月國務院所通過的廈門特區實施方案中，已將之定位為落實鄧小平「一國兩制」構想的示範區域。在吸引外人投資方面，確立了「以僑引臺、以港引臺、以臺引臺、以外引臺」的引資方針。大陸的國務院經貿部及交通部亦在 1996 年相繼公布了「臺灣海峽兩岸間貨物運輸代理業務管理辦法」以及「臺灣海峽兩岸航運管理辦法」，確定廈門為大陸對臺的直航試點。[87]職是之故，廈門經濟特區經過二十幾年來的建設和改革，不論是投資環境、基礎建設和各級產業都有相當的規模和成就，而金門在「小三通」之後，也已呈現向大陸「單邊傾斜」的現象。2005 年 6 月 12 日臺灣立法院院長王金平就提出將金門打造成「一網三區」的構想，亦即「兩岸客貨航線網」、「兩岸臺商資訊交流區」、「金門和平觀光區」、「廈金共榮經濟特區」。[88]由於臺灣方面現行措施僅限於開放金門民眾與貨物的直接往來而無法完全滿足兩岸交流的需求，但是在現行「小三通」政策之下，「一網三區」的架構對於促進兩岸持續交流，以及增加信心建立的功能應有其正面的意義。

---

[86]　《聯合報》，2004 年 10 月 27 日，版 A13。

[87]　李金振等，《金門設立特別行政區可行性之評估》，（臺北：行政院研究發考核委員會編印，2002 年 6 月），頁 61。

[88]　〈王金平倡議金門建「一網三區」打造穩健兩岸關係〉，2005 年 6 月 13 日，〈http://jczs.sina.com.cn/2005-06-13/1504296633.html.2005-06-13〉。

陸、結論

　　「信心建立措施」於 1970 年代始見諸於外交辭令，但於後冷戰時期已為世人所廣泛運用，這項機制可以產生增進地區穩定、加強國家安全、開闢溝通管道、突破安全障礙、改善政治環境等功能。而「信心建立措施」的成功與否，必須要具備四項條件：一、最低程度的政治意願（Minimum Political Will）；二、互惠（Reciprocity）三、無強制壓力（Lack of Constraint）；四、履行義務的程度（The Degree of Obligation）。[89]因此，它需要國家領導人一定程度的政治意願去推動；各方的利基與互惠是協議達成的根本動力；而且各方亦只須節制與澄清本國政治與軍事企圖，且無重大壓力與侷限；最重要的是，「信心建立措施」是要能相互信任，如果不能履行雙方協議與義務的基本要求，「信心建立措施」也無法達到預期的效果。

　　兩岸之間的關係一直是個極為複雜的問題，而且還牽涉到國際因素的層面，其中又以美國的影響最為重要。因此，美國長久以來亦在臺海兩岸「信心建立措施」上扮演重要的角色，但是中國的態度更是重要。「小三通」的實施，不僅代表著臺灣對國際社會的一種宣示，也是對中國釋出善意的一種表現。況且以金門、馬祖做為「小三通」的試行點，亦具有代表性和突破性的意義。在兩岸嚴重衝突的年代，金、馬外島成為兩岸最大的戰爭和政治角力場所；而在兩岸步入交流時期，遠比在新加坡舉行的「辜汪會談」更早之前，雙方即已於金門達成了「金門協議」。即使兩岸為了三通議題陷入困境，臺灣方面為了釋出善意，仍不得不以金、馬做為「小三通」的

---

[89] Marie-France Desjardins, *Rethinking Confidence-Building Measures*, pp. 24-26.

試行點，也促使昔日兩岸軍事衝突點的金、馬前線逐漸降低了軍事功能，並成為兩岸交流的重要場所。

中國方面對於「小三通」的態度從原本的消極、冷漠以對，到後來並未再因堅持「一中原則」而抵制「小三通」，反而予以正面回應並積極擴大「小三通」的實施。從這個角度來看，對於中國始終認為，兩岸建立互信機制必須回到「一中原則」才有談判空間的基礎而言，「小三通」政策也確已迴避了「一中原則」而成為兩岸的政治角力場。況且中共高層亦不斷對「小三通」採取正面的宣示，不管是否屬於策略上運用，對於兩岸在溝通、交流上都有其意義，也對兩岸「信心建立措施」的提升應能發揮相當的效果。

「信心建立措施」的目的在於求取整合性安全，理念在於參與者雙方都必須快速而適當的回應對方所提出的訊息和要求。僅管「小三通」在實施過程中，顯現出兩岸之間的政治角力，不過就戰略安全的觀點而言，「小三通」政策改變了金門、馬祖長久以來在兩岸之間的重要戰略地位，目前將昔日戰地的金、馬外島作為兩岸「小三通」的實驗區，對於未來以和平方式解決兩岸問題應有較為正面的作用。顧名思義，「信心建立措施」主要的還是要雙方信任感和信心的建立，儘管中國不放棄武力解決臺灣問題的疑慮仍在，惟只要彼此達成互信的基礎，以開放外島直航表示誠意，進而在外島設立「和平實驗區」、「經濟特區」等做為緩衝區，以減少直接對臺灣本島安全上的衝擊，雙方可望在安全、安定的基礎上談判，達成信心建立的機制。目前兩岸實施的「小三通」政策，至少提供了臺海兩岸一個對話的機制和管道。日後，臺海兩岸若能以「小三通」為基礎，進而將金門、馬祖設立為緩衝區，由過去衝突的最前線，逐漸演變為和平的第一試點，亦適可代表

兩岸「信心建立措施」透過「小三通」模式，正逐漸發展出正面的意義和功能。

（本文發表於《香港社會科學學報》，第 34 期，2008 年春／夏季，頁 83-112。）

參考文獻

中文部分

專書

行政院大陸委員會，2000。《兩岸「小三通」影響評估及規劃方向》。臺北：行政院大陸委員會。

周世雄，1994。《國際體系與區域安全協商－歐亞安全體系之探討》。臺北：五南出版公司。

洪儒明，2004。《民進黨執政後的中共對臺政策》。臺北：秀威出版社。

國防部「國防報告書」編纂委員會，2002。《中華民國九十一年國防報告書》臺北：國防部。

陳志奇，1981。《美國對華政策三十年》。臺北：中華日報社。

楊開煌，2001。《崢嶸——兩岸關係之鬥爭與對策》。臺北：海峽學術出版社。

楊樹清，1998。《金門社會觀察》。臺北：稻田出版社。

顏萬進，2003。《在野時期民進黨大陸政策》。臺北：新文京開發出版公司。

專書論文

林文程，2001。〈中共對信心建立措施的立場及作法〉，陳鴻瑜主編，《信心建立措施的理論與實際》。臺北：臺灣綜合研究院戰略與國際研究所。

林文程，2003。〈臺海兩岸協商的過去、現在與未來〉，《兩岸關係研究》。臺北：新文京開發出版公司，頁97-122。

林正義，1996。〈臺灣安全的戰略〉，謝淑媛編著，《臺海安全情報》。臺北：玉山社出版公司，頁53。

林長華、趙玉榕，2004。〈廈門在建設東南沿海中心城市中金門所扮演的角色分析〉，《廈門涉臺調研課題匯編》。廈門：廈門市人民政府臺灣事務辦公室，頁92-93。

施明德，1996。〈金、馬國際貿易自由區〉，謝淑媛編著，《臺海安全情報》。臺北：玉山社出版公司，頁 104-111。

期刊論文

任海傳，2004/7。〈從共同打擊犯罪探討兩岸和平架構的建立〉，《展望與探索》，第 2 卷第 7 期，頁 68-82。

朱蓓蕾，2003/9-10。〈兩岸交流衍生的治安問題：非傳統性安全威脅之概念分析〉，《中國大陸問題研究》，第 46 卷第 5 期，頁 43。

林正義，1998/6。〈臺海兩岸信心建立措施芻議〉，《國防雜誌》，第 13 卷第 2 期。

林正義，1998/9。〈歐洲及亞太信心暨安全建立措施之研究〉，《理論與政策》，第 12 卷第 3 期，頁 75。

林正義，2005/11-12。〈美國與臺海兩岸信心建立措施〉，《問題與研究》，第 44 卷第 6 期，頁 2。

林正義，2006/3。〈臺海飛彈危機十年後臺灣的反思〉，《戰略安全研析》，第 11 期，頁 18。

吳建德，2000/10。〈臺海兩岸建立軍事互信機制之可行性－信心建立措施的觀點〉，《國防政策評論》，第 1 期，頁 73-74。

吳振逢，2001/3。〈三通訪問團隨團紀實〉，《立法院院聞》，第 29 卷第 2 期，頁 14-15。

莫大華，1997/1。〈後冷戰時期東協國家對東南亞區域建立信心安全措施之省思〉，《東南亞季刊》，第 2 卷第 1 期。

陳國銘，1997/1。〈建立信任措施的演進及我國的啟示〉，《國防雜誌》，第 12 期第 7 卷，頁 58-67。

郭瑞華，2006/4。〈海峽西岸經濟區評析〉，《展望與探索》，第 4 卷第 4 期，頁 9-14。

張中勇，1996/5。〈以信心建立為主導的兩岸關係〉，《國策雙週刊》，第 139 期，頁 14-17。

楊志誠，1992/7。〈中共國家戰略的探討〉《共黨問題研究》，第 18 卷第 7 期，頁 1-15。

蔡宏明，2001/4。〈『小三通』對兩岸互動的影響〉，《遠景季刊》，第 2 卷第 2 期，頁 140-143。

鍾堅，1996/8。〈海峽兩岸軍事交流的可行性〉，《國策雙週刊》，第 144 期，頁 8-9。

魏艾，2001/2。〈從『小三通』看兩岸發展〉，《共黨問題研究》，第 27 卷第 2 期，頁 4。

學位論文

張多馬，2004/2。《臺灣推動兩岸「小三通」之研究》臺北：國立政治大學外交學系戰略與國際事務研究所碩士論文。

研討會論文

吳建德，2000/3/25。〈臺海兩岸建立軍事互信機制之芻議——信心建立措施之個案研究〉，「2000 年國家安全戰略情勢評估：不對稱戰略思考與作為學術研討會」。臺北：淡江大學國際事務與戰略研究所。頁 24。

郭臨伍，1996/6。〈信心建立措施與兩岸關係〉，「信心建立措施（CBMs）與國防研討會」。臺北：臺灣綜合研究院。頁 5-13。

張中勇，1996/5/11。〈以信心建立為主導的兩岸關係〉，「中華民國新開端：國家安全與國力提昇圓桌研討會」。臺北：國策中心。

楊開煌，1999/1。〈臺海兩岸和平協議芻議〉，「第二屆孫中山與現代中國學術研討會」。臺北：國父紀念館。

樊中原，2005/7。〈『小三通』政策的檢視與展望〉，「臺灣研究的基礎與前沿學術研討會論文集」。廈門：廈門大學臺灣研究院。頁 344-355。

報紙

羅德水，1996/2/29。〈金門要當活棋，不願意被夾殺〉，《中國時報》，版 11。

羅德水，1996/3/20。〈盼以金門戰地，作為和平起點〉，《中國時報》，版 11。

　　　　1999/7。〈唐家璇在東盟地區論壇會議上發表講話〉，《人民日報》版 6。

2000/2/18。〈連戰大陸政策全文〉,《工商時報》,版 4。

2000/2/22。〈中共『一個中國的原則與臺灣問題』白皮書〉,《聯合報》,版 39。

2002/5/9。〈陳總統:三通是必走的路〉,《自由時報》。

2002/9/10。〈監委對小三通調查意見(系列之二)〉,《金門日報》,版 2。

劉屏,2004/2/4。〈國務院:和平架構、兩岸自談〉,《中時晚報》。

鄭竹園,2004/2/21。〈如何建立『兩岸和平互動架構』〉,《聯合報》,版 A15。

2000/2/17。〈將金門規劃為經貿特區並納入規劃小三通〉,《金門日報》,版 2。

2004/5/8。〈陳明通:和平是兩岸共同利益〉,《工商時報》。

網際網路

1999/2/26。「兩岸政治談判的先決條件——信心建立措施:汪道涵來訪的對策建議座談會」,《遠景基金會》〈http://www.future-china.org.tw/csipf/activity/19990226-1.htm〉。

2000/12/25。〈小三通政策檢視系列報導——系列二〉,《自由時報》,〈http://www.libertytimes.com.tw/2001/new/jan/1/r-pass2.htm〉。

2000/9/22。〈總統接受 CNN 專訪〉,《行政院新聞局網站》,〈http://www.gio.gov.tw/info/2000htm/0922.htm〉。

2004/2/2。〈連戰:金廈地區非軍事化,讓金廈成為「兩岸和平實驗區」〉,《中國國民黨全球資訊網》,〈http://www.kmt.org.tw/category_2/category2_2.asp〉。

2005/2/23。〈李侃如:中程協議是現階段臺灣問題唯一出路〉,《中央社》,〈http://www.gov.tw/news/cna/international/news/200502/20050222302776.html〉。

2005/3/4。〈大陸擬漸開放居民赴金馬澎旅遊〉,《聯合新聞網》,〈http://tw.news.yahoo.com/050304/15/1jwmz.html〉。

2005/8/5。〈福建將積極推動沿海地區與澎湖直接往來〉,《中央社》,〈http://tw.news.yahoo.com/050805/43/258b0.html〉。

2005/6/13。〈王金平倡議金門建「一網三區」打造穩健兩岸關係〉,〈http://jczs.sina. com.cn/2005-06-13/1504296633.html.2005-06-13〉。

2006/6/12。〈金門非軍事化應更有經濟發展空間〉,《金門日報》,〈http://www.kinmen.gov.tw/〉。

2006/8/24。〈實施五年餘,小三通與地方期待落差大〉,《金門日報》,〈http://www.kinmen.gov.tw〉。

英文部分

專書

Cossa, Ralph A., 1995(ed.). *Asia Pacific Confidence and Security Measures*. Washington D.C.: The Center for Strategic & International Study.

Desjardins, Marie-France, 1996. *Rethinking Confidence-Building Measures*. London: Oxford University Press.

Gong, Gerrit, 2000(ed.). *Taiwan Strait Dilemma: China-Taiwan-U.S. Policies in the New Century*. Washington, D.C.:CSIS.

Krepon, Michael et. Al., 1998(3rd ed.). *A Handbook of Confidence-Building Measures for Regional Security*. Washington D.C.: The Stimson Center.

Krepon, Michael, Jenny S. Drezin, and Michael Newbill, 1999(eds.). *Declaratory Diplomacy: Rhetorical Initiatives and Confidence Building*. Washington, D.C.: Stimson Center.

Singh, Ranjeet K, 1999(ed.), *Investigation Confidence-Building Measures in the Asia-Pacific Region*, Washington, D.C.: Stimson Center.

期刊論文

Campbell, Kurt M. and Derek J. Mitchell, 2001. "Crisis in the Taiwan Strait?" Foreign Affairs, Vol. 80, No. 4, pp. 14-25.

Glaser, Bonnie S., 2005. "Military Confidence-Building Measures: Averting Accidents and Building Trust in the Taiwan Strait," American Foreign Policy Interests, Vol. 27, No. 2, pp. 91-104.

Harding, Harry, 2000. "Toward a Modus Vivendi," *Maryland Series in Contemporary Asian Studies*, Vol. 1, pp. 293-297.

Holst, Johan Jorgen, 1983/1-2. "Confidence Building Measures: A Conceptual Framework," *Survival*, Vol. 25, No. 1, p.1.

Lieberthal, Kenneth, 2005/3-4. "Preventing a War Over Taiwan," *Foreign Affairs*, Vol. 84, No. 2, pp. 53-63.

官方文件

Boutros Boutros-Ghali, "An Agenda for Peace: Preventive Diplomacy, Peace-making and Peacekeeping," United Nation, June 17, 1992.

Foreign Relations of the United States, 1958-1960, Vol. XIX, *China* (Washington, DC: United States Government Printing Office, 1996), pp. 157-158; 216-217; 226-227.

報紙

Zhan, Bian, 2005/5/17. "Xiamen to Play Leading Role in Economic Zone," *China Daily*.

網際網路

Glosserman, Brad, 2005. "Cross-Strait Confidence Building Measures," Issues & Insights, Vol. 5, No. 2, pp. 1-28. 〈http//www.csis.org/media/csis/pubs/v05n02%5B1%5D.pdf〉.

I Yuan, "Confidence-Building Across the Taiwan Strait: Taiwan Strait as a Peace Zone Proposal," *CNAPS Working Paper*, 2000/9. 〈http://www.brookings.edu/fp/cnaps/papers/2000_yuan.htm〉.

Kelly, James, 2004. "Overviews of U.S. Policy Toward Taiwan," 〈http://www. state.gov/p/eap/rls/rm/2004/31649.htm〉.

Lieberthal, Kenneth, 2001. "U.S. Policy toward China," *Policy Brief*, 72, Brookings Institution. 〈http://www.brook.edu/comm/policybriefs/pb72.htm〉.

"MAC (Mainland Affairs Council) Says China's Economic Plan 'Politically Driven'," *Taiwan Headlines*, 〈 http://english.www.gov.tw/TaiwanHeadlines/index.jsp? categid=8&recordid=92816〉.

兩岸交流中的環境安全問題
——以金廈「小三通」為例

壹、前言

　　近來年，許多重大傳染疾病如 SARS、禽流感等，曾廣泛在世界上許多國家間流傳，逐漸引起世人對環境安全方面的重視和討論。由於中國大陸迄今仍是個資訊相對不甚透明的社會，值此兩岸互動和交往日漸密切之際，民間對「三通」直航需求日殷，兩岸直航的議題也甚囂塵上，未來一旦兩岸實現「三通」直航，對臺灣而言在環境領域安全方面儼然是一重大的威脅和考驗。

　　小三通實施之後，金廈之間小額貿易風氣盛行，自大陸引進之農漁產品更帶給我方檢疫系統方面極大的壓力。[1]根據行政院農委會動植物防疫局高雄分局金門防疫站之統計，自民國 90 年 1 月 1 日小三通開始實施之前半年，該站受理動植物及其產品入境檢疫申請共17 批，檢疫結果為全數不合格。[2]至於非法走私入境之農漁產品所產生之相關問題，更是難以管理。目前因為金門傳統產業生態已然丕變，市場過度依賴大陸物品，民眾不事生產，從而影響經濟，並會造成疫情的傳播，從金門牛蹄疫事件，更暴露出金廈海域行之有年

---

[1]　沈道震等，《現階段兩岸有關偷渡之相關法令、管理及其問題之研究》（臺北：遠景基金會，2002 年 3 月），頁 51。

[2]　參閱行政院農委會，《行政院農委會動植物防疫局高雄分局金門檢疫站簡報》（臺北：行政院農委會，2001 年 8 月 2 日），頁 3。

的走私與地下貿易問題。[3]小三通後,兩岸人、貨往來更加頻繁,也為日後金門的環境和衛生安全埋下不可預知的變數。有鑒於此,本研究擬從非傳統安全中環境安全的概念為理論基礎,探討小三通對我環境安全之可能衝擊,進而從事實證研究,分析金門地區民眾對於小三通對我環境安全影響之認知,研究結果期能提供未來討論兩岸三通決策之參考。

貳、金廈「小三通」與環境安全

一、環境安全之概念

　　隨著冷戰的結束,全球化浪潮的風起雲湧,使得當今世界的開放性、變革性、合作性愈趨顯著,許多影響安全的新因素亦隨之出現,導致安全研究亦出現新的概念和新的領域。[4]在全球政治經濟和文化互賴的大環境下,國家主權已從絕對主義朝向互相依賴的面向轉折,[5]從而造成各國對於安全的詮釋與界定不再侷限於傳統以軍事為主的思維。相較於冷戰時期對安全的概念主要涉及武力侵略與軍事、政治層面,在後冷戰時期,學術界與政府間對於安全概念的重新定位逐漸引起重視和廣泛的討論。[6]尤其近年來,非傳統安全問題

---

[3] 陳建民,「非傳統安全與兩岸直航檢疫機制之探討──以兩岸「小三通」為例」,《展望與探索》,第 4 卷第 11 期,2006 年 11 月,頁 58-76。

[4] Sujit Dutta, "In Searching of New Security Concepts," *Strategic Analysis*, April 1997.

[5] 李英明,《全球化時代下的臺灣和兩岸關係》(臺北:生智文化事業有限公司,2001 年 12 月),頁 154-159。

[6] Sverre Lodgaard, supra note 17, para. 6&7 and George MacLean, "The Changing Perception of Human Security: Coordinating National and Multilateral

的重要性日益受到重視，包括有組織的國際犯罪、恐怖主義、走私販毒、非法移民、傳染病、海盜行為、難民等非傳統安全問題亦呈現逐漸增加的趨勢。[7]在此情況之下，東西方學者均有主張非傳統安全研究應該包括非軍事安全威脅，[8]並強調將研究重點從主權國家的安全轉向關注社會安全和人的安全。[9]以歐盟為例，其安全概念逐漸從強調政治軍事安全和主權安全，發展為強調人的安全和社會安全。[10]另有從綜合安全的角度出發，對於後冷戰時期的新安全問題予以高度關注，特別著眼要重視軍事安全以外的其他方面的安全。[11]國內學者亦有以國家為中心，提出「綜合性安全」（Comprehensive Security）的概念，主張仍重視軍事安全的威脅，但更強調非軍事因素對安全所產生的威脅，包括經濟、社會、人民、環境等議題引起的安全，[12]此與國際間「人類安全」的發展趨勢不謀而合。[13]

Responses," United Nations Association in Canada, 1998, http://www.unac.org/canada/security/maclean.html.

[7] 郭萬超，《中國崛起》（江西：江西人民出版社，2004 年 10 月），頁 74。

[8] 在西方學者的理論研究中，較少使用非傳統安全一詞，而是傾向於使用非軍事安全、全球安全、綜合安全、新安全等。參閱傅勇，「非傳統安全問題的理論研究及其意義」，上海社會科學院主編，《變化中的世界與中國因素》（北京：時事出版社，2006 年 2 月），頁 121。

[9] 參閱 Ken Booth, "Security and Emancipation," *Review of International Studies*, Vol. 53, No. 3, 1991. Norman Myers, *Ultimate Security* (New York: W. W. Norton & Company, 1993).

[10] 朱雯霞，「中——歐安全觀與中歐關係」，上海社會科學院主編，《變化中的世界與中國因素》，頁 242。

[11] 參閱王逸舟，《全球政治和中國外交》（北京：世界知識出版社，2003 年）。陸忠偉，《非傳統安全論》（北京：時事出版社，2003 年）。

[12] 參閱林碧炤，「臺灣的綜合安全」，《戰略與國際研究》第 1 卷第 1 期，1999 年 1 月，頁 1-9。劉復國，「綜合性安全與國家安全：亞太安全概念適用性之檢討」，《問題與研究》，第 38 卷第 2 期，1999 年 2 月，頁 21-36。宋燕輝，「『人類安全』之發展與推動：亞太國家的態度及作法」，《人類安全與二十一世紀的兩岸關係研討會論文集》（臺北：臺綜院戰略與國際研究所，2001 年 9 月 14 日），頁 47-50。張中勇，「臺灣海峽非傳統性安全威脅之評估」，《戰

　　當今環境安全議題是作為全球性的問題來思考的，並且可能影響全世界的每一個國家和個人。例如：控制氣候變化和溫室氣體排放、臭氧層的保護、物種多樣性的安全保護、以及公海的保護等問題，都是主要的例子。[14]在過去十幾年間，國外學者紛紛就環境安全的議題留下了許多相關的著作，有一部分屬於描述性的層面，而更多的是屬於理論層面的探討。[15]在時代潮流的趨勢下，聯合國於1994 年的「人類發展報告」（Human Development Report）中提出「人類安全」的基本概念，並明確界定人類安全的意涵，包括：經濟安全、糧食安全、健康安全、環境安全、個人安全、社群安全與政治安全等七大主軸。[16]此外，巴瑞布贊（Barry Buzan）等人則認為，在新安全觀的領域範圍，分別有軍事領域、經濟領域、社會領域、政治領域、以及環境領域等。與軍事領域相比，環境領域有更為豐富的功能性主體。這個巨大的範疇，包括經濟性行為主體，它們的活動直接與環境的質量密切相連。以溫室氣體排放為例，近年

略與國際研究》，第 3 卷第 4 期，2001 年 10 月，頁 2-7。

[13] United Nations, Human Development Report 1994 (New York: Oxford University Press, 1994).

[14] Andrew Hurrell and Benedict Kingsbury, *The International Politics of the Environment—Actors, Interests and Institutions* (Oxford: Oxford University Press, 1992), p.2.

[15] 參閱 Marc A. Levy, "Is the Environment a National Security Issue?" *International Security*, Vol.20, No.1, 1995, pp.35-62; Richard A. Matthew, "Environmental Security: Demystifying the Concept, Clarifying the Stakes," in P. J. Simmons (eds.), *Environmental Change and Security Project Report*, No.1 (Princeton: Woodrow Wilson Center, 1995), pp.14-23; Caroline Thomas, *The Environment in International Relations* (London: Royal Institute of International Affairs, 1992); Arthur H. Westing (ed.), *Cultural Norms, War and the Environment* (Oxford: Oxford University Press, 1988).

[16] 翁明賢、吳建德主編，《兩岸關係與信心建立措施》（臺北：華立出版社，2005 年），頁 129。

來由於世界各國廢氣排放過量導致溫室效應問題，逐漸發展成一個全球性的難題。就發展中的國家來說，預估到了 2050 年其廢氣排放量將上升至占全球的 50%；而中國自 1980 年以來廢氣排放量已經上升了 80%，[17]其所造成的環境安全問題不可謂不嚴重。另外，由於人口集中和經濟活動集中的張力，或許超過了生態系統的現存負載能力，進而造成環境安全上的種種問題。因此，來自自然環境威脅的公害似乎存在著更多的空間。大自然威脅著文明，以及它因此面臨被安全化的命運。多數的社會反覆遭受到極端自然事件的結構性破壞，例如地震、火山、颶風、洪水、旱災和傳染疾病等的威脅，以至於人類的歷史很大的一部分就是與自然界進行持續的鬥爭，而且必須經常冒著使他們的歷史安全化和制度化的風險。[18]

　　由於環境領域豐富和多樣性的問題，使得環境安全變得更加複雜化。[19]其種類可能包括生態系統的破壞、環境污染、能源問題、疾病傳染、健康狀況、醫療問題等。但是顯而易見的，並不是所有關於環境安全的面向都涉及以上每一項問題，也不是所有類型對於安全化都是永久性的主題。重要的是，環境安全是一個文明的問題，主要是用經濟學和人口統計學的尺度來表達它本身，以及潛在地表達它對國際體系和次級體系秩序等級的影響。[20]整體而言，來自環

---

[17] Christopher Flavin and Odil Tunali, Getting Warmer: Looking for a Way Out of the Climate Impasse," *World Watch Paper*, 1995, pp.10-19.

[18] Barry Buzan, Ole Waever, and Jaap de Wilde, *Security: A New Framework for Analysis* (Boulder Colo:
Lynne Rienner Pub, 1998), pp.71-94.

[19] Jaap de Wilde, "The Power Politics of Sustainability, Equity and Liveability," in Phillip B. Smith, Samuel E. Okoye, Jaap de Wilde, and Priya Deshingkar (eds.), *The World at the Crossroads: Towards a Sustainable, Liveable and Equitable World* (London: Earthscan, 1994), p.161.

[20] Barry Buzan, Ole Waever, and Jaap de Wilde, p.110.

境安全的威脅包括三個面向：第一、屬於自然環境方面，並非由人類活動所導致，如地震、火山爆發等；第二、屬於人類活動方面的，卻足以對自然系統造成威脅，如廢氣排放、傾倒垃圾、流行疫病等；第三、由於技術方面的進步所引發的，如各種礦產資源的損耗等。[21]正由於人類活動和接觸日益頻繁，環境安全的問題可能從一個地方性的問題逐步演變成為更大規模問題的風險。

二、「小三通」後對我環境安全之可能衝擊

　　全球化時期，以軍事為主的傳統安全觀雖然仍占了舉足輕重的地位，並受到普遍的重視，但是因為環境、人口的多樣化和複雜化，傳統安全的概念逐漸受到了挑戰，環境衛生、經濟問題等非傳統安全觀也引起了關注。兩岸之間隨著雙方的互動關係與日俱增，兩岸直航也已成為政策上的重要議題。無可否認，中國大陸迄今仍是一個不甚開放的社會，遇有重大流行疾病問題，亦不太容易立即公開，[22]由於中國大陸面臨的非傳統安全威脅來源是多元的，包括了環境污染、流行性疾病、資源短缺等問題，[23]造成了一旦直航之後，我方在非傳統安全上的另一隱憂。

　　爾來中國大陸一直被其他國家當成是傳染病的高度危險地區，其環境與流行性疾病的公害無疑對國際社會存在著潛在威脅。隨著小三通交流持續擴大，基於「均等化」原則的理論，[24]衛生落後、

---

[21] 不過，第三種面向極少被記錄在環境安全的語彙之中。參閱 Barry Buzan, Ole Waever, and Jaap de Wilde, pp. 79-80.

[22] 世界日報社論，http://www.cna.tv/stories/specialreport/index，2003 年。

[23] 門洪華，《構建中國大戰略的框架》（北京：北京大學出版社，2005 年 2 月），頁 189。

[24] 所謂「均等化」原則，指的是「瘟疫均等化原則」，亦即兩個來往便利的國家

瘟疫流行率高的國家，因為交通方便與自由來往的關係，自然很容易把它的瘟疫傳染到衛生先進的國家。由於近年來中國大陸一直被國際間當成是傳染病的高度危險地區，對其國際形象與國內安全均產生重大的影響。就環境安全與傳染病方面而言，許多科學家大多相信，1957 年的亞洲流感、1968 年的香港流感、1976 年的豬瘟型感冒、1997 年發生的禽流感，一直到 2002 年全世界第一件 SARS 病例，都是源自於中國廣東珠江三角洲地區，並經由香港傳播到外界。[25]2004 年 4 月，中國北京、安徽再傳 SARS 疫情，WHO 稱這是群聚感染，並警告疫情具有「潛在嚴重性」。[26]2004 年正當禽流感（H5N1 avian influenza）威脅全球，中國大陸也難逃一劫，截至 2006年 3 月為止，中國已發生 16 例感染，並有 11 人死亡，世界衛生組織並將中國列為疫區。[27]

　　兩岸在最近幾年人員、貨物往來與日俱增，環境安全方面的風險也相對提高。由於大陸地區的衛生條件相較於臺灣仍有差距，且大陸又曾是 SARS 和禽流感的高危險區，「小三通」擴大實施若無有效的管理機制，加上兩岸走私偷渡頻仍，可能會帶來臺灣地區較高的風險。回顧小三通之前，由於金門、馬祖外島實施戒嚴及戰地政務，在軍事管制的情況下海防較為嚴密，走私絕少發生。然而從民國八十一年解除戒嚴到九十年實施小三通之十年期間，由於兩岸對峙趨緩，軍隊大舉撤出外島，而海、岸巡防以及地區警力又未能適時、適量補充，

實施「完全放任的相互往來」以後，兩個國家的各種瘟疫流行率會漸趨相等。
[25] 「恐慌在政治瘟疫蔓延時──掀起 SARS 全球風暴的中國醫師」http://www.ettoday.com/2004/04/24/11086-1620537.htm.
[26] 「SARS／WHO 認定中國疫情為群聚感染具有潛在嚴重性」，http://www.ettoday.com/2004/04/24/545-1620762.htm.
[27] Avian influenza‐situation in China, http://www.who.int/csr/don/2006_03_24c/en/index.html；「上海死亡病例，確認禽流感」，《聯合報》（臺北），2006 年 3 月 25 日，第 A6 版。

造成邊、海防產生漏洞，金廈海域的走私偷渡遂變得日益猖獗。此外，由於兩岸民眾對於小三通政策之錯誤認知，誤以為小三通之實施，即代表有關走私、偷渡等行為合法化，致使小三通實施前一年起，走私偷渡案件開始攀升，到了民國九十年小三通開始實施之際更是達到高峰。金門在實施小三通之後，歷年來所查獲相關之犯罪案件有增無減，尤其以民國九十三年成長幅度最大，相較於實施前的八十九年，成長一點五倍之多，著實帶給金門地區治安嚴重的警訊。[28]其中，違反漁業法及毒品防制條例之犯罪人數分別大幅成長五倍和二倍，而與偷渡有關的違反國家安全法之人數亦上漲六成以上，走私罪及與偷渡有關的違造文書罪亦均增加二成以上。[29]由於走私偷渡的頻繁，無分蔬果、什貨，甚至牛隻都能輕易走私上岸，終於在 1999 年 6 月間爆發「O 型病毒」牛隻口蹄疫情。金門爆發的口蹄疫與臺灣先前所發生者，是不同的類型，專家傾向認定為來自大陸之傳染源；且牛隻嗣經銷往臺灣進而蔓延至臺灣牧場，形成全臺疫情風暴，總計超過 1 千多萬頭的偶蹄豬隻、牛隻慘遭撲殺，更糟的是臺灣被國際列為疫區，不僅損失 1 千億元以上的年畜牧出口產值，亦對臺灣經濟造成難以估計的損害，[30]凡此都足以引為殷鑑。

　　2001 年小三通實施之後，在往返金、廈的旅客之間，又先後發生 2 起來自中國大陸 SARS 疑似病例，以及禽流感期間 1 起來自廣東的可疑案件，[31]造成當地民眾的極度恐慌。行政院陸委會甚至在

---

[28] 「小三通總犯罪量節節升高實不容輕忽」，《金門日報》，2005 年 7 月 1 日，第 3 版。

[29] 陳建民，「『小三通』後金廈走私與偷渡跨境犯罪之研究」，《國立金門技術學院學報》，第 2 期，2007 年 2 月，頁 99-118。

[30] 「莫忘口蹄疫的教訓」，《金門日報》，2003 年 4 月 19 日，第 2 版。

[31] 分別為 2003 年 5 月，一女性臺商經「小三通」路線，被檢驗出疑似 SARS 病例。參閱「SARS──金門黃姓女臺商，二度出境被驗出發高燒」，2003 年 5 月 6 日，http://www.ettoday.com/2003/05/06/10969-1450469.htm；另，2004

SARS 期間，因應金門縣政府提出暫停辦理小三通及入境金門旅客實施專案防治居家隔離等建議，經行政院相關部會討論後，決定自 2003 年 5 月 19 日起暫時關閉小三通一個月及實施入境隔離措施。[32] 總而言之，金門地區在小三通之前，發生的金門牛隻口蹄疫事件，除了暴露出金廈海域行之有年的走私與地下貿易問題，更顯示兩岸在小三通之後對我可能產生環境安全上的諸多威脅。此外，2002 年至 2003 年 SARS 期間，以及 2005 年禽流感盛行期間，我行政院衛生署為防範疫情擴大，針對由金馬小三通入境臺灣的旅客，啟動自主健康管理機制，並於口岸加強檢疫措施，[33] 凡此，皆顯示兩岸在目前小三通甚至於未來進一步擴大交流之後，對我環境安全方面產生威脅的隱憂仍不容忽視。

參、研究方法

一、研究架構與研究假設

本研究之目的在探討金門縣民眾不同的小三通個人親身經驗及個人社經背景與金廈小三通政策之安全影響認知的關係，其中兩岸

年 4 月一起金門老翁赴北京後，經「小三通」返金門的疑似病例。參閱「SARS ──金門 79 歲老翁曾遊北京，發燒、肺部浸潤初判疑感染」，2004 年 4 月 29 日，http://www.ettoday.com/2004/04/29/91-1622968.htm；以及，2006 年 7 月，金門一男童遊香港、廣東，經「小三通」返金門後之猝死案件。參閱「小三通遊港返金男童猝死」，《金門日報》，2006 年 7 月 13 日，第 2 版。

[32] 「金門小三通，陸委會同意暫停一個月」，*Ettoday*， 2003 年 5 月 16 日，http://www.ettoday.com.tw/2003/05/16/10969-1455684.htm.

[33] 「金廈小三通啟動自主健康管理機制」，《金門日報》，2005 年 10 月 27 日，第 1 版。

小三通政策後環境安全的影響。經由上述的文獻回顧之歸納整理，本研究架構如「圖3-1」，研究之假設如下：

　　假設一（H1）：金門縣民眾不同的小三通個人親身經驗對兩岸小三通政策後環境安全影響認知會有差異。

　　　　H1-1：是否前往過大陸之金門民眾，對兩岸小三通政策後環境安全影響認知會有差異。

　　假設二（H2）：金門縣民眾不同的個人社經背景對兩岸小三通政策後環境安全影響認知會有差異。

　　　　H2-1：不同性別的金門民眾，對兩岸小三通政策後環境安全影響認知會有差異。

　　　　H2-2：不同年齡的金門民眾，對兩岸小三通政策後環境安全影響認知會有差異。

　　　　H2-3：不同教育程度的金門民眾，對兩岸小三通政策後環境安全影響認知會有差異。

　　　　H2-4：不同職業的金門民眾，對兩岸小三通政策後環境安全影響認知會有差異。

　　　　H2-5：不同年收入的金門民眾，對兩岸小三通政策後環境安全影響認知會有差異。

　　　　H2-6：不同政黨屬性之金門民眾，對兩岸小三通政策後環境安全影響認知會有差異。

　　假設三（H3）：金門民眾的小三通親身經驗與其社經背景之關係。

　　H3-1：金門民眾是否有經由小三通前往大陸之經驗與性別的關係。

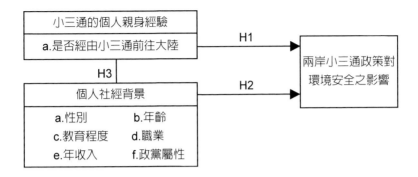

圖 3- 1　研究架構圖

二、問卷設計

　　本研究依文獻回顧結果設計問卷，問卷之設計可分為問卷簡介以及其他三個部份，分別為小三通的個人親身經驗、小三通對環境安全的影響、個人基本資料等，以下分述其概要內容：

（一）小三通的個人親身經驗

　　此部份主要訪問金門地區民眾是否於開放後依循小三通路徑前往大陸，以及前往大陸之主要目的為旅遊、商務、探親……等，而經由小三通到大陸平均的個人花費，共 3 題。

（二）小三通對環境安全的影響

　　此部份欲瞭解金門地區民眾對於環境衛生是否有受到大陸地區的環境衛生影響，包含傳染病的傳播、環境衛生、垃圾問題……等問題，共 8 題。

（三）個人基本資料

此部份為調查受訪者之性別、年齡、教育程度、職業、年收入、政黨屬性、居住鄉鎮等共 7 題。

三、抽樣對象與方法

（一）抽樣對象

本研究之主要研究對象為年滿 20 歲以上的金門地區民眾，居住範圍包含居住於大金門（金城鎮、金湖鎮、金沙鎮、金寧鄉）、及小金門（烈嶼鄉）的民眾。

在調查地點的部份，將問卷委託各村里之里長送到受測門牌之家戶，由受訪者逕行於家中做答；問卷調查日期於 95 年 7 月至 10 月間實施。

（二）樣本數大小

關於抽樣的大小，在正常的情況下，樣本愈大便愈有代表性。換言之，樣本之大小是和抽樣誤差成反比的。但如果樣本愈大，需要的研究代價，包括人力、資金和時間也愈大，因此在決定樣本的大小時，必須同時考慮抽樣誤差和研究代價等兩個因素盡可能的做到均衡。

本研究依據 94 年 12 月全金門之人口數為 69,765 人，採用 Krejcie 與 Morgan 提出之計算方式，[34] 應抽取 382 份以上較為適當。為避免樣本數不足、無效樣本或回收率太低等因素，因此擬於金城鎮抽取

---

[34] R. V. Krejcie & D. W. Morgan, "Determining Sample Size for Research Activities," *Educational and Psychological Measurement*, No.30, 1970, pp.607-610.

表 3- 1　各鄉鎮人口數及調查份數

	人口數*	調查份數
金城鎮	23,892	300
金湖鎮	15,575	150
金沙鎮	11,567	150
金寧鄉	12,628	150
烈嶼鄉	6,103	150
總人口數	69,765	900**

*金門縣政府民國 94 年 12 月之人口統計資料

**調查份數 900 份>382 份

300 份（相較於其他鄉鎮的人口多），其他四個鄉鎮各抽取 150 份，總計於五個鄉鎮中共抽取 900 份。

（三）抽樣方法

　　抽樣方法採隨機抽樣，運用電腦軟體以各鄉鎮之門牌號碼各自進行隨機抽樣，再將各鄉鎮抽取之門牌號碼整理成冊，委託鄉鎮之村里長代為送至各家戶，採一戶一份問卷的方式進行問卷調查。問卷回收方面，為顧及個人隱私問題，本研究隨問卷附上回郵信封，讓受訪者自行寄回。

四、資料分析方法

　　本研究資料分析方法運用之資料處理系統為 SPSS10.0，部份統計圖型使用 Excel 繪製。

（一）描述性統計分析（Descriptive Statistics Analysis）

在描述性統計部份依據問卷內容分為八個部份，分別為小三通的個人親身經驗、小三通對環境安全的影響、個人基本資料等。

測量尺度上主要為類別尺度及等距尺度二種，其中類別尺度者有個人親身經驗及個人基本資料，測量結果以次數分配表示；等距尺度者有小三通對環境安全的影響，以李克特五等尺度（5-point Likert Scale），以平均數及標準差表示。

（二）t 檢定（t-test）

t 檢定主要用以觀察變數的兩個不同組別其平均數是否有顯著差異情形，在本研究中以此檢定方法瞭解性別、是否前往廈門旅遊之經驗、及是否為國民黨等三個不同人口統計變項的受訪者，在問卷中兩岸小三通對環境安全影響部份的問題有無呈現顯著差異情形。

（三）單因子變異數分析（One-Way Analysis of Variance）

變異數分析主要以檢定變數的三個或三個以上不同組別其平均數是否有顯著差異，後續依顯著性決定是否再以事後（Post Hoc）檢定之 Scheffe 法檢定那些組別的差異情形達到顯著水準。在本研究中以此檢定方法瞭解不同人口統計變項當中到年齡、教育程度、職業特性、樣本年收入、及居住地點等變項，在各問卷中兩岸小三通對環境安全影響部份的問題是否有顯著差異情形存在。

（四）交叉表分析（Cross-table Analysis）

交叉表分析乃是用以觀察類別資料間之關係為何，是否具有差異。本研究採交叉表分析探討小三通個人親身經驗與社經背景間是否有關，以期更進一步瞭解變項間的關係。

肆、研究結果

一、問卷抽樣調查結果

本研究之抽樣結果為調查份數 900 份問卷，共回收 701 份問卷，回收率達 77.89%，無效問卷比率為 6.99%，因此有效問卷份數為 652 份，已超過依 Krejcie 與 Morgan 的樣本數計算方法所得之 382 份問卷，符合統計分析及母體推論之需求。各鄉鎮之問卷回收結果如表 4-1 所示：

表 4-1　抽樣調查結果

	人口數*	調查份數	回收份數	回收率	無效問卷比率	有效問卷份數	各鄉鎮問卷比率
金城鎮	23,892	300	235	78.33%	2.55%	229	35.12%
金湖鎮	15,575	150	130	86.67%	7.69%	120	18.40%
金沙鎮	11,567	150	91	60.67%	9.89%	82	12.58%
金寧鄉	12,628	150	126	84.00%	10.32%	113	17.33%
烈嶼鄉	6,103	150	119	79.33%	9.24%	108	16.56%
總數	69,765	900	701	77.89%	6.99%	652	100.00%

*金門縣政府民國 94 年 12 月之人口統計資料

二、研究變項測量結果

（一）受訪者個人社經背景調查結果

本研究樣本數目共為 652 位居住在金門地區之民眾，其中 35% 的樣本來自於金城鎮的居民，其他的樣本則平均來自於金湖鎮（18%）、金沙鎮（13%）、金寧鄉（17%）與烈嶼鄉（16%）。其中，女性的樣本數目略高於男性樣本群，而年齡則以 20-30 的樣本群居

多（39%）。在職業的分佈上，則大約有 35%從事商業活動，還有
41%的樣本群則為軍公教人員，在收入方面，超過六成之樣本的平
均年收入是低於 50 萬元的，而在政黨的認同上，將近六成的民眾表
示其本身並沒有特定的政黨屬性，另外有將近四成則表示較為支持
國民黨（見表 4-2）。

表 4- 2　樣本基本資料統計表

項目	次數（Frequency）	百分比（Percentage）
性別		
女性	342	52.6
男性	308	47.4
總合	650	100.0
年齡		
20-30 歲	251	38.6
31-40 歲	184	28.3
41-50 歲	135	20.8
51-60 歲	62	9.5
60 歲以上	18	2.8
總合	650	100.0
教育程度		
國小以下	42	6.4
國中	62	9.5
高中	230	35.3
大專	293	44.9
研究所以上	25	3.8
總合	652	100.0
職業		
農漁	62	9.6
工	93	14.5
商	223	34.7
軍公教	265	41.2

總合	643	100.0
年收入		
30 萬元以下	270	41.6
31-50 萬元	171	26.3
51-70 萬元	95	14.6
71-90 萬元	55	8.5
91 萬元以上	58	8.9
總合	649	100.0
認同的政黨		
民進黨	6	0.9
國民黨	239	36.7
親民黨	24	3.7
新黨	3	0.5
臺聯	6	0.9
沒有特定的政黨屬性	374	57.4
總合	652	100.0
居住地點		
金城鎮	229	35.1
金湖鎮	120	18.4
金沙鎮	82	12.6
金寧鎮	113	17.3
烈嶼鄉	108	16.6
總合	652	100.0

（二）小三通的個人親身經驗

　　對於在開放小三通之後，本研究之樣本群仍有三成左右的並未前往過廈門旅遊（31%），三成左右則去過一至二次（30%），仍有一成左右的樣本曾經去過十次以上。針對樣本群經由小三通到大陸的平均花費，包括有住宿費、交通費、遊樂等等花費，三成左右（33%）之平均花費為一萬元以下，有 40%的樣本的平均花費為介於一萬到

二萬臺幣之間，至於金門民眾到大陸之主要目的則以旅遊為主（58.7%），約有 10%的樣本是以商務為主要目的，另外也有 9%的樣本是以探訪親人為主要的目的（見表 4-3）。

表 4- 3　遊客之廈門旅遊經驗

項目	次數（Frequency）	百分比（Percentage）
曾經到過廈門之次數		
未曾去過	202	31.0
1-2 次	196	30.1
3-4 次	96	14.7
5-6 次	53	8.1
7-8 次	35	5.4
9-10 次	12	1.8
10 次以上	57	8.8
總合	651	100.0
平均花費		
10,000 元以下	157	33.4
10,001-20,000 元	190	40.4
20,001-30,000 元	82	17.4
30,001-40,000 元	19	4.0
40,000 元以上	22	4.7
總合	470	100.0
到廈門之目的		
旅遊	383	58.7
商務	62	9.5
探親	60	9.2
公務	31	4.8
宗教	40	6.1
文化交流	49	7.5

（三）小三通對環境安全的影響

　　根據資料結果顯示，金門地區的民眾普遍會擔心小三通後，金門地區的環境衛生安全之相關的問題，其中同意程度最高的部分為「我認為政府應該加強來自大陸方面的傳染病管制與防疫」、「我認為大陸的環境衛生欠佳」、「小三通後，我會擔憂大陸傳染病的傳播」與「我認為大陸的傳染性疾病嚴重」。除此外，環境衛生與垃圾漂流也是金門民眾非常擔憂的議題（表 4-4）。

表 4-4　小三通對環境安全的影響

	非常不同意	不同意	沒意見	同意	非常同意	平均數	標準差
小三通之後，我會憂慮大陸傳染病的傳播。	2%	6%	13%	47%	33%	4.02	0.932
小三通之後，我認為在媒體報導下，金門會因為大陸傳染病被污名化。	2%	12%	18%	48%	21%	3.75	0.974
我認為政府應該加強來自大陸方面的傳染病管制與防疫。	1%	4%	12%	38%	46%	4.23	0.878
我認為大陸的環境衛生欠佳。	2%	4%	15%	44%	35%	4.06	0.907
我認為大陸的傳染性疾病嚴重。	1%	5%	22%	39%	33%	4.00	0.901
經由小三通前往大陸時，我會擔心生病與感染傳染病。	2%	7%	19%	42%	30%	3.91	0.970
我認為大陸垃圾漂流至金門的情形嚴重。	2%	5%	25%	40%	29%	3.90	0.921
如果廈門長庚醫院落成後，我會藉由小三通前往就醫而非前往臺灣就醫。	8%	19%	32%	26%	15%	3.22	1.161

三、假設檢定

　　針對金廈小三通政策實施後之環境安全部份，分別進行題項上統計假設檢定，以探討小三通個人親身經驗及個人社經背景與金廈小三通政策之環境安全影響認知的關係。

（一）假設一檢定結果

　　金門縣民眾不同的小三通個人親身經驗對兩岸小三通政策後環境安全影響認知會有差異。

　　H1-1：是否前往過大陸之金門民眾，對兩岸小三通政策後環境
　　　　　安全影響認知會有差異。

　　根據表 4-5 的結果顯示，有無廈門旅遊經驗對於開放小三通後，對環境安全之影響的同意程度有顯著性的差異存在，包括有「小三通後，我會憂慮大陸傳染病的傳播。」、「我認為大陸的環境衛生欠佳。」、「我認為大陸的傳染性疾病嚴重。」與「廈門長庚醫院落成後，我會藉由小三通前往就醫而非前往臺灣就醫。」。尤其是曾經去過廈門旅遊經驗者之同意程度顯著性的低於未曾去過廈門旅遊經驗者。

表 4- 5　廈門旅遊經驗 VS 其對於小三通對環境安全的影響同意度
之差異性分析

	是否曾經去過廈門	樣本數	平均數	標準差	T 值	Sig.
小三通後，我會憂慮大陸傳染病的傳播。	否	202	4.15	0.935	2.283	0.023
	是	450	3.97	0.927		
我認為大陸的環境衛生欠佳。	否	202	4.22	0.876	2.911	0.004
	是	450	4.00	0.913		
我認為大陸的傳染性疾病嚴重。	否	202	4.14	0.876	2.704	0.007
	是	450	3.93	0.905		

經由小三通前往大陸時，我會擔心生病與感染傳染病。	否	202	4.03	0.927	2.186	0.029
	是	450	3.86	0.985		
廈門長庚醫院落成後，我會藉由小三通前往就醫而非前往臺灣就醫。	否	202	3.06	1.179	-2.342	0.019
	是	450	3.29	1.147		

（二）假設二檢定結果

金門縣民眾不同的個人社經背景對兩岸小三通政策後環境安全影響認知會有差異。

H2-1：不同性別的金門民眾，對兩岸小三通政策後環境安全影響認知會有差異。

根據表 4-6 的結果顯示，性別對於開放小三通對於環境安全之影響的同意程度有顯著性的差異存在，包括有「小三通後，我會憂慮大陸傳染病的傳播。」、「小三通之後，我認為在媒體報導下，金門會因為大陸傳染病被污名化。」、「我認為大陸的環境衛生欠佳。」、「我認為大陸的傳染性疾病嚴重。」與「廈門長庚醫院落成後，我會藉由小三通前往就醫而非前往臺灣就醫。」。其中，對於「廈門長庚醫院落成後，我會藉由小三通前往就醫而非前往臺灣就醫。」之同意程度為女性低於男性，其他變數之同意程度皆為女性高於男性。

表 4-6　性別 VS 其對於小三通對環境安全的影響同意度之差異性分析

	性別	樣本數	平均數	標準差	T 值	Sig.
小三通後，我會憂慮大陸傳染病的傳播。	女性	342	4.15	0.861	3.530	0.000
	男性	308	3.89	0.992		
小三通之後，我認為在媒體報導下，金門會因為大陸傳染病被污名化。	女性	342	3.84	0.943	2.594	0.010
	男性	306	3.64	1.002		

我認為大陸的環境衛生欠佳。	女性	342	4.17	0.872	3.038	0.002
	男性	308	3.95	0.935		
我認為大陸的傳染性疾病嚴重。	女性	342	4.13	0.844	4.058	0.000
	男性	308	3.85	0.941		
經由小三通前往大陸時,我會擔心生病與感染傳染病。	女性	342	4.05	0.898	3.758	0.000
	男性	308	3.76	1.027		
廈門長庚醫院落成後,我會藉由小三通前往就醫而非前往臺灣就醫。	女性	342	2.91	1.128	-7.371	0.000
	男性	308	3.56	1.101		

H2-2：不同年齡的金門民眾,對兩岸小三通政策後環境安全影響認知會有差異。

根據表 4-7 的結果顯示,年齡對於開放小三通對於環境安全當中之「我認為大陸的環境衛生欠佳。」與「我認為大陸的傳染性疾病嚴重。」有顯著的差異性存在,其中年齡為 41-50 歲的樣本群對此項目的同意程度顯著的低於年齡為 21 到 30 歲的樣本群。

表 4- 7　年齡 VS 其對於小三通對環境安全的影響同意度之差異性分析

	年齡	樣本數	平均數	標準差	F 值	Post Hoc
我認為大陸的環境衛生欠佳。	21-30 歲 (a)	251	4.21	0.857	3.984*	c<a
	31-40 歲 (b)	184	4.02	0.932		
	41-50 歲 (c)	135	3.93	0.911		
	大於 50 歲 (d)	80	3.94	0.946		
我認為大陸的傳染性疾病嚴重。	21-30 歲 (a)	251	4.16	0.872	5.062*	c<a
	31-40 歲 (b)	184	3.94	0.894		
	41-50 歲 (c)	135	3.84	0.897		
	大於 50 歲 (d)	80	3.86	0.951		

H2-3：不同教育程度的金門民眾，對兩岸小三通政策後環境安全影響認知會有差異。

根據表 4-8 的結果顯示，樣本之教育程度的高低會影響其對於開放小三通對於環境安全的同意程度，其中包括有「小三通後，我會憂慮大陸傳染病的傳播。」、「小三通之後，我認為在媒體報導下，金門會因為大陸傳染病被污名化。」與「我認為大陸的環境衛生欠佳。」，根據事後比較分析得知，學歷為大專以上的與學歷為高中之樣本群的同意程度顯著性的高於學歷為國中以下之樣本群的同意程度。另外，教育程度的高低會影響其在「我認為政府應該加強來自大陸方面的傳染病管制與防疫。」、「我認為大陸的傳染性疾病嚴重。」與「小三通前往大陸時，是否擔心生病與感染傳染病」之同意程度，事後比較發現學歷為大專以上的樣本群的同意程度顯著性的高於學歷為國中以下之樣本群的同意程度。

表 4- 8　教育程度 VS 其對於小三通對環境安全的影響同意度之差異性分析

	教育程度	樣本數	平均數	標準差	F 值	Post Hoc
小三通後，我會憂慮大陸傳染病的傳播。	國中以下 (a)	104	3.68	1.151	9.761*	b>a
	高中 (b)	230	4.02	0.896		c>a
	大專以上 (c)	318	4.14	0.849		
小三通之後，我認為在媒體報導下，金門會因為大陸傳染病被污名化。	國中以下 (a)	104	3.44	1.087	6.489*	b>a
	高中 (b)	230	3.77	0.994		c>a
	大專以上 (c)	316	3.83	0.902		
我認為政府應該加強來自大陸方面的傳染病管制與防疫。	國中以下 (a)	104	3.98	0.935	7.200*	c>a
	高中 (b)	230	4.20	0.926		
	大專以上 (c)	316	4.34	0.804		

我認為大陸的環境衛生欠佳。	國中以下 (a)	104	3.71	1.076	12.012*	b>a
	高中 (b)	230	4.03	0.886		c>a
	大專以上 (c)	318	4.20	0.828		
我認為大陸的傳染性疾病嚴重。	國中以下 (a)	104	3.75	1.002	7.247*	c>a
	高中 (b)	230	3.94	0.930		
	大專以上 (c)	318	4.12	0.823		
小三通前往大陸時,是否擔心生病與感染傳染病	國中以下 (a)	104	3.65	1.139	5.167*	c>a
	高中 (b)	230	3.90	0.964		
	大專以上 (c)	318	4.00	0.900		

H2-4：不同職業的金門民眾,對兩岸小三通政策後環境安全影響認知會有差異。

根據表 4-9 的結果顯示,樣本之職業會影響其對於開放小三通對於環境安全的同意程度,包括在「小三通後,我會憂慮大陸傳染病的傳播。」、「我認為大陸的環境衛生欠佳。」與「廈門長庚醫院落成後,我會藉由小三通前往就醫而非前往臺灣就醫。」有顯著的差異性存在,其中職業為軍公教的樣本之同意程度顯著性的高於從工業之樣本群。另外在「我認為大陸的傳染性疾病嚴重。」的事後比較分析發現,其中職業為商業與軍公教的樣本之同意程度顯著性的高於從工業之樣本群。

表 4-9　職業 VS 其對於小三通對環境安全的影響同意度之差異性分析

	職業	樣本數	平均數	標準差	F 值	Post Hoc
小三通後,我會憂慮大陸傳染病的傳播。	農漁 (a)	62	4.10	0.900	4.023*	d>b
	工 (b)	93	3.73	0.874		
	商 (c)	223	4.02	0.970		
	軍公教 (d)	265	4.11	0.918		

我認為大陸的環境衛生欠佳。	農漁 (a)	62	3.94	1.022	4.268*	d>b
	工 (b)	93	3.81	0.875		
	商 (c)	223	4.08	0.950		
	軍公教 (d)	265	4.17	0.839		
我認為大陸的傳染性疾病嚴重。	農漁 (a)	62	3.81	1.053	5.063*	c>b
	工 (b)	93	3.72	0.852		d>b
	商 (c)	223	4.07	0.905		
	軍公教 (d)	265	4.08	0.854		
廈門長庚醫院落成後，我會藉由小三通前往就醫而非前往臺灣就醫。	農漁 (a)	62	3.18	1.124	1.923	d>b
	工 (b)	93	3.27	1.054		
	商 (c)	223	3.08	1.187		
	軍公教 (d)	265	3.33	1.181		

H2-5：不同年收入的金門民眾，對兩岸小三通政策後環境安全影響認知會有差異。

根據表 4-10 的結果顯示，樣本之所得高低會影響其對於開放小三通對於環境安全的同意程度，根據事後比較分析的結果顯示，針對「廈門長庚醫院落成後，我會藉由小三通前往就醫而非前往臺灣就醫。」此變項的同意程度，所得收入高於 71 萬的樣本群之同意程度顯著性的高於所得收入低於 30 萬的樣本群。

表 4- 10　收入 VS 其對於小三通對環境安全的影響同意度之差異性分析

	收入	樣本數	平均數	標準差	F 值	Post Hoc
廈門長庚醫院落成後，我會藉由小三通前往就醫而非前往臺灣就醫。	<30 萬 (a)	270	3.01	1.134	6.145*	d>a
	31-50 萬 (b)	171	3.30	1.179		
	51-70 萬(c)	95	3.37	1.130		
	>71 萬 (d)	113	3.50	1.119		

H2-6：不同政黨屬性之金門民眾，對兩岸小三通政策後環境安
　　　全影響認知會有差異。

根據表 4-11 的結果顯示，樣本群之政黨屬性會影響其對於開放
小三通對於環境安全的同意程度，包括「我認為政府應該加強來自
大陸方面的傳染病管制與防疫。」「我認為大陸的傳染性疾病嚴重。」
與「我認為大陸垃圾漂流至金門的情形嚴重。」。假設檢定的結果顯
示，在政黨屬性上為國民黨之樣本群之同意程度顯著性高於認同其
他政黨之樣本群。

表4- 11　政黨屬性VS其對於小三通對環境安全的影響同意度之差異性分析

	政黨屬性	樣本數	平均數	標準差	T 值	Sig.
我認為政府應該加強來自大陸方面的傳染病管制與防疫。	國民黨	238	4.37	0.789	3.018	0.003*
	非國民黨	412	4.16	0.918		
我認為大陸的傳染性疾病嚴重。	國民黨	239	4.03	0.907	2.461	0.014*
	非國民黨	413	3.84	0.999		
我認為大陸垃圾漂流至金門的情形嚴重。	國民黨	239	4.01	0.884	2.286	0.023*
	非國民黨	413	3.84	0.938		

（三）假設三檢定結果

金門民眾的社經背景與其小三通親身經驗之關係。

H3-1：金門民眾社經背景與其是否有經由小三通前往大陸經驗
　　　之關係。

透過交叉表分析結果顯示（如表 4-12、4-13），樣本群其年齡、
年所得等個人社經背景特性與是否有經由小三通前往大陸的經驗有

顯著的關係存在，而性別、教育程度、職業、政黨屬性與是否有經由小三通前往大陸的經驗沒有顯著的關係存在。

在年齡分佈上，本研究調查的樣本群中有 69.1%的樣本曾經由小三通前往大陸，有 30.9%的樣本未曾經由小三通前往大陸。依曾經由小三通前往大陸的樣本而言，以年齡層為 20-30 歲、31-40 歲的樣本比例最高，分別為 32.5%及 30.7%，其次為 41-50 歲的樣本比例為 24.1%。依各年齡層是否經由小三通前往大陸而言，年齡為 31-40 歲、41-50 歲、51-60 歲的樣本曾經經由小三通前往大陸的比例皆高達 74%以上，而年齡為 20-30 歲的樣本曾經經由小三通前往大陸的比例相對的低於其他年齡層的比例，因此樣本群中年齡層為 31-40 歲、41-50 歲、51-60 歲的樣本相對上有較多經由小三通通前往大陸的經驗。

在年所得分佈上，本研究調查的樣本群中有 69.2%的樣本曾經由小三通前往大陸，有 30.8%的樣本未曾經由小三通前往大陸。依曾經由小三通前往大陸的樣本而言，以年所得為 30 萬元以下的樣本比例最高，佔 37.4%，其次為年所得 31-50 萬元的樣本，佔 30.5%。依各年所得分類是否經由小三通前往大陸而言，以年所得為 31-50 萬元、51-70 萬的樣本曾經經由小三通前往大陸的比例最高，二者皆達 77%以上，而年所得為 91 萬元以上及 30 萬元以下的樣本曾經經由小三通前往大陸的比例相對的低於其他年所得者，因此年所得為 31-50 萬元、51-70 萬元的樣本相對上有較多經由小三通前往大陸的經驗。

表 4-12　經由小三通前往大陸之經驗 VS 年齡之交叉分析

| | | 是否曾經去過廈門 | | 卡方值 | Sig |
		否	是		
20-30 歲	Frequency	105	146		
	Column %	41.8%	58.2%		
	Row %	52.2%	32.5%		
31-40 歲	Frequency	46	138		
	Column %	25.0%	75.0%		
	Row %	22.9%	30.7%		
41-50 歲	Frequency	27	108		
	Column %	20.0%	80.0%		
	Row %	13.4%	24.1%	25.84	0.000
51-60 歲	Frequency	16	46		
	Column %	25.8%	74.2%		
	Row %	8.0%	10.2%		
60 歲以上	Frequency	7	11		
	Column %	38.9%	61.1%		
	Row %	3.5%	2.4%		
總合	Frequency	201	449		
	Column %	30.9%	69.1%		
	Row %	100.0%	100.0%		

表 4-13　經由小三通前往大陸之經驗 VS 年所得之交叉分析

| | | 是否曾經去過廈門 | | 卡方值 | Sig |
		否	是		
30 萬元以下	Frequency	102	168		
	Column %	37.8%	62.2%		
	Row %	51.0%	37.4%		
31-50 萬元	Frequency	34	137		
	Column %	19.9%	80.1%		
	Row %	17.0%	30.5%		
51-70 萬元	Frequency	21	74		
	Column %	22.1%	77.9%		
	Row %	10.5%	16.5%	22.500	0.000
71-90 萬元	Frequency	19	36		
	Column %	34.5%	65.5%		
	Row %	9.5%	8.0%		
91 萬元以上	Frequency	24	34		
	Column %	41.4%	58.6%		
	Row %	12.0%	7.6%		
總合	Frequency	200	449		
	Column %	30.8%	69.2%		
	Row %	100.0%	100.0%		

伍、結論

在全球化的趨勢下，隨著安全概念之嬗變，因而產生的威脅之範圍與內容亦有廣泛的轉變。特別是非傳統安全逐漸受到重視的今日，環境議題因其領域具有豐富性和多樣性，對於安全所產生的威脅更是值得關注。本研究透過相關理論分析，並以實證研究方法，主要是用人口統計學的尺度和變項來表達環境安全本身，以及潛在地表達它對

於次級體系秩序的影響程度。由於本研究實施之對象,近七成左右的受訪者有經由小三通前往中國大陸的經驗,用以和未曾前往中國大陸之受訪者做比較,亦能顯現兩岸因小三通所造成在環境安全層面上的影響。結論發現,曾經由小三通前往大陸的受訪者在「小三通之後,我會憂慮大陸傳染病的傳播」、「我認為大陸的環境衛生欠佳」、「我認為大陸的傳染性疾病嚴重」等項具有極高的同意度,且相較於未曾前往中國大陸之受訪者具有顯著之差異。此外,對於「經由小三通前往大陸時,我會擔心生病與感染傳染病」之選項,有高達72%的受訪者深表同意(平均數為3.91),均足以說明金門地區民眾在兩岸擴大交流後對於環境安全上的隱憂。整體而言,金門民眾普遍會擔心小三通後金門地區的環境衛生安全之相關的問題,除了認為大陸的環境衛生欠佳,以及憂慮傳染病的傳播及傳染性疾病嚴重之外,其次在屬於環境污染的垃圾漂流問題,也是金門民眾非常擔憂的議題。由於地理位置因素,造成金門當地的環境衛生遭受從對岸漂來垃圾的污染,引起民眾憂慮,亦值得相關單位重視。

目前我國因兩岸交流所面臨來自中國大陸的安全威脅,已逐步擴大至「綜合性安全」的威脅概念之中,亦即除了傳統的軍事威脅之外,諸如屬於社會安全的非法走私偷渡與組織犯罪,以及經濟安全、資訊安全,甚至包括環境安全領域,都直接或間接對我構成挑戰,使得此等議題變得更為複雜。隨著兩岸交流、互動趨於頻繁,且由於中國大陸在許多疫病方面仍具有潛藏的危險性,在「均等化」原則的理論之下,對我環境安全的威脅性相對提高。由於金門地區曾經發生來自中國大陸感染源的口蹄疫事件,迄今對於金門民眾仍有揮之不去的陰影,也顯示大陸地區傳染病的威脅相當程度反映在金門民眾的心理上。兩岸在小三通之後,人貨往來遽增,對我可能產生環境安全上的威脅,變得更加複雜化。尤其中國大陸亦在潛在

且多元的非傳統安全威脅來源，包括環境污染、流行性疾病、資源短缺等問題，在環境安全方面造成的威脅更是不容小覷，本研究亦利用諸多案例加以分析。本研究的結果顯示，在小三通之後，金門民眾對於兩岸擴大交流後所產生對我環境安全方面的影響認知是比較負面的，對於本研究所評估的影響也產生了驗證的效果。

　　因應非傳統安全所帶來的威脅，各國政府莫不將其視為影響國家安全的重要因素，並且強調安全是建立在預防的基礎之上，進而在政策上強化防範的機制。小三通所帶來環境安全方面的隱憂尤其值得兩岸擴大交流之殷鑑，未來兩岸若實施三通，更應落實防疫、檢疫以及入出境口岸的管理機制，若無有效的管理機制，對我產生的環境安全威脅恐會與日俱增。基於人貨往來所造成的疫病感染仍是目前所面臨的較大隱憂，具體因應之道應在於建立兩岸之間疫情信息監控系統，以切實掌握疫疾病；另在入出境口岸方面，亦應加強對進出口貨物和人員的檢疫工作。此外，臺海海域間的走私、偷渡儼然是防疫上的一大漏洞，因此積極查緝兩岸之間的走私偷渡，亦是防範工作的一環。在金廈海域方面，我政府更應立即思考修正目前相關法令規定，避免造成兩岸人民錯誤的認知，導致走私與偷渡持續氾濫。有關防疫與環境衛生安全方面，兩岸政府更應隨時保持聯繫、達成共識，並建立互信機制，以確保雙方環境安全之無虞。尤其兩岸在處理相關情資方面，更要設置專責聯繫單位，並儘速建立共同打擊犯罪機制及司法互助，以及特別要聯繫中國大陸方面，加強邊境查緝，凡此皆是加強對執行環境安全保護的重要工作。

（本文發表於《全球政治評論》，第 20 期，2007 年 10 月，頁 53-82）

第二篇

旅遊篇

China's New Strategy towards Taiwan: Analyses of China's Lifting Ban on Outbound Tourists to Taiwan

Introduction

In November, 2005, a delegation of about 60 people, led by Shao Qiwei (邵琪偉), director of China's National Tourism Administration (NTA)（中國國家旅遊局）, arrived in Taiwan and expressed a desire to promote cross-Strait negotiations.[1] Since it was an informal convention that the Chinese government sent such delegations to the countries before listing them as Approved Destination Status (ADS)[2]（中國公民出境旅遊目的地）for Chinese tourists, the move was seen as a step towards the opening of Taiwan to Chinese tourists (Taiwan News, 2005, October 21, p.3). Although Taiwan's Mainland Affairs Council (MAC)（大陸委員會）claimed that the group's visit did not have anything to

---

[1] See the relevant reports on Mainland Affairs Council (MAC), "MAC—Press Release," November 6, 2005 (http://www.mac.gov.tw/english/english/news/05168.htm) (2007/09/22).

[2] Approved Destination Status (ADS) is a bilateral agreement on tourism. It allows the destination country to set up a tourist office in China, and to open market to tourists by organizing group leisure tours of minimum 5 people including a tour leader.

do with negotiations on opening Taiwan to Chinese tourism, the government has officially authorized the Travel Agency Association of Taiwan (TAA)（臺灣旅行商業同業公會）, a private organization, to arrange cross-Strait negotiations on this issue.[3] The incident signified a new cross-Strait interaction is taking place, and the PRC has in this regard switched to reconsider the situation from a different perspective, aiming at triggering mechanisms of economic exchanges and tourism-based tactics to resolve the cross-Strait political impasse and reduce bilateral animosity.

China's Open-door Policy in Tourism

Many countries attach great importance to the development of travel industry in a view to balancing the payments of their national economy and foreign exchange. As a developing country, China has been activating its tourism industry with great efforts since 1978 when the country established an open-door policy to tourists. The policy followed China's pursuit of a neoclassical approach by promoting its reform in the domestic and foreign economic policies that adopts the Chinese standard view of the 11th Plenum as the "turning point" in the history of the PRC's economic development (Luo, 2001: 29).

---

[3] See the relevant reports on "Chinese Tourism Group's Visit Next Week Approved," *Taiwan News*, October 21, 2005 (http://www.taipeitimes.com/News/taiwan/archives/2005/10/22/2003276858)(2007/09/22).

What is evident in the giant strides of domestic tourism is that great changes have taken place in the traditional concepts of leisure of the Chinese. Since China is a country with its agricultural economy occupying a decisive position in the national economy as a whole, the ideology of small-scale peasant economy, which has existed for thousands of years, has had a profound impact on the ideas of the people. Now that investment and tangible goods are not able to occupy all the surplus purchasing power of the residents, tourism, as one of the ways of spending one's money, began to be adopted by more and more people (Du, 2004: 28-36). Nonetheless, the adoption of the policy of reform and openness yielded a way to commercialization and rational disposal of tourism as far as ideology is concerned. By and large, the major reasons that contribute to the development of China's tourism industry include the implementation of the reform and openness policy by the Chinese government that greatly strengthens the sense of commercialization of the whole society. Furthermore, changes in the concepts of leisure are responsible for the growth of domestic tourism. As a consequence, domestic tourism in China has been on the rise by leaps and bounds in recent years, according the statistics offered by the NTA of China (See Table 1).

Table 1　Domestic Tourism in China (2000-2006)

	2000	2001	2002	2003	2004	2005	2006
Total Number of Tourists (Million Person)	744	784	878	870	1,102	1,212	1,394
Growth Rate (%)	----	5.4	12.0	*-0.9	26.7	10.0	15.0
Tourism Receipts (Billion Yuan)	317.5	355.2	387.8	344.2	471.1	528.6	622.9
Growth Rate (%)	----	10.9	10.1	*-11.2	10.0	12.2	17.8

＊The collapse in China's tourism industry in 2003 was caused by the outbreak of Severe Acute Respiratory Syndrome (SARS)

Source: National Tourism Administration of China, *The Yearbook of China Tourism Statistics*, 2000, 2001, 2002, 2003, 2004, 2005, 2006.

　　Upholding a policy of openness and reform for more than 20 years, China has made some achievements in the economic development, which brought about a change in people's perception of tourism, and recognition of tourism as an industry as well. In 1986, tourism industry was included in the program of national economy and social development, which signified the government's recognition of tourism as an economic industry. In 1992, the state government further identified tourism as a key industry among tertiary industries. In 1995, it was listed as the first industry to be vigorously developed among the tertiary industries in the "Ninth Five-year Plan for National Economy and Social Development," （中共中央關於國民經濟和社會發展第九個五年規劃；簡稱「九五規劃」）the position of tourism industry was thus established. In 1998 and 1999, the state government twice listed tourism industry as one of the new growth points of the national economy, and emphasized its importance in the economic development of the country.[4] In 2001, the State Council hosted the National Conference on Tourism Development, all indicating that the determination of the state government to develop tourism industry was thereby clearly demonstrated. Besides that, since the 1990s, the opening of China's travel service industry has been remarkably stepped up.

Concepts of China's Tourism-based Tactics

In recent years tourism has become one of the fastest growing sectors of the world economy and is widely recognized for its contribution to regional and national economic development (Seddighi & Theocharous, 2002: 437). For many countries tourism is still a new industry that have little experience in developing this sector of the economy, especially countries like China, where the tourism industry is in its early stages of development. However, the advent of the 21st century has created a new environment for the development of tourism industry in China, while China's entry into the World Trade Organization (WTO) has brought both promising opportunities and unprecedented challenges to the industry (Du, 2004: 484). China's tourism industry began its development in 1978 when China adopted its

---

[4] See Ma, Hai-in, "Analyses of the report regarding 'tourism' by the State Government (1979-2007)," April 27, 2007 (http://hanweb.capnet.com.cn/u8/www. bjta.gov.cn/lyzl/ztzl/100703.htm) (2007/09/12).

open-door policy. Due to the circumstances at the time, it was
impossible for China to follow the normal pattern of tourism
development, which is "to develop domestic tourism before developing
international tourism," instead, China adopted an extraordinary strategy
oriented toward a priority development of inbound sightseeing tours in
order to earn foreign exchanges needed in its economic growth (Shen,
1999: 20). Meanwhile, due to a general background of economic
globalization and changes in concepts of leisure of the Chinese people,
China also sped up the promotion of international cooperation by
developing its outbound sightseeing tours. Up to January 2007, China
has awarded ADS to 86 tourist destination countries and regions based
on a reciprocal relation,[5] allowing its citizens for traveling on their own
expenses. China's NTA has established 13 overseas liaison offices in
New York, Los Angeles, London, Paris, Frankfurt, Zurich, Madrid,
Tokyo, Osaka, Singapore, Sydney and Toronto, and in Asia Tourist
Exchange Center. Now that China has become a major player in the
international tourism market (Zhang & Lam, 2004: 45-52), it will be the
fourth biggest world outbound country by 2020.[6]

Since the 1990s, China's outbound tourism industry has had a
dramatic growth. By 2002, China's tourism outlay has turned out to be
the seventh in the world at US$1.31 billion. Therefore, tourism has
become an important leverage to help boost China's foreign relations

---

[5] Including China's Hong Kong SAR (Special Administrative Region), and Macao
SAR. See "China's ADS List" (http://www.ccontact.com/ADS_list.htm) (2007/09/13).
[6] See the report of "Tourism: 2020 Vision—Executive Summary" by World
Tourism Organization (1997), cited in Zhang & Chow (2004: 81).

(Fang, 2005: 61-97). Based on the concepts of global village and international tourism,[7] China tends to develop a so-called "tourism-based diplomacy" derived from the principle of "promoting politics through economics"（以經濟促政治）. This principle not only conforms to the concepts of China's "great power diplomacy"（大國外交）and "peaceful rise"（和平崛起）but also improves China's partnerships with other countries. Moreover, the tourism-based tactics are considered liable to eliminate the stereotype image of the "China Threat"（中國威脅論）in the community world, and helps China draw near to ASEAN countries as well as strengthen the relations with its neighboring countries (Fang, 2005: 78-87). Regarding China's dealing with tourism diplomacy, while China is granting ADS to its counterparts, bilateral relations and political considerations are more importantly emphasized. Evidence shows that between 2000 and 2005, a majority of countries belonging to the "third world" （第三世界） were awarded ADS by China, following Mao Zedong's （毛澤東） "three worlds" theory, which has been applied to China's diplomatic policy (Zhang, 2002:103). These countries are Vietnam, Cambodia, Burma, Brunei, Nepal, Indonesia, Malta, Turkey, Egypt, India, Cuba, Pakistan, Kenya, Zambia,

---

[7] Marshall McLuhan was the first person to popularize the concept of a global village and to consider its social effects. His insights were revolutionary at the time, and fundamentally changed how everyone has thought about media, technology, and communications ever since. For a comprehensive illustration on the concept of "global village," see Marshall McLuhan (1964: 358); International tourism attracts increasing attention from historians of foreign relations, and with good reason. For a comprehensive analysis on the importance of "International Tourism" in the globalized world, see Marie-Francoise Lanfant, John B. Allcock and Edward M. Bruner (1995: 25).

Zimbabwe, Tanzania, etc. More fundamentally, by politically manipulating ADS as a tool for promoting tourism diplomacy, China on one hand attempted to attain its goal of tourism attack. On the other hand, China plotted the ADS as a valve to prevent its outbound tourist from absorbing too much bad influences in some "unfriendly" countries, and thus hoped the negative impact of a quick democratization in China can be avoided.

For China, Taiwan is not regarded as a country that deserves a formal foreign relationship and diplomacy with China. Instead, the bilateral relations are dealt with as internal and domestic affairs from China's angle. However, tactics of tourism-based concepts still play an important role in the making of Beijing's policy towards Taiwan. The tactics reside in Beijing's revised Taiwan policy of "promoting politics through economy" and "promoting reunification through economy" （以經促統）.

Basically, in the making of Beijing's policy towards Taiwan, unlike their Party elders, the new leaders of the Chinese Communist Party (CCP) （中國共產黨） are more limited. The room for personal policy predilection is actually quite limited, and these limitations will only increase as China becomes more deeply enmeshed in a globalized world with each passing day (Chu, 2003: 960-80). In general, from the perspective of the policy-making process, any CCP individual leaders are not allowed much room to take political risks in dealing with Taiwan (Hsu, 2002: 130-64). More fundamentally, during the era of Reform a shared commitment among the CCP leaders to certain higher-level national strategic priorities—most importantly the nation's fundamental interests in maintaining a peaceful and stable surrounding environment for the sake of economic modernization—has facilitated the development of intra-Party consensus over the basic policy concerning the Taiwan issue. It has been widely shared among the CCP leaders that, as long as the prospect of peaceful reunification is effectively preserved, there is neither the urgency nor the strategic imperative to force a final resolution of Taiwan issues before China accomplishes its modernization task (Chu, 2003: 962). In other words, reunification is no more urgency for the new CCP leaders than a mission for the long haul.

Under such circumstances, for the Chinese new leaders, the concept of linking economic globalization to regional economic cooperation appeared for the first time in China's Taiwan policy when Chinese Vice Premier Qian Qichen（錢其琛）talked about the impact of globalization on cross-Strait relations. Qian made his statement as an objective description of the international trend to mark the sixth anniversary of President Jiang Zemin's（江澤民）"Eight Points"（江八點）speech.[8] Taking advantages of the trend, China aims to unite the two sides first and then make use of relations between them to adapt to globalization. More obviously, during Hu Jintao's （胡錦濤） administration, the government has stopped promoting immediate reunification under one country, two systems in favor of a more gradual approach of increasing economic and cultural integration. Actually, the combination of both soft and hard approaches were apparent in the

---

[8]   See the relevant reports on Tung Li-wen, "China's New Propaganda Strategy," *Taipei Times*, February 9, 2002 (http://www.taipeitimes.com/News/editorials/ archives/2002/02/09/123428/) (2007/09/23).

"Anti-Secession Law,"（反分裂國家法）which was passed in March 2005, and in the unprecedented meeting between Hu and former Kuomintang (KMT) leader Lien Chan （連戰）in April 2005, seen by commentators as an embrace of a status quo.[9] Currently, it is still unclear how China will deal with the relationships between globalization, regional economic cooperation and cross-Strait economic-cooperation mechanisms, but Beijing is rethinking its policy towards Taiwan in a more active way based on its own concept of reunification through economic exchanges. Thus, the tourism-based tactic is undoubtedly one of the priorities.

Examining China's Taiwan Policy: From the Perspective of "Promoting Politics through Economy"

For China's leaders, the Taiwan issue is inextricably related to national self-respect and regime survival. Today, China's main objective is not to assert direct territorial rule over Taiwan but to avoid the island's permanent loss. Consequently, the Chinese leadership will not jettison the one-China principle, the recognition of which remains a precondition to any serious political negotiations with Taipei (Swaine, 2004: 39-49). However, in recent years, China has been expecting a stable

---

[9] See the relevant reports on "Hu Jintao's Taiwan Policy," Wikipedia, the Free Encyclopedia, September 18, 2007 (http://en.wikipedia.org/wiki/Hu_Jintao# Taiwan) (2007/09/23).

development of cross-Strait relations aiming at broadening the scope of economic exchanges even though China's National People's Congress (NPC)（全國人民代表大會）approved the "Anti-Secession Law." Conversely, instead of adopting a hard-line on Taiwan, Beijing attempted to shift the focus of the world and ease bilateral tensions across the Taiwan Strait by allowing both former KMT chairman Lien Chan and chairman of People First Party (PFP)（親民黨）James Soong （宋楚瑜）to visit China. This indicated an unprecedented move to facilitate exchanges between political parties across the Taiwan Strait and de-escalate tensions resulting from the promulgation of the "Anti-Secession Law."[10]

Generally speaking, there has been a fundamental and radical change in China's Taiwan policy since Hu's reign, especially in 2005. Following the visits by Lien and Soong to China, Beijing continued to implement its Taiwan policy and the pledges it made to the Taiwanese. These include the offer of tariff-free imports of 15 Taiwanese fruits, the normalization of cross-Strait direct charter flights, the approval of Chinese tourists traveling to Taiwan, the assistance to Taiwanese intending to acquire entry into China and Taiwanese seeking employment in China, charging Taiwanese students in China the same tuition fee as it charges the Chinese students, and offering special loans for Taiwanese businessmen, etc. These are all unprecedented, open and

---

[10] Please refer to Ming-Yi Wang, "An Overview of China's Taiwan Policy Following the Promulgation of the 'Anti-secession Law'," *Peace Forum*, February 9, 2006(http://www.peaceforum.org.tw/onweb.jsp?webno=33333332 17&webitem_no=1623) (2007/09/23).

pragmatic policies and measures taken by Beijing since the Chinese leadership agreed to step up cross-Strait exchanges in November 1987. However, the political pundits all agree that Hu is now actually adopting a carrot-and-stick approach in dealing with the Taiwan issue.[11]

Another single distinct event that attracted public attention was that the Fifth Plenary Session of the 16th Central Committee of the CCP（中國共產黨第十六屆五中全會）ratified the "11th Five-year Plan"（十一五規劃）in October, 2005. The plan was fundamentally emphasized the need to take enhancement of independent innovative capability as the strategic base for scientific and technological development and as the central link in the adjustment of economic structure and transformation of the mode of economic growth, and strive to blaze a trail of scientific and technological innovation with Chinese characteristics (People's Daily, 2005, October 11, p.2) More precisely, the main objectives of the 11th five-year plan, which spans the period from 2006 to 2010, are to reduce the growing income gap between China's rural and urban populations and boost innovation in science and technology (Hong Kong Daily, 2006, March 15, p.4).

One of the noteworthy policies included in Beijing's 11th five-year plan is that China's Fujian province has been actively projecting a so-called "Taiwan Strait West Coast Economic Zone."（臺灣海峽西岸經濟區；簡稱「海西區」）The zone is based on two main foundations, namely, unilaterally offering Taiwanese businesspeople favorable treatments and establishing a bilateral agreement on mutually beneficial

---

[11] *Ibid.*

exchanges. For the time being, the idea of planning the west coast economic zone is by no means an infeasible idea for creating a win-win situation for both Taiwan and Fujian. In the first beginning, Beijing bore the brunt of challenging the government of Taiwan that criticized China's plan as a "political scheme" aimed at "localizing Taiwan's government" and turning Taiwan into another regional economy similar to Hong Kong.[12] Even if the Taiwanese government were willing to authorize an appropriate representative to negotiate with the Fujian provincial government on its behalf, there would still be a great number of difficulties in executing such a plan. Most importantly, any attempts to set up closer economic exchanges or cooperation frameworks will run into a great deal of problems at both the negotiation and realization stages (Tung, 2006: 20-31). However, according to the Chinese authorities, the project not only explores the economic implications to the cross-Strait relations and to the economic integration of the west coast of the Taiwan Strait, but also emphasizes that given the homogeneous nature of language, custom, culture etc., and complementary nature of the economies between the two sides of the Strait, the economic zone will speed up the economic integration across the Strait and promote the final peaceful reunification of China.

From a brief and clear overview, China has been manipulating Fujian province to augment exchanges and strengthen relations with

---

[12] See the relevant reports on "MAC (Mainland Affairs Council) Says China's Economic Plan 'Politically Driven'," *Taiwan Headlines*, March 28, 2006 (http://english.www.gov.tw/TaiwanHeadlines/index.jsp?categid=8&recordid=928 16) (2007/09/23).

Taiwan since 1979, based on the strategic consideration of "reunification of motherland" （祖國統一）(Kuo, 2005: 120-25). In recent years, China's Taiwan affairs that have been implemented by Fujian province either unilaterally or bilaterally approved include: establishing 6 investment zones for Taiwanese businesspeople, setting up 2 business cooperation experimental zones in Zhangzhou （漳州）and Fuzhou（福州）, regulating experimental districts of small-amount maritime trade with Taiwanese fishermen, opening up 8 universities to recruit Taiwanese students, allowing Xiamen （廈門） and Fuzhou authorities to release visas of five-year validity to Taiwanese people, and inaugurating the "Mini Three Links" （小三通）in Xiamen and Fuzhou with Kinmen （金門）and Matsu （馬祖）of Taiwan, etc.

Undoubtedly, in the making of China's policy towards Taiwan, Xiamen is entitled with a leading role of a pivotal city in the city belts of Xiamen, Zhangzhou, Quanzhou （泉州）, and Kinmen of Taiwan. The future of Xiamen has been depicted as an arching moon with one core, two rings, one main town, four supportive towns and eight subordinate sectors, aiming at taking the initiative in forging closer economic ties with the cities of Zhangzhou and Quanzhou to help the Strait West Coast Economic Zone take shape and take off.[13] In the meantime, being an integral part of Fujian's blueprint to develop the Strait West Coast Economic Zone, building Xiamen is also Beijing's attempt to integrate the whole area of the Taiwan Strait both economically and politically. Due to their geographical proximity, similar customs and culture with

---

[13] Zhan Bian. 2005. "Xiamen to Play Leading Role in Economic Zone." *China Daily*, May 17.

Fujian province, Kinmen, and Matsu, the two offshore islands of Taiwan, are included in the zone by China.

China's Tourism Strategy towards Taiwan: Case of the "Mini Three Links"

In the beginning of the 21st century, the suspension over the past nearly 50 years between China and Taiwan's Kinmen and Matsu was ended by a so-called "Mini Three Links" policy,[14] owing to a concession between the governments of both sides of the Taiwan Strait. This policy temporarily reflected an accommodation between the two sides after such a long period of confrontation. More fundamentally, the policy was made possible as a result of diminishing domestic pressure on the stalled opening of full direct links on Taipei's side (Chen, 2005: 48-61). Basically, there are six areas identified in which detailed plans have been fleshed out, including transportation, passengers, trade, currency, quarantine, and shipping, among which passengers transportation is most favored. Residents of the outlying islands may be the only ones eligible to take advantage of cross-Strait transportation

---

[14] The three links are direct transportation, mail service and trade across the Taiwan Strait. Cross-strait exchanges were totally cut off when President Chiang Kai-shek moved his Kuomintang government to Taipei in 1949, and currently visitors, mail and trade are rerouted through a third country or territory, like Hong Kong, although three "mini links" are in place between the offshore island of Kinmen (Quemoy) and Amoy (Xiamen) in the Chinese province of Fukien (Fujian) as well as between Matsu and Foochow (Fuzhou). See, Hung (2002: 20).

during the early stages of implementation of the "mini links", because the legal basis for the "mini links" is the "Offshore Island Development Act." （離島建設條例）　Upon fully implementation, travelers from Taiwan will most likely have to pass through the outlying islands, with the intermediate ports there treated as third-country transshipment centers.

Interestingly, at first Beijing was uninterested in the policy and reflected official position that the "mini links" were not identical to the "direct links" （三通）that China has been hoping for, and that limited links projected by Taipei will not meet the needs of cross-Strait interaction (United Daily News, 2000, December 29, 2000, p.2). Even though Beijing was highly critical of the policy, PRC Foreign Ministry stressed that since the "mini links" will be beneficial to the people living on Kinmen and Matsu, the mainland will seek to facilitate their implementation. That Beijing had dropped its opposition to the links and had switched instead to active support was based on the perception of manipulating the policy in a strategic way from a neutral position to a dominant and advantageous position.

According to the official statistics, between 2001 and 2006 passengers traveling via "mini links" from Xiamen to Taiwan (including to Kinmen) accounted for only 64,322, outnumbered by those who traveled from Taiwan to Xiamen, which accounted for as many as 832,552.[15] Government statistics also showed that between January and July in 2007, tourists (including businesspeople) from Taiwan to Xiamen

---

[15] Please refer to "Statistics of Kinmen Harbor Administration," Kinmen County Government (2007).

Table 2   Visitor Numbers between Xiamen and Kinmen

Year	Total number of tourists	Tourists from Kinmen to Xiamen	Tourists from Xiamen to Kinmen
2001	10,689	9,738	951
2002	27,190	26,151	1,039
2003	81,718	78,782	2,936
2004	205,182	195,317	9,865
2005	258,636	244,504	14,132
2006	313,459	278,060	35,399
Total	896,874	832,552	64,322

Source: Kinmen County Government, Statistics of Kinmen Harbor Administration, 2005.

totaled 192,575, while the mainland tourists to Kinmen totaled only 28,312,[16] all indicating that the implementation of the "mini links" turned out to Beijing's advantage. Table 2 shows the total arrivals of visitors between Kinmen and Xiamen via the route of "mini links."

Beside, evidences showed that in the past few years Beijing has been constantly adjusting its "mini links" policy—from conservatism to incremental openness. In September of 2002, when Chinese Vice Premier Qian Qichen paid an inspection to Fujian province, the proclamation of the policy that allowed the mainlanders to tour on Kinmen was first approved. In the ensuing year when Qian inspected Fujian again, detailed guidelines were added in the policy, which according to Qian's perception stressed that Fujian would be by no means least involved in Beijing's policy-making towards Taiwan and could be more flexible and pliable, due to their geographical proximity

---

[16] *Ibid.*

and cultural similarity. Moreover, given the more favorable position after the "mini links", Kinmen and Matsu are plotted in Beijing's two breakthrough points to further expand the implementation of the links (Chen, 2005: 57).

Under such guidelines, the announcement made by Fujian authorities in 2004 allowed citizens of Fujian province to make Kinmen and Matsu-bound tourism trips before the end of the same year, also saying that this openness would reflect the spirit of the "Mini Three Links" that Taiwan initiated nearly three years ago aimed at bolstering exchanges between people from both sides of the Taiwan Strait.[17] The quick change of China's policy and strong support for the "mini links" represented Beijing's thoughtful strategies and considerations, which had meanings and impact as follows:

(1) China hoped to set up cooperative ties and joint efforts for the promotion of tourism resources, and economic entities in the region of Fujian province, and Kinmen, Matsu of Taiwan. This tourism-related strategy aimed at integrating the tourism zone of the west coast of the Strait, in line with Beijing's plan of "Taiwan Strait West Coast Economic Zone." With a view to fulfilling this project, Fujian authorities has mapped out a plan

---

[17] Taiwan opened direct postal, trade and shipping links between Kinmen and Matsu and Xiamen and Mawei (馬尾) in January 2001. However, China up to this point did not allow its citizens to travel to Kinmen and Matsu for leisure trips until the end of 2004. See the relevant reports on "Matsu Welcomes China's Decision to Allow Tourist Visits," *Taipei Times*, September 27, 2004 (http://english.www. gov.tw/TaiwanHeadlines/index.jsp?categid=10&recordid=55731) (2007/09/23).

to open tourists from the "Pan Pearl River Delta"[18]（泛珠江三角洲）to make a tour on Kinmen and Matsu.[19]

(2) During the reign of Hu Jintao, Beijing's policy towards Taiwan tends to be, on one hand, "unyielding to hardness" politically when touching on the bottom line of "One-China Policy" （一個中國原則）and "Independence of Taiwan," as it adopted the "Anti-Secession Law." While on the other hand, Beijing seems to be "pliable to softness" when it attempts to set up closer economic exchanges or cooperation frameworks with Taiwan. The "mini links" provided a leeway for China to make up with Taiwan in dealing with tough things that occurred in the bilateral relations.

(3) Beijing's strong support for the "mini links" justified the means of its strategy to segment the Kinmen and Matsu affairs from those of Taiwan. Tactically, the segmentation may have impacts on Taiwan's internal debates and ambivalence over cross-Strait matters. For instance, 72.8% of the respondents in Kinmen favored the policy that helped break the stalemate across the Strait in the past 50 years,[20] causing voices of separatism in

---

[18] The "Pan Pearl River Delta" consists of nine provinces of China－Guangdong（廣東）, Guangxi（廣西）, Sichuan（四川）, Yunnan（雲南）, Guizhou（貴州）, Hunan（湖南）, Jiangxi（江西）, Fujian（福建）, Hainan（海南）.

[19] See the relevant reports on "Mainlanders' Tour on Kinmen & Matsu Opened to the Nine Provinces of Pearl River," *People's Daily*, June 30, 2005 (http://tw.people.com.cn/BIG5/14810/3507891.html) (2007/09/25).

[20] Opinion poll conducted by Ming Chuan University of Kinmen Campus, December 28, 2004.

Kinmen, a once impregnable fortress and battlefront in defense of Taiwan against China's attack.

(4) To avoid an overall opening up of tourists to Taiwan that may cause sudden and significant impact on China's society, China deliberated upon the step-by-step scheme which allows its tourists to travel via "mini link" to the three offshore islands of Taiwan, namely, Penghu （澎湖）, Kinmen, and Matsu. When Qian Qichen officially inspected Fujian province in China in 2002, he elaborated the "mini links" policy and stressed that "opening up tourism in Taiwan for Chinese tourists is feasible, and Kinmen is the first destination we try before moving forward to Taiwan" (Lin, 2004: 93). Qian's comments connote that China is making use of the "mini links" as a transition, aiming at transferring to next destination—Taiwan.

China's New Tourism-based Policy towards Taiwan

Regarding China's Taiwan policy in the past few years, it is found that Beijing's tactics tend to be even more multi-faceted and sophisticated. The combination of both soft and hard approaches is apparent during the reign of Hu Jintao. Politically, although Beijing has moderated its saber-rattling at Taiwan, the cross-Strait confrontation remains in place. Militarily, with the consent of its NPC, Beijing's adoption of the "Anti-Secession Law" serves to provide a legal basis for the use of "non-peaceful" means to oppose the cause of Taiwan independence, and its military drills directed at Taiwan on the southeast coast of China have yet to abate. Moreover, on the diplomatic front, China continues to oppress Taiwan through the meetings of WHO, WTO and APEC, and its intentions have yet to change in spite of the meetings between leaders of the CCP and the KMT. Nonetheless, negotiations over cross-Strait affairs such as direct charter flights and the links, especially the "mini links", are still under way and have made a breakthrough (United Daily News, 2005, June 1, p.A13). In addition, director of China's NTA also led a delegation to visit Taiwan and urged both sides of the Strait to hold negotiations.[21]

In accordance with its consequential decisions, Beijing made some pivotal tourism-oriented policies towards Taiwan after its "Anti-Secession" legislation in 2005. On May 20 of the same year, China's NTA announced its polar policy to allow Chinese tourists to travel to Taiwan. Besides that, following the meeting between former KMT chairman Lien Chan and Chinese President Hu Jintao, Beijing has announced the "Measures for the Administration of Chinese Citizens Traveling to or from the Region of Taiwan," （中國公民往來臺灣地區管理辦法） signifying China's "tourism stratagem warfare" modeled in

---

[21] Shao Qi Wei, Chairman of the China National Tourism Administration, pointed out during a visit to Taiwan that there already exist basic conditions for Chinese tourists to visit Taiwan and urged both sides of the Taiwan Strait to hold negotiations early on to complete the necessary arrangements. See "Chinese Tourism Chief Urges Negotiations for Mainlanders to Visit Taiwan," *CENS*, November 7, 2005 (http://news.cens.com/php/getnews.php?file=/news/2005/11/07/20051107004.htm&daily=1) (2007/09/23).

the concept of "tourism-based diplomacy" against Taiwan has formed and gone into high gear. In response to Beijing's initiative, Taiwan acknowledges that details of the measures hinge on negotiations with Beijing.[22]

Currently, two categories ("category 2" and "category 3") of Chinese nationals are permitted to enter Taiwan and Taipei is planning to revise the policy regulating cross-Strait tourism to allow as many as 1,000 Chinese tourists to enter Taiwan per day for stays of up to 10 days. "Category 2" is those visiting a third country or conducting business via a third country, while "category 3" is those residing or studying overseas (including Hong Kong and Macao).[23] The new initiative means Chinese travelers will hereafter be divided into four major groups, depending on their destination, and Chinese outbound tourists to Taiwan will be classified into the fourth group, which is most recently mandated.[24]

Although Chinese authorities insist that tourism belongs to civil affairs, actually the decision-making relies on the guidance of the

---

[22] See the relevant reports on "China Tours Hinge on Beijing," *Taipei Times*, August 5, 2005 (http://english.www.gov.tw/TaiwanHeadlines/index.jsp?categid=8&recordid=54701)(2007/09/23).

[23] "Category 1," which isn't opened yet, is those traveling from China via Hong Kong and Macao.

[24] The other three groups are: (1) Those going to "other" countries, who are covered by the 2002 "Measures for the Administration of the Overseas Tours of Chinese Citizens;" (2) Tourists going to Hong Kong and Macao, covered by the "Notice of the State Administration of Tourism on the Relevant Issues concerning the Travel Agencies' Organizing Inland Residents to Travel to Hong Kong and Macao"（關於旅行社組織內地居民赴香港澳門旅遊有關問題的通知）, also issued in 2002; (3) Those going to neighboring countries, covered by the "Interim Measures for the Administration of Tours of Neighboring Countries"（邊境旅遊暫行管理辦法）of 1997.

Leading Division of Taiwan Task (中共對臺工作領導小組) headed by Hu Jintao.[25] From this angle, China's opening of tourists to Taiwan appears to be politically involved in terms of Beijing's motivation and ramifications. The tourism-bound policy has many unforeseen ramifications such as follows:

(1) The detailed measures concerning the policy depend on negotiations between both sides of the Taiwan Strait. The Taiwanese government claims that China has to first include Taiwan in its list of ADS before Beijing and Taipei can conduct further negotiations. However, Beijing has yet to respond to Taiwan in this regard. This raises problems as, on one hand, an ADS isn't generally included on the list before negotiations are completed, and on the other, according to the "Measures for the Administration of the Overseas Tours of Chinese Citizens," (中國公民出國旅遊管理辦法) from which the ADS system is originated, taking a trip to Taiwan is not actually considered an overseas tour.

(2) According to Article 4 of the "Measures for the Control of Chinese Citizens Traveling to or from the Region of Taiwan,"[26]

---

[25] The Leading Division of Taiwan Task functions as the top organization to deal with Taiwan affairs. The Division is directly supervised and commanded by the Politburo Standing Committee of the Communist Party of China (中國共產黨中央政治局常務委員會), which is a committee whose membership varies between 5 and 9 and includes the top leadership of the Communist Party of China. At the 2002 16th Party Congress, the Standing Committee was expanded to include nine members, the country's most influential leaders headed by Hu Jintao. See The Bureau of Investigation (2003: 172).

[26] The content of Article 4 is as follows: "For entering the Mainland, Taiwan

which stipulates that Taiwanese travel agencies receiving Chinese tourists must be approved by China's NTA, the implication lies in that China will have tight control of Taiwanese travel agencies that receive Chinese tourists, absolutely different from that China does not actively regulate overseas travel agencies doing so.

(3) Currently, there are still controversial opinions of the so-called "1992 Consensus"（九二共識）in the political arena of Taipei. It remains to be seen whether Beijing will find it acceptable if Taipei continues to deny the existence of this consensus, or will manipulate the cross-Strait tourism negotiations based on the consensus in its favor. Whatsoever, given that Hu Jintao recently reiterated that both sides of the Taiwan Strait should stick to the one-China principle and accept the "1992 Consensus," which is the precondition of any talks aimed to achieve substantial results,[27] it is predictable that if Taipei denies the consensus, Beijing will undoubtedly re-emphasize the one-China principle and refer the cross-Strait tourism to a domestic level.

---

residents shall pass through open ports or other designated ports of entry and exit on the strength of the travel certificates signed and issued by the competent organs of the State." See "Measures for the Control of Chinese Citizens Traveling to or from the Region of Taiwan" (http://cns.miis.edu/straittalk/Appendix%2061.htm) (2007/09/18).

[27] See the relevant reports on "Hu Jintao Sets Four Viewpoints on Cross-Strait Ties," *Xinhua News Agency*, May 12, 2005 (http://www.china.org.cn/english/features/Leaders/128695.htm) (2007/09/18).

(4) Judging from the opening up of "category 2" and "category 3" Chinese tourism in 2002, a unilateral consent of opening of Taiwan to Chinese tourists on a larger scale without any prior negotiation would probably have an impact of insignificance. However, taking the implementation of the "mini three links" in 2001 for example, China has taken initiative in using the opening up of "category 1" as gambits to obtain an advantageous position politically and economically in the future negotiations with Taiwan.

Conclusion

China has set the targets for the development of its tourism industry in the country's 11th Five-Year Program period (2006-2010) as follows: By 2010, the annual revenue from international travel service will hit US$53 billion.[28] And according to figures released by the Chinese Academy of Social Sciences（中國社會科學院）and the National Bureau of Statistics （中國國家統計局）, private and leisure visits abroad by Chinese citizens in 2005 numbered around 25 million, and that figure could rise to some 35 million in the ensuing year (Taipei

---

[28] See the relevant reports on "China Sets Five-year Targets for Tourism Industry," *Asia Pulse News*, Jan. 11, 2006. For a comprehensive illustration on the Plan, also see Ma Kai, Chairman, National Development and Reform Commission (NDRC) of the PRC, "The 11th Five-year Plan: Targets, Paths, and Policy Orientation," *NDRC News*, March 19, 2006 (http://en.ndrc.gov.cn/newsrelease/t20060323_ 63813.htm)(2007/09/24).

Times, 2006, July 6, p.4). As the Chinese authorities claimed, China has already become the biggest source of travelers within Asia. From economic perspectives, the impact of Chinese outbound tourism must not be ignored.

Due to economic globalization and demand of international tourism, tourism industry in China started to develop in the late 1970's. Meanwhile, China's reform and opening policy brought about favorable changes in its economic environment whereas government support helped facilitate the growth and improvement of its tourism industry. As a result, China has been forecast to become the most visited international destination, with 137.1 millions of international tourist arrivals by 2020. As a source of international tourists, China has also been predicted to reach 100 millions of outbound tourist departures by the same year (Cervera, 2005: 340). There is little doubt that tourism is and will continue to be an important element in the economic life of China as well as the world.

As China is speeding up the promotion of international cooperation by developing its outbound sightseeing tours, however, its tourism-bound policy can not be regarded simply as economic orientation and impingement. China's tourism-based strategy is even more politically plotted on some aspects, such as to wash out the image of the "China Threat" in the global world, and to improve the relations with its neighboring countries. In terms of China's policy to Taiwan, the concept of peaceful reunification and economic exchanges is bound to exert immense political leverage and influence. Furthermore, in light of the rise in globalization, regional security, and national interest in which the current stage of cross-Strait interaction is taking place, the PRC has learnt to really think outside the box as the old methods were just leading to dead ends.

Judging from the manipulativeness in tourism strategy that the Chinese government is employing for political reasons, it remains to be seen if both sides of the Taiwan Strait will wield considerable political clout over each other. Although China has taken initiative in showing willingness to lift the ban on its tourists to Taiwan, the impact of a unilateral opening without any prior negotiations with Taiwanese government would probably be of no significance. Before that the "Mini Three Links" will remain and operate as a cross-Strait buffer and arrangement will be made to release more Chinese tourists in the offshore islands of Taiwan. It is foreseen that an immediate and overall opening up of Chinese tourists to Taiwan will be fairly impossible. The future development will encounter some problems, and as a consequence, limitations are inevitable base on the following beliefs. First, Beijing will not find it acceptable if Taipei continues to deny the existence of "1992 Consensus" and to focus on the debates over sovereignty issues. Second, given that China is an authoritarian state and still maintains tight controls over outbound tourism, especially to democratic Taiwan, China is likely to assess a step-by-step opening to reduce the negative impact on Chinese society. Third, before detailed issues are solved including the ADS, which is one of the most complicated, China will continue to use the opening up of "category 1" as gambits to obtain an advantageous position by mixing talks and procrastination. Citing China and Japan for example, it took three years for both countries to ink a deal on tourism-related agreements.

　　Undoubtedly, the opening up of Chinese tourism to Taiwan will be the center of public attention in the future cross-Strait negotiations to augment the scope of exchanges. Referring to Taiwan's attitude towards China's new tourism policy, what can not be overlooked is that factors involved in the policy-making of Taiwanese government with respect to allowing PRC citizens to visit Taiwan do not just concern matters of overall benefit to Taiwan's economy but also considerations of national security. As one of the two biggest attractions for Chinese tourists besides Taiwan, the US is deeply worried about the potential for illegal immigration, and feels its national security could be severely threatened once easy tourism becomes a convenient disguise for spying and espionage. In addition, the government of Taiwan will need to take into account factors such as the degree of sufficient preparations, regulatory measures and Taiwan's numerical "carrying capacity" for PRC tourists.

（本文發表於《臺灣國際研究季刊》，第 3 卷第 3 期，2007 年 10 月，頁 187-213）

References

Camilleri, Joseph.   1979.   *Chinese Foreign Policy: The Maoist Era and Its Aftermath*.   Washington: University of Washington Press.

Cervera, Joan Enric Capellai. 2005. "China as an Incipient Foreign Destination for Spanish Tourists." In Lew, Alan A., ed. *Event Tourism and Destinaiion Management*. Beijing: CNTA Press. pp.339-354.

Chen, Chien-min.   2005.   "China's Strategies Towards the Kinmen-Xiamen 'Mini Three Links.'"   *Prospect & Exploration*, Vol. 3, No. 5, pp.48-61.

Chu, Yun-han.   2003.   "Power Transition and the Making of Beijing's Policy towards Taiwan."   *The China Quarterly*, No. 176, pp.960-80.

Du, Chiang.   2004.   "Economic Development in China and Changes in Concepts of Leisure of the Chinese," in Du Chiang, ed. *Selected Works of Tourism Research*. Beijing: Tourism Education Press. pp.28-36.

Du, Chiang.   2004.   "On the Development of Tourist Service Infrastructure in China," in Du Chiang, ed. *Selected Works of Tourism Research*. Beijing: Tourism Education Press. pp.332-356.

Fan, Shih-pin.   2005.   "A Policy Analysis on China's Tourism-based Diplomacy: A Case Study of Outbound Tourism Developments." *Studies of Mainland China*, Vol. 48, No. 2, pp.61-97.

Fan Shih-ping.   2006.   "Are Chinese Tourists Really Able to Come?"   *China Times*, April 17, p.A15.

Fan Shih-ping.   2006.   "Politics is Politics; Tourism is Tourism."   *China Times*, June 7, p.A15.

Harding, Harry.   1987.   *China's Second Revolution: Reform after Mao*. Washington: Brookings Institution.

Hsu, Szu-chien. 2002. "The Impact of the PRC's Domestic Politics on Cross-Strait Relations." *Issues & Studies*, Vol. 38, No. 1, pp.130-64.

Hung, Joe. 2002. "Cross-Strait Relations: Ice and Fire." *Forum on National Policy*, Vol. 2, No. 7.

Kim, Samuel S. 1994. "China and the World in Theory and Practice," in Samuel S. Kim, ed. *China and the World: Chinese Foreign Relations in the Post-Cold War Era*, pp. 3-41. Boulder: Westview Press.

Kuo, Rei-hwa. 2005. "West Coast Economic Zone and Fujian's Tasks of Taiwan." Symposium on Cross-Strait Political & Economic Development, National Kinmen Institute of Technology, Taiwan, December 20-24, pp. 120-25.

Lampton, David M. 2001. "China's Foreign and National Security Policy-Making Process: Is it Changing, and Does it Matter?" in David M. Lampton, ed. *The Making of Chinese Foreign and Security Policy in the Era of Reform, 1978-2000*. Stanford: Stanford University Press. pp. 1-36.

Lamwrence, Alan. 1975. *China's Foreign Relations Since 1949*. London: Routledge and Kegan Paul.

Lanfant, Marie-Francoise, John B. Allcock, and Edward M. Bruner. 1995. *International Tourism: Identity and Change*. London: Sage.

Lemon, Sumner. 2006. "China's NPC Approves 11th Five-year Plan." *Hong Kong Daily*, March 15.

Lin, Chang-hwa. 2004. *The Role Kinmen Plays in Constructing Xiamen the Center City on the Southeast Coast*. Xiamen: Xiamen City Government.

Luo, Qi. 2001. *China's Industrial Reform and Open-Door Policy 1980-1997*. Aldershot: Ashgate.

McLuhan, Marshall. 1964. *Understanding Media*. London: Routledge.

Nathan, Andrew J., and Robert S. Ross. 1997. *The Great Wall and the Empty Fortress: China's Search for Security*. New York: W. W. Norton & Company.

National Tourism Administration of the People's Republic of China. 2000. *Statistics Report for China's Tourism Industry in 1999*. Beijing: China Tourism Press.

National Tourism Administration of the People's Republic of China. 2000, 2001, 2002, 2003, 2004, 2005, 2006. *The Yearbook of China Tourism Statistics*. Beijing: China Tourism Press.

Oaks, Tim. 1998. *Tourism and Modernity in China*. N.Y.: Routledge.

Pearce, Philip L. 1982. *The Social Psychology of Tourist Behavior*. Oxford: Pexgampn.

Seddighi, H. R., and A. L. Theocharous. 2002. "A Model of Tourism Destination Choice: A Theoretical and Empirical Analysis." *Tourism Management*, Vol. 23, No. 5, p.437.

Shen, Bao-jia. 1999. *Principle of Tourism*. Shanghai: Xuelin Press.

Shih, Hsiu-chuan. 2005. "Taiwan is Getting Ready for Affluent Chinese Tourists." *Taiwan News*, October 21.

Swaine, Michael. 2002. "Chinese Decision-making Regarding Taiwan, 1979-2000," in David M. Lampton, ed. *The Making of Chinese Foreign and Security Policy in the Era of Reform*. Stanford: Stanford University Press. pp. 289-336.

Swaine, Michael. 2004. "Trouble in Taiwan." *Foreign Affairs*, Vol. 83, No. 2, pp.39-49.

The Bureau of Investigation. 2003. *An Overview of Mainland China*. Taipei: Prospect & Exploration Press.

Tu, James. 2006. "Tourist Smoke and Mirrors." *Taipei Times*, July 6.

Tung, Chen-yuan. 2006. "Prospects of the Taiwan Strait West Coast Economic Zone." *Taiwan Perspective*, No. 89, p. 20.

World Tourism Organization. 1997. *Tourism: 2020 Vision—Executive Summary*. World Tourism Organization.

WTO. 2003. *Tourism Highlights*. Spain: World Tourism Organization.

Wu, Yongping, and Wu Zhiming. 2005. "Development Strategy of the Taiwan Strait Tunnel and Taiwan Strait Economic Zone." Paper presented at the International Conference on Energy, Environment and Disasters, Charlotte, NC, USA, July 24-30.

Zhan, Bian. 2005. "Xiamen to Play Leading Role in Economic Zone." *China Daily*, May 17, p.4.

Zhang, Yongjin. 2002. "International Relations Theory in China." *The China Journal*, Issue 47, pp. 101-108.

Zhang, Hanqin Q. and Ivy Chow. 2004. "Application of Importance-performance Model in Tour Guides' Performance: Evidence from Mainland Chinese Outbound Visitors in Hong Kong." *Tourism Management*, Vol. 25, No. 1, pp. 81-91.

Zhang, Qiu, and T. Lam. 2004. "Human Resources Issues in the Development of Tourism in China: Evidence from Heilongjiang Province." *International Journal of Contemporary Hospitality Management*, Vol. 6, No. 1, pp. 45-52.

中國大陸開放旅遊與現代化

壹、前言

　　隨著全球化的進程，世界各國對於整體經濟戰略也做了調整，其中旅遊業的發展佔了相當重要的一環。因應世界觀光產業發展形勢的變化，中國大陸對於旅遊業重要性的認知也起了重大的調整。在改革開放初期確定了旅遊業發展政策的基本目標是爭取四個現代化建設急需的外匯，經過了二、三十年的時間，中國大陸因為發展旅遊，不僅爭取龐大的外匯，也增加了財富和競爭力，從而帶動了經濟發展。[1]根據預測，中國大陸在 2010 年從發展國際旅遊所得到的年收入將高達 530 億美元左右，[2]此外，到了 2020 年中國大陸亦將成為世界上最多遊客的入境旅遊目的地，同一時期中國大陸的出境旅客估計將達一億人次。[3]因此，觀光旅遊持續成為中國大陸經濟發展和經濟生存的重要因素乃是無庸置疑的事實。

　　正當中國大陸儼然已成為全界開發旅遊的新興市場的同時，此項開放政策不僅是因應世界潮流的趨勢，也是中共配合改革開放的路線所做的大幅度調整策略，其對於中國大陸本身走向現代化的衝

---

[1]　張廣瑞主編，《2007 年中國旅遊發展分析與預測》（北京：社會科學文獻出版社，2007 年），頁 11。

[2]　"China Sets Five-year Targets for Tourism Industry," *Asia Pulse News*, Jan. 11, 2006.

[3]　Cervera, Joan Enric Capellai. 2005. "China as an Incipient Foreign Destination for Spanish Tourists,"收錄於徐紅罡、Alan A. Lew 主編，《事件旅遊及旅遊目的地建設管理》（北京：中國旅遊出版社，2005 年），頁 339-354。

擊和影響更是值得注意和觀察。由於現代化所牽涉的範圍甚為廣泛，迄無公認的界說，況且各種社會科學的訓練分別對現代化過程的不同因素重視程度不同，使得在政治、經濟、社會等領域分別產生分析關於現代化的不同議題。有鑑於此，本文擬以現代化及其相關理論為理論基礎，並從中共開放觀光旅遊的角度，闡析其對中國大陸現代化特別是在政治上和經濟上所帶來的影響層面，期能對中國大陸逐步走向現代化的經驗有所瞭解。

貳、現代化與相關理論

一、全球化與現代化

在全球化時代，新的全球性問題改變了傳統地緣戰略的觀念。美國學者杭廷頓（Samuel Huntington）認為冷戰後的世界，全球政治在歷史上第一次成為多極和多文化的體系，[4]此種命題進一步把人文因素建構在地緣戰略之中，並開闊了宏觀的視野。由於全球化本身是一個進程，而不是單一的狀態，[5]因此它是多角度，而且充滿著動態性、漸進性與不可抗拒性。科恩（Robin Cohen）與肯尼迪（Paul Kennedy）甚至認為全球化具有的特徵包括：時空概念的變化、文化互動的增長、面臨共同的問題、聯繫與依存的增加、跨國行為體的發展、全方位的結合與互動。[6]許多政治學者對於全球化的核心思維

---

[4] Samuel Huntington, *The Clash of Civilizations and the Remaking of World Order* (Simon & Schuster, 1996), p. 21.

[5] 楊雪冬等譯，《全球大變革──全球化時代的政治、經濟與文化》（北京：社會科學文獻出版社，2001 年），頁 36。

[6] Robin Cohen and Paul Kennedy, *Global Sociology* (London: Macmillan Press

或許不盡相同，但多數認為全球化是社會變遷的過程，是推動社會政治、經濟快速改變的中心力量。[7]隨著全球化的浪潮風起雲湧，使得當今世界的開放性、變革性、合作性更加明顯，也使得現代化的論述顯得更有意義。

　　現代化理論探討發展問題，大多認定落後地區無法發展的因素，是因為內部障礙問題，而忽略了「結構變遷」是發展與低度發展的癥結所在。杭廷頓（Samuel Huntington）指出政治發展不等於政治現代化，因為政治現代化所帶來的政治動員、政治參與，若不能配合政治「制度化」，則政治無法安定，反而會趨於衰敗。他並指出：「民主政治制度低的社會，較民主制度高的社會趨於較高的經濟成長率。」[8]譬如一黨制在現代化初期在促進經濟發展上，的確較其他體系顯示出優越之處。杭廷頓亦認為威權政權的經濟發展是民主政治的基礎，[9]而且快速的經濟發展將迅速為民主政權創造基礎，尤其經濟發展會形成一股獨立於國家以外的新興權力來源，會產生分享決策權的需求，進而產生民主化的價值觀，[10]他甚至強調經濟發展與民主政治之間的關係，認為經濟發展對於民主政治逐漸取代威權制度提了有利的環境，以及經濟發展使得民主政治變為可能。[11]

Ltd., 2000), p.24.

[7] David Held, Anthony McGrew, David Goldblatt and Jonathan Perraton, *Global Transformations: Politics, Economics and Culture* (London: Polity Press, 1999), p.7.

[8] 彭懷恩，《臺灣發展的政治經濟分析》（臺北：風雲論壇出版社，1992 年），頁 13。

[9] Samuel P. Huntington, *The Third Wave: Democratization in the Last Twentieth Century* (Nornam: University of Oklahoma Press, 1991), p.59.

[10] Samuel P. Huntington, The Third Wave: Democratization in the Last Twentieth Century, p.65.

[11] Samuel P. Huntington, The Third Wave: Democratization in the Last Twentieth Century, p.316.

　　現代化可說是一種文化變遷的過程，乃傳統社會利用科技與新知，揚棄不良或不可欲的舊事物，使轉化成一新的現代社會的過程。基本上用現代化理論來衡量低度開發國家的發展歷程，可衍生出二個基本命題：[12]

（一）低度發展國家正朝向西歐現代社會演進，原因是它長期以來受到西方科技文明不斷的衝擊與改變。

（二）欲使低度開發國家快速獲得發展的成果，根據結構功能體系互容互賴的原則，全盤採取現代社會的結構特質與行為規範，自是快速獲致發展的一條捷徑。

二、全球互賴與現代化

　　在此全球化時代，最重要的條件就是社會關係空間規模的擴大，[13]造成時空距離的縮短，同時亦形成了弗里德曼（Jonathan Friedman）所謂的「全球互賴的增加，與互賴意識的增強」。[14]尤其在全球化的觀念之下，同時指涉世界的壓縮（global compression）以及增強世界作為一個整體的意識，兩者融合了全球互賴與全球整體意識，使得國家與國家間的互動更顯頻繁，關係也愈來愈密切。[15]隨著全球經濟秩序的失衡，像國家這類的行為主體則會而變得日益衰弱，尤其全球市場內的經濟依賴將因為依賴外部供給而帶來相對

---

[12] 朱秉義，〈發展理論與因應變遷〉，《國立編譯館館刊》，第 17 卷第 1 期，頁 177。

[13] Gillian Young, *International Relations in a Global Age: A Conceptual Challenge* (London: Polity Press, 1999), p.97.

[14] Jonathan Friedman, *Culture Identity and Global Process* (London: Sage, 1994), p.196.

[15] Robert O. Keohane & Joseph S. Nye, *Power and Interdependence* (New York: Harper Collins, 2001), pp.306-310.

的不安全，這使得全球市場中，作為國家軍事動員權力的經濟關係更受到重視，也使得經濟安全議題更顯重要。[16]

　　在全球互賴的情況之下，以現代化理論解釋發展仍受到質疑與挑戰。針對現代化理論提出的發展策略，依賴理論頗不以為然。所持的理由是：（1）現代化理論所指陳的開發中國家，並非處於一種落後的傳統社會階段，而是在一種低度發展的階段；（2）這種低度發展的處境，是與已開發國家的發展同生共存的；（3）這種低度發展乃是源於已開發國家與低度開發國家間存有一種依賴的發展關係。[17]在這三種狀況束縛下，依賴理論認為像這種無形鎖鏈的依賴結構，不僅是阻礙經濟發展的因素，也是這些國家內部社會不公與階級對立的病源。尤其第三世界愈朝現代化發展，則愈依賴先進國家，造成了國際社會貧富差距的擴大；而開發中國家以不同的意識型態和不同的政策建設，亦產生了極大的差異；即使在歐美等先進國家，內部亦因之出現社會運動與社會變遷問題。

三、孫中山思想對現代化的論述

　　孫中山先生冀望在國家發展過程中，使中國邁向現代化國家之列，為努力達成現代化的建國目標，乃創造出三民主義的思想，並以各個方面闡釋發揮，使之系統化，成為當時中國現代化的指針。其中最先醞釀及孕育的民族主義，乃是「國家圖發達，和種族圖生存的寶貝」，[18]所追求的目的亦是近代民族主義所共同追求的目的。

---

[16] Barry Buzan, Ole Waever, and Jaap de Wilde. *Security: A New Framework for Analysis* (Boulder Colo: Lynne Rienner Pub., 1998), pp.95-118.

[17] 彭懷恩，《臺灣發展的政治經濟分析》（臺北：風雲論壇出版社，1992 年），頁 17-22。

[18] 〈中國革命史〉，《國父全集》第二冊（臺北：近代中國出版社，1989 年），

至於民權主義，其目的在求國民政治地位的平等，也就是要由全民參政，建立一優良的民主政治制度，以實施民主政治。此外，孫中山先生在民生主義的運用方面，亦確定了計畫性自由經濟的發展原則。孫中山先生所揭櫫的民生主義，主張平均地權和節制資本，目的在節制私人資本，防止過度膨脹，並要求發達國家資本，使資本家不致專橫，且促令政府從事社會改革，謀求人民福祉，預期社會上大多數人的經濟利益相調和而不相衝突，亦頗能切中時弊，進而促進政經發展。

從政治和經濟發展的過程來看，大都是分階段進行的。經濟學家羅斯陶（Walt W. Rostow）首先在討論經濟發展時採用「階段理論」的概念，[19]政治學家奧干斯基（A.F.K. Organski）也採用階段理論來研究政治發展。[20]孫中山對政治發展的過程也有同樣的見解。

在孫中山先生的現代化理論中，與民主政治最有關聯的部分，就是他的民權思想。他曾說：「余之民權主義，第一之決定者為民主。」[21]可見民主在民權主義中居首要地位，可說是它的本質所在。孫中山先生在提出建國三程序時，亦有類似的見解。他指出：「余之於革命建設也，本世界進化之潮流，循各國已行之先例，鑑其利弊得失，思之稔熟，籌之有素，而後訂為革命方略，規定革命進行之時期為三：第一、軍政時期；第二、訓政時期；第三、憲政時期。」[22]此乃孫中山先生的建國三程序，亦是其深切了解若民主條件闕如，

頁 334-335。

[19] Walt W. Rostow, *The Passing of Traditional Society: Modernizing the Middle East* (New York: Free Press, 1952); Walt W. Rostow, *The Process of Economic Growth* (New York: Norton, 1960).

[20] A.F.K.Organski, *The Stages of Political Development* (New York: Alfred. A. Knopf, 1965).

[21] 〈中國革命史〉,《國父全集》第二冊，頁 355-356。

[22] 〈建國大綱〉第二條,《國父全集》，第一冊，頁 623。

即貿然實施民主之弊端，而以循序漸進的方式，邁向憲政時期，最終目標乃以民主憲政來治國。

參、中國大陸開放旅遊的進程

　　許多國家認為發展觀光的重要性乃為了達成國家經濟財政和外匯之間的平衡，身為開發中的國家的一員，中國大陸自 1978 在鄧小平的方針下實施改革開放，並致力於觀光門戶開放政策，被視為是歷史的轉捩點。[23]在此之前，1964 年中共中央已決定成立「中國旅行遊覽事業管理局」，明確發展旅遊事業的方針政策是「擴大對外政治影響」以及「為國家吸取自由外匯」。然而由於受政治環境的影響，純旅遊性質的觀光幾乎沒有，創匯的功能無法發揮，因此，自 1949 年中華人民共和國成立至 1976 年文化大革命結束，中國發展國家旅遊的基本定位為「外事接待」性質。[24]在「外事接待」階段的發展過程，有以下幾點特色：一、政治接待掛帥；二、不重視經濟利益；三、國內觀光旅遊嚴重受限；四、國外觀光旅遊完全禁止。[25]

　　隨著改革開放政策的推行，鄧小平於 1978 年 10 月 9 日正式發表「要大力發展民航、旅遊業」的講話，1979 年 1 月 2 日他又發表「旅遊業要變成綜合性的行業」，他說：「全國要搞若干個旅遊公司，公司之間可以互相競賽。賺錢多的工資就要多，搞得好的年底可以

---

[23] Luo Qi, *China's Industrial Reform and Open-Door Policy 1980-1997* (Aldershot: Ashgate, 2001), p.29.

[24] 馬海鷹，〈歷年國務院政府工作報告中的「旅遊」表述分析（1979-2007）〉，2007 年 4 月 27 日，（http://hanweb.capnet.com.cn/u8/www.bjta.gov.cn/lyzl/ztzl/100703.htm）。

[25] 范世平，《中國大陸觀光旅遊總論》（臺北：揚智出版社，2004 年），頁 5-9。

拿雙薪。」[26]由此可見，中共在改革開放之後發展旅遊的做法，與其長期堅持的共產主義背道而馳，而是逐漸朝帶有資本主義色彩的方向前進。1978 年中共在國務院成立了跨部委而臨時編組的「旅遊工作領導小組」，成員包括了國家計委、建委、外貿、輕工、商業、鐵道、交通、民航等部門，其主要工作在制訂旅遊方針與政策，審查全國旅遊區的建設規劃。[27]1986 年 3 月，國務院成立了「旅遊協調小組」取代了原旅遊工作領導小組。從 1978 年到 1988 年中國大陸的觀光旅遊業仍然禁止國外旅遊，因此主要收入主要以入境旅遊為主；1989 年爆發了天安門事件，使得中國大陸的旅遊業陷入中期低潮階段，然而中共當局反而利用此一契機進行許多旅遊體制上的改革，不但在入境旅遊方面成長迅速，更極力發展國內旅遊與出國旅遊，使得中國大陸自 1990 起進入了多元發展階段。[28]

　　基本上，中國大陸旅遊業的性質變化，大致在 80 年代中期完成基礎，在 80 年代中期至 90 年代中期的旅遊事業，和改革開放前以及初期的「外事接待」性質有明顯的差別。1991 年中共在「關於國民經濟和社會發展十年規劃和第八個五年計劃綱要」(「八五規劃」)中首次把旅遊事業歸類為「產業」的範圍，雖然指向於服務全民、全社會的社會事業，實際上已經逐步朝經濟產業的方向發展。1992年中共國務院政府工作報告就明確指出發展旅遊業的目的是「歡迎更多的外國朋友及臺灣、港澳同胞和海外僑胞來旅遊」；同年的國務院重要文件「關於加快發展第三產業的決定」更明確將旅遊業界定為產業範圍。1998 年中共在召開的中央經濟工作會議上，旅遊業

[26] 中國旅遊年鑑編輯委員會主編，《中國旅遊年鑑一九九三》(北京：中國旅遊出版社，1993 年)，頁 3。

[27] 何光暐主編，《中國改革全書旅遊業體制改革卷》(大連：大連出版社，1992年)，頁 64。

[28] 范世平，《中國大陸觀光旅遊總論》，頁 15。

正式被確定為國民經濟新的增長點。到了「九五」、「十五」時期，入境旅遊、出境旅遊和國內旅遊三個市場平衡發展的局面逐步形成，24 個省、自治區和直轄市把旅遊業作為支柱產業、重點產業、先導產業來發展。2006 年中共中央經濟工作會議更強調「積極培育新的消費熱點，擴大文化、健身、旅遊等服務性消費」；此外，在「十一五規劃」中亦將旅遊業定性為面向消費者的消費性服務業並強調要「大力發展旅遊業」。[29] 就實質方面來說，中國大陸旅遊業的開放，從九〇年代以後便進入多元發展階段，並帶有以下的發展特色：一、政企分開更為落實；二、國營旅遊企業股份化；三、旅遊資訊化快速發展。[30]

隨著政策的開放以及官方的支持，造成了中國大陸人民商業化的觀念和消費習慣的改變，從而產生了休閒娛樂的需求，加速了觀光旅遊產業的發展。然而由於政治、經濟體制和觀念等多方面的原因，中共強調控制多於實行開放，以及政治考慮多於經濟考慮。尤其和入境旅遊與國內旅遊相比，對待出境旅遊還是採取比較慎重的態度，[31] 針對中國大陸的旅遊市場，從日後的發展趨勢來看，以下幾個方面值得關注：

　　一、大力開拓港澳旅遊市場：由於中國大陸中央與香港和澳門都簽署了「關於建立更緊密經貿關係的安排」，[32] 從而對

---

[29] 馬海鷹，前揭文。

[30] 范世平，《中國大陸觀光旅遊總論》，頁 15-17。

[31] 張廣瑞、魏小安、劉德謙等主編，《2002～2004 年中國旅遊發展：分析與預測》（北京：社會科學文獻出版社，2003 年），頁 87-89。

[32] 中國大陸為促進內地和港澳特別行政區的共同繁榮與發展，加強雙方與其他國家和地區的關係，決定建立更緊密經貿關係，亦即一國之內兩個獨立關稅區建立類似自由貿易伙伴關係的安排，在合符世貿框架原則下，開展了「內地與港澳關於建立更緊密經貿關係的安排」，相關措施並於 2004 年 1 月 1 日起生效。

於內地和港澳之間的旅遊政策有了重大的突破，從各方面觀察，此舉將積極落實在旅遊戰略上的成果，亦將大大地促進三地之間的經濟和旅遊活動。由於在手續方面的率先突破，加上地區性限制的逐步取消，將會帶動新一波內地前往港澳旅遊的高潮。[33]

二、強化 ADS（Approved Destination Status）政策[34]的運用和突破：北京近年來積極運用 ADS 做為強化其旅遊外交的工具，迄 2007 牛 1 月為止，北京已經與全世界 86 個國家簽署 ADS，特別是在 2000 年至 2005 年之間，和北京簽署 ADS 的國家大都為中共所謂的「第三世界國家」，以及中共想極力拉攏的友好國家。[35]

三、辦理 2008 年北京奧運會，以提升國際形象：2008 年奧運會在北京舉行，北京當局莫不大力斥資籌辦，並廣為宣傳，企圖利用此機會發展觀光旅遊，增加入境遊遊之收益，並藉此提升其國際形象。

四、積極規劃開放大陸觀光客赴臺灣旅遊：2005 年 11 月中國國家旅遊局局長邵琪偉率團赴臺訪問，顯示北京當局亟思開放大陸觀光客赴臺觀光旅遊的動機和需求。[36]

---

[33] 張廣瑞等主編，《2002～2004 年中國旅遊發展：分析與預測》，頁 93-94。

[34] 所謂 ADS（Approved Destination Status）是二十世紀九十年代中期出現的新詞語，亦即中國大陸人民旅遊目的地。經過中、外兩國政府有關部門的協商，將某個國家確定為中國大陸人民出境旅遊的目的地國家，該國家同意接受中國大陸人民作為觀光客入境，並給予觀光簽證，中國大陸境內的旅行社只能組團到政府正式確定的目的地國家旅遊。這也是國與國之間的一種雙邊協議。

[35] 陳建民，〈中國對臺灣新策略——從中國開放觀光客赴臺的角度分析〉，《臺灣國際研究季刊》，第 3 卷第 3 期，2007 年秋季號，頁 187-213。

[36] "Chinese Tourism Group's Visit Next Week Approved," *Taiwan News*, October 21, 2005(http://www.taipeitimes.com/News/taiwan/archives/2005/10/22/2003276 858)(2007/09/22).

肆、中國大陸開放旅遊對現代化的影響

一、在政治方面

　　中國大陸在 1976 年文化大革命結束之前，其國家旅遊的性質主要是以政治掛帥為主的「外事接待」工作。從 1978 年開始，在鄧小平改革開放的政策下，強調「獨立自主」以及「和平共處」的外交政策，結合了對外關係與觀光旅遊發展，予以發揚光大。九〇年代以後，中共更是積極與俄羅斯、美、英、日、歐盟、東協等國家建立雙邊伙伴關係，有效連結觀光旅遊產業特別是入境旅遊在其中扮演了極其重要的角色。[37]

　　然而，正當中國大陸全力發展觀光旅遊以促進對外關係的同時，部分觀察的重點朝向在全球化的世界體系中，觀光旅遊是否會進一步帶動中國大陸的政治民主化。科恩（Robin Cohen）與肯尼迪（Paul Kennedy）認為「國際旅遊比起其他全球化的力量，有更大的行動範圍」，[38]代表著國際旅遊的方式有助於全球化的發展。實際上，近年來中國大陸開放出境旅遊的地區，已經不再侷限於亞洲地區，而逐漸開放至歐洲國家，其所帶來的「和平演變」的效果值得關注。

　　從政治民主化的觀點而言，學者周陽山教授認為，民主化（democratization）與自由化（liberalization）是截然不同的概念。民主化是指公民權（citizenship）恢復與擴張的歷程，一方面是使喪

---

[37] 范世平，〈中國大陸旅遊外交政策之研究：以出境旅遊為例〉，《中國大陸研究》，第 48 卷第 2 期，2005 年 6 月，頁 61-97。

[38] Robin Cohen and Paul Kennedy, *Global Sociology* (London: Macmillan Press Ltd., 2000), pp. 212-214.

失參政權的人得以恢復，另一方面則是將公民權擴張給原先未享有的人，因此民主化尚包括公平、公正、公開的選舉來抉擇執政者。反觀自由化是指人民重新掌握基本人權與自由權利的過程，包括新聞自由、言論自由、請願自由等。因此，民主化應該是自由化推動至某一程度的衍生體。[39]因此，在邁向民主自由的路程上，大致上會歷經傳統專制主義、自由發展、自由和民主相結合等三個階段。[40]孫中山先生的建國三程序，主張軍政、訓政、憲政，亦是強調以循序漸進的方式，邁向民主憲政來治國的終極目標。綜合上述論點，民主化的腳步是無法一蹴可幾的，而且誠如杭廷頓所言，政治民主化若不能配合政治制度化，則政治無法安定，反而會趨於衰敗或呈現民主倒退的現象。

其實中國大陸早在文化大革命結束之後，即有追求政治民主化的思潮，中共名之為「資產階級自由化思想」，亦即在政治上要求實行多黨制和政治多元化；在經濟上要求恢復私有制，主張自由經濟制度。[41]然而鄧小平曾說：「十二屆六中全會我提出反對資產階級自由化還要搞二十年，現在看起來還不止二十年。」[42]足見鄧反對資產階級自由化，並視之為長期的鬥爭。[43]在鄧小平堅決反對「資產階級自由化」思潮之下，致使中國大陸的自由化、民主化運動受到壓制。不過，鄧仍主張支持改革開放的措施，亦即透過其一貫「政左經右」的政策，一方面希望經濟改革能持續深化，而不影響中共

[39] 周陽山，《民族與民主的當代詮釋》（臺北：正中書局，1993年），頁52。
[40] 于光華，〈新權威主義的社會基礎及幻想〉，齊墨主編，《新權威主義──對中國大陸未來命運的論爭》（臺北：唐山出版社，1991年），頁83-92。
[41] 朱言明，〈東歐大陸民主化運動之研究〉，《共黨問題研究》，第24卷第2期，1998年2月，頁31。
[42] 《鄧小平文選》，第3卷（北京：人民出版社，1993年），頁379。
[43] 朱言明，〈東歐大陸民主化運動之研究〉，頁34-36。

在思想及政治上的主導權；另一方面則希望政治思想工作不會影響
經濟改革的發展。[44]基本上，鄧後中共領導人仍會持續朝社會主義
基本路線前進，而不會照搬西方政治制度的模式，短期之內，中國
大陸的政治民主化應不可能出現。

　　儘管中國大陸持續積極發展旅遊，特別是在出境旅遊方面，大
陸人士可能經由與旅遊目的地民眾、導遊、或政府之接觸，以及參
觀帶有政治意義的景點等方式，從而形成「政治社會化」的途徑，
導致有利於中國大陸政治民主化的發展。有鑑於此，中共在 ADS 的
運用上做了適當的管控，除了與其友好的國家入列之外，大部分與
中國大陸簽訂 ADS 的國家包括俄羅斯、越南、泰國、馬來西亞、南
韓等民主化的程度尚未臻成熟，尤其中共在 2000 年至 2005 年間與
一些亞、非國家簽訂 ADS，包括柬埔寨、緬甸、汶萊、尼泊爾、印
尼、馬爾他、土耳其、埃及、印度、巴基斯坦、肯亞、尚比亞、辛
巴威、坦尚尼亞等，這些國家不僅在民主化程度上尚未成熟，且大
多在經濟發展上並未超越中國大陸甚多，因此大陸民眾前往這些國
家旅遊之後，所帶來的政治社會化的效果應屬有限。此外，從中國
大陸開放旅遊的進程來看，中共在不的階段會權衡當時的國際情
勢、國內環境與開放的效益進行評估，而採取循序漸進的開放幅度，
也會觀察開放旅遊對於中國大陸政治、經濟方面的影響程度，以便
在相關法令上進行調整，實施管控。[45]因此，就現階段而言，中國
大陸開放旅遊對其政治體制甚或政治現代化、民主化應不致於有大
太的衝擊，不過誠如納許（Kate Nash）所言，在「文化全球化」（cultural

---

[44] 謝昌生，〈中共經濟發展對其意識型態之影響〉，《共黨問題研究》，第 24 卷
第 3 期，1998 年 3 月，頁 35。

[45] 范世平，《大陸出境旅遊與兩岸關係之政治分析》（臺北：秀威出版社，2006
年），頁 174。

globalization）的概念下，隨著文化傳播與跨國旅遊的增加，使得人類對於文化與民族產生重新的認知，包括如何參與政治與進行社會生活等議題。[46]在開發中國家，新興中產階級可能是現代民主的建設力量，隨著旅遊的開放，中國大陸越來越多的中產階級從事出境旅遊，在政治社會化與全球化的驅使下，由量變轉化成質變的民主化發展亦恐怕是勢之所趨。[47]

二、在經濟方面

　　近年來，觀光旅遊在世界經濟體系的發展中快速成長，並已經被大部分國家公認為有助於區域和國家的經濟發展。[48]觀光產業發展的速度越快，其外匯創造規模也越大，尤以開發中國家最為明顯。[49]雖然出境觀光會造成外匯的損耗，但是入境觀光卻會造成外匯的收益。中國大陸在發展旅遊的同時，特別注重針對外匯收益的提升。鄧小平於 1978 年曾說：「要搞好旅遊景區的建設……搞好服務行業，千方百計賺取外匯」，[50]因此，中共國務院於 1991 年就批准國家旅遊局「關於加強旅遊行業管理若干問題請求的通知」，特別著重於增加外匯創收的原則。

---

[46] Kate Nash, *Contemporary Political Sociology* (Massachusetts: Blackwell Publishers Inc., 2000), pp. 52-53.

[47] 范世平，《大陸出境旅遊與兩岸關係之政治分析》，頁 182。

[48] H. R. Seddighi and A. L. Theocharous, "A Model of Tourism Destination Choice: A Theoretical and Empirical Analysis," *Tourism Management*, Vol. 23, No. 5, 2002, p.437.

[49] 陳思倫、宋秉明、林連聰，《觀光學概論》（臺北：國立空中大學，1998 年），頁 314。

[50] 轉引自范世平，《中國大陸觀光旅遊總論》，頁 305。

　　中共早期對旅遊業的「三不」（「不支持、不提倡、不反對」），從 90 年代開始，已經逐漸起了變化，90 年代後期中國大陸在旅遊業的市場發展戰略，一直延用著「大力發展入境旅遊，積極發展國內旅遊，適度發展出境旅遊」的方針。2005 年，中國旅遊業的市場發展戰略，更轉變為「大力發展入境旅遊，規範發展出境旅遊，全面提升國內旅遊」，實際上反映著中國旅遊發展的新態勢以及戰略上的大調整。值得注意的是，2006 年 1 月中共在全國旅遊工作會議上，國務院強調「努力把旅遊業培育成為國民經濟的重要產業」以及「多開發並推出適合民眾旅遊消費的旅遊產品，把國內旅遊市場作為旅遊業的基本立足點」。[51]此外，根據中共的「十一五規劃」（2006-2010 年），把中國旅遊業三大市場的發展戰略表述為「全面發展國內旅遊，積極發展入境旅遊，規範發展出境旅遊」，推動了中國大陸各省市對國內旅遊的重視，以及促進旅遊開發和旅遊服務的不斷發展。

　　根據中國國家旅遊局的資料顯示，近年來中國大陸在國內觀光產業發展方面進步新速，在國內旅遊和入境旅遊方面帶來的產業收益均是快速成長，如附表 1、表 2。

　　中國大陸為了創匯而積極發展觀光旅遊業，並且帶動了相關建設和經濟發展。從 90 年代開始，觀光旅遊所帶來的經濟效益逐漸浮現。根據中國人民銀行的統計，2004 年底中國大陸外匯存底高達6,099 億美元，僅次於日本而居全球第二位，相較前一年同期增長2,067 億美元；[52]至 2005 年 6 月時更高達 7,110 億美元，[53]與 1978年改革開放初期之 1.67 億美元相較，增加之幅度極大。雖然外匯收

---

[51] 劉德謙，〈2006～2007 年中國國內旅遊的發展分析與趨勢預測〉，張廣瑞主編，《2007 年中國旅遊發展分析與預測》，頁 108。

[52] 張廣瑞、魏小安、劉德謙等主編，《2003～2005 年中國旅遊發展：分析與預

表 1　中國大陸國內旅遊人數和收入增長表（1995-2006 年）

年份	國內旅遊			
	人次數		收入	
	數值 （億人次）	增加比率 （%）	數值 （億人民幣）	增加比率 （%）
1995	6.29	20.0	1375.7	34.4
1996	6.39	1.6	1638.4	19.1
1997	6.44	0.8	2112.7	29.0
1998	6.94	7.8	2391.2	13.2
1999	7.19	3.6	2831.9	18.4
2000	7.44	3.4	3175.5	12.1
2001	7.84	5.4	3522.4	10.9
2002	8.78	12.0	3878.4	10.1
2003	8.70	-0.9*	3442.3	-11.2*
2004	11.02	26.7	4710.7	36.9
2005	12.12	10.0	5286.0	12.2
2006	13.94	15.0	6229.7	17.9

*2003 年的負成長係因 SARS 影響所致。

資料來源：作者自行整理自《中國國家旅遊局統計年鑒》，1995-2006 年。

入的管道多元化，但是由於在改革開放初期中國大陸的出口產品缺乏競爭力，因此入境旅遊創匯的重要性非常明顯。

　　隨著全球化的進程以及相互依賴經濟體系的發展，中國大陸對於觀光旅遊的開放和發展將會有增無減。不過，基本上當前中國大陸對於出境旅遊市場亦有控制的機制，例如：各省市與各旅行社之出境旅遊名額與入境旅遊發展狀況嚴密接軌，藉以實施宏觀調控，並達到政府監督的目的。在此情況之下，中國大陸的旅

　　測》（北京：社會科學文獻出版社，2005 年），頁 245。

[53] 范世平，《大陸出境旅遊與兩岸關係之政治分析》，頁 104。

遊市場自然不屬於自由主義經濟，而仍帶有相當大的政府干預主義的色彩。近年來，在中國大陸加入世貿組織之後旅遊市場亦將逐步隨之開放，並有朝混合經濟發展的趨勢，亦即將從當前之「特許經營制」走向「一般經營制」，而政府也將從「有組織、有計劃、有控制」之「直接控制」角色走向符合混合經濟精神的「間接管理」制度。[54]

表 2　中國大陸入境旅遊外匯收入統計表（1995-2006 年）

年份	大陸旅遊外匯總收入 （萬美元）	增加比率 （%）
1995	873,277	------
1996	1,020,046	16.81
1997	1,207,414	18.37
1998	1,260,174	4.37
1999	1,409,850	11.88
2000	1,622,374	15.07
2001	1,779,196	9.67
2002	2,038,497	14.57
2003	1,740,613	-14.61*
2004	2,573, 900	47.87
2005	2,930,182	13.84
2006	3,358,499	14.61

*2003 年的負成長係因 SARS 影響所致。
資料來源：作者自行整理自《中國國家旅遊局統計年鑒》，1995-2006 年。

---

[54] 范世平，《大陸出境旅遊與兩岸關係之政治分析》，頁 107。

伍、結論

　　在全球化以及經濟互賴的現代世界體，中國大陸開放觀光旅遊之政策，乃勢之所趨，並符合當今世界政治、經濟現代化的潮流。不過，誠如杭廷頓所言，政治發展並不等於政治現代化，必須要有政治制度的配合，尤其在威權政權的體制之下，經濟發展往往是民主政治的基礎，而且快速的經濟發展亦將迅速為民主政權創造基礎，當經濟發展達到一定的程度，對於民主政治的發展亦有推波助瀾的效果。

　　中國大陸在改革開放之後，逐步發展觀光旅遊的政策可視為帶有朝現代化目標前進的意義。中共發展旅遊業的影響，從政治的角度來看，在其鞏固的威權體制之下，要達到政治民主化的要求或許尚有一段距離；但是在從高度集權的政治制度到逐漸步入「新威權主義」的過程中，亦可視為是邁向政治現代化的一大步。值得觀察的是隨著中國大陸旅遊的開放，越來越多的中產階級從事出境旅遊，在政治社會化與全球化的驅使下，將有助於制度朝向民主發展。此外，在經濟方面，中國大陸自改革開放以來，已從中央集權的計畫經濟演變成了以計畫經濟為主、市場經濟為輔的社會主義路線。就開放旅遊業的方向而言，仍帶有混合經濟的色彩。從長遠來看，政治和社會的改革和經濟發展有著密切的連動性，因此經濟的持續進步與深化改革，亦將使中共在政治上朝向多元化的路程邁進。

　　整體而言，中共因持續改革開放的政策，使得旅遊業的發展受到政府的激勵而獲致相當的成效；反之，由於旅遊業的發展效益受到注目和肯定，使得中共在持續深化改革和開放的政策上亦有受到催化的效果。儘管如此，在旅遊業發展和經濟成長的影響之下，中國大陸未來可能還要面臨現代化理論所必須接受的挑戰。這些問題

包括貧富差距擴大、治安持續惡化、社會價值觀轉變、以及社會運動和社會變遷等。這些社會層面問題未來所引起對中國大陸現代化的影響和挑戰亦值得後續的觀察和研究。

（本文發表於《全球化與兩岸社會發展》，國立國父紀念館主編，2008 年 12 月，頁 99-108）

金門觀光服務品質與觀光資源
——對大陸旅客旅遊行為與滿意度之研究

壹、前言

　　2001 年開始實施臺灣地區與大陸地區人民關係條例修正案,開啟了大陸地區人民以觀光名義來臺從事團體旅遊活動的新紀元。根據評估,每年來臺觀光旅客可達 30 萬人次至 100 萬人次,創匯收益亦可達每年 30 億美元之鉅,約佔臺灣地區國民境內旅遊年友出總額新臺幣 1989 億元之 49.8%,對提振國內旅遊市場(inbound market)無疑是一項令人期待的盛事(觀光局,2000)。

　　同時期亦正式實施小三通,即「試辦金門馬祖與大陸地區通航辦法」的推動,無異帶給金門商家業者一劑強心針,金門地區的民眾都期盼透過這項政策的落實,為地區經濟注入新的生命力,提振經濟的發展,同時也賦予金門地區發展金廈觀光共榮圈的一個全新的局面與轉機。

　　小三通從 2001 年試辦迄今,三年來旅客進出總人數逐年大幅增長,頭一年進出旅客總數僅二萬一千餘人;2002 年為五萬三千餘人;2003 年雖受 SARS 影響一度暫停小三通,但進出旅客數仍高達十六萬人。發展觀光是金門的經濟命脈,就觀光業者而言,整個大陸市場是否可為金門帶來更大的商機呢?目前在廈門旅遊資源中,有一項非常重要且熱門的觀光景點『海上看金門』,若將來經協商大陸當局將金門列入開放觀光區,因大陸居民對金門充滿了好奇,必有大

量旅客透過廈門旅遊到金門一睹金門神秘色彩，金門的觀光資源將成為廈門旅遊圈重要的的一環，這對廈門旅遊是一項重大利基。2001年大陸境內的同胞到廈門旅遊的遊客高達 600 餘萬人次，境外旅客亦達 60 萬人次，這些境內或境外的旅客若有一定的比例願意到金門旅遊，同樣的將為金門帶來龐大的商機。

　　兩岸旅遊市場呈現極度不均衡狀態。臺灣赴大陸旅遊人數每年超過四百萬人，消費金額高達新臺幣一千億元。但 2002 年我方開放市場以後，大陸人士來臺從事文教交流活動的實際入境人數有21,014 人，2003 年 SARS 的影響，一至九月實際入境人數亦達 13,894人（行政院大陸委員會，2003）。隨著大陸經濟的成長，大陸出國旅遊人數逐年增加，2001 年首度超過一千萬人次，每年成長率約 20%，大陸旅客已成為各國積極爭取的旅遊市場。大陸官方 2002 年宣佈將香港列為大陸內地人民的觀光旅遊地區後，使原本逐漸蕭條的香港旅遊市場活絡起來，大陸赴港旅遊人次從 50 萬人攀升至 500 萬人次，顯示大陸龐大觀光客市場不容小覷。

　　雖然金廈在將來的觀光旅遊發展密不可分，要發展金廈兩門高品質的旅遊共榮圈，必須先對兩岸人民旅遊動向作充分的研究與瞭解。兩岸不同的政治制度、經濟體系、社會結構和國民文化均會影響到觀光客的旅遊活動和其消費行為。因此，如何瞭解和掌握大陸地區來金門旅遊遊客的行為，包括動機、消費行為、旅遊滿意度和重遊意願等，都是極待研究之課題。本研究藉由廈門大學旅遊管理系與國立金門技術學院的學術交流，對採廈門直航金門旅遊方式的大陸旅客進行調查訪問，從中分析大陸旅客到金門旅遊的認知及其旅遊型態，並分析大陸旅客對 金門服務品質及其滿意度的關鍵因素，透過問卷調查和座談會再加以統計分析，期能促使政府和旅遊業者重視服務品質的提升，對建構高水準的金廈旅遊共榮圈願景具有一定的催化作用。

　　自從 Nicosia（1966），Engel, Kollat, and Blackwell（1968），Howard and Sheth（1969）等提出極為重要的「grand models」探討有型產品之消費行為模式後，即啟發且影響了後續有關對有型或無形產品消費行為的研究。而旅遊決策之消費行為模式即屬無形產品之消費行為模式，有關此方面之研究可追溯到 Clawson and Knetsch（1966）兩位經濟學家所提出的五階段戶外休閒經驗模式（five-phase outdoor recreation experience model）。該模式將旅遊決策模式化成五階段，從總體觀點的預期階段開始，接著為旅遊行為，在遊憩點之經驗與活動，返回過程與經驗之總結等。此模式在總體景點需求預測上頗有貢獻。Wahab et al.（1976）基於理性決策行為模式來描述旅客之決策行為過程。所謂理性決策行為即考慮成本與效益因素後作最佳之選擇行為。Kotler 等人（1999）研究餐旅及觀光顧客之消費行為，亦提出顧客選擇觀光產品的程序為 1、問題認知，2、資料蒐集，3、可行方案評估 4、選擇，5、售後服務。研究結果指出最顯著影響消費者行為的是資料蒐集是否便利，而資訊內容應包括旅遊目的地資訊的獲得、旅遊行程中一切需要之訊息等。Van Raaij and Francken（1984）則提出渡假組合（vacation-sequence）模式，強調家庭因素在旅遊決策過程的重要性。家庭成員的互動以及社區成員親朋好友等因素會對旅遊商品的選擇產生影響。有關家庭與親朋好友對旅遊商品決策影響之研究尚有 Jenkins's（1978），Gitelson and Kerstetter（1994），Zalatan（1998）等。Woodside and Lysonski（1989）則從社會科學之偏好（preference）與意圖（intention）等之觀點說明旅遊點選擇是一歸類的過程。其研究特別強調心理因素的影響。Woodside and King（2001）構建一個一般性購買消費系統（purchase consumption system，PCS）架構。該架構能有效的表示出旅客在旅遊之前、中與後之行為並評估可能再度光顧之傾向。Ajzen and Driver

（1992）則提出以計畫行為理論（planned behavior）作為休閒地點選擇之行為模式。綜合上述之研究，旅客決策行為是以理性行為模式為基礎，在個人與社會限制條件下尋求旅遊效用之最佳化。同時可由一些綜合變數如與個人有關之內部變數（internal variables），與外在社會環境有關之外部變數（external variables），與旅遊本身有關之旅遊意向變數（the nature of the intended trip）以及過去旅行經驗有關之經驗變數（trip experience）等加以解釋並可在這些變數之交互作用下預測可能之決策行為。

　　國內有關大陸人士來臺旅遊之相關研究也所在多有。林千如（2003）探討大陸專業人士來臺購物消費行為中指出，其來臺主要目的是進行文化交流，與同行成員之關係多數是同事或老闆，首次訪臺者居多，停留天數以十天為主，每日花費在購物的金額平均每人新臺幣 15,615 元。陳光華等（2004）亦針對大陸地區來臺觀光團體旅客旅遊消費行為與重遊意願進行調查研究，結果顯示：「對臺灣的好奇心」是吸引大陸地區旅客來臺觀光的首要原因。在滿意度方面，對「臺灣地區人民的熱情」、「導遊人員的服務態度」、「旅館員工服務態度」和「旅館的設施與地點」等有較高的滿意度；而對「旅遊景點的建築設施」、「餐廳菜餚的口味」、「遊樂設施」及「景點流動攤販的管理」則較不滿意。在重遊意願方面則顯示，餐飲服務品質構面滿意度愈高，則再度來臺的重遊意願愈高，同時也發現團體在臺停留期間愈長、旅客個人消費金額愈高及來臺旅遊團費愈貴則重遊意願愈低。陳建民等（2004）研究從事大陸居民對金門觀光資源形象之研究，顯示大陸居民對金門整體好感度為 40.9%，對金門的觀光資源認為有吸引力的為 52.6%，而願意到金門旅遊的比例高達 63.7%。大陸居民來金門的主要目的是「海濱自然風光」、「戰爭遺蹟」、「民俗民風」及「滿足好奇心」。其實金門島嶼只是大陸沿海

眾多島嶼中的一個小島，自然風光絕少奇特之處，其中隱含的觀光價值在於兩岸五十餘年的分離與對峙，所延伸出來的戰爭遺蹟與不同的民俗民風，因此可以說大陸居民願意到金門旅遊的主要目的就是滿足對金門的好奇心。

綜上所述，本研究針對大陸地區來金門觀光團體旅客之動機與目的、資訊提供管道、理想停留天數、停留期間個人的消費行為（包括消費意願、金額與能力等）、滿意度以及重遊意願等進行問卷設計，以瞭解其旅遊消費行為。藉由到金門觀光旅客之問卷調查，從中分析出觀光旅客認知與行為，以提出對金門未來維持觀光優勢的建議。首先，依據消費者行為理論，衡量遊客行為之變數，含人口統計變數、生活型態變數與消費型態變數；再衡量顧客滿意變數，包括觀光核心資源、觀光服務品質、價格因素與整體形象；透過因素分析與集群分析，得出重要訊息，提供有關當局從事市場區隔、目標市場確立與產品定位等行銷策略之參考。本文調查期間為中華民國 2005 年 3 月 1 日至 8 月 31 日止，研究對象是在金門水頭碼頭準備出境之大陸旅客。

貳、樣本資料說明

本問卷為結構式問卷，分為四大部分，第一部分為旅遊決策過程，包括 1.旅行目的、2.旅遊天數、3.旅遊資訊取得來源、4.行程決定時間、5.行程決定者、6.旅行方式等；第二部分為消費行為分析，包括 1.在金門停留夜數、2.是否有家屬及共同消費的朋友、3.旅費（團費）金額、3.購買何特產品及其金額等；第三部分為金門觀光資源滿意程度，包括 1.最值得旅遊的景點、2.最不滿意的景點及其改善

之道、3.金門特有各項觀光資源滿意度、4.一般旅遊服務項目滿意度、5.願不願意再訪、6.會不會推薦親友、及 7.整體滿意度等。第四部分為人口統計變數，包括旅客是否有到國外旅遊、祖籍、職業、年收入、最高學歷、年齡、性別及婚姻狀況等。

　　大陸地區來金門旅遊旅客之有效樣本數為 603 份，其基本資料分析包括居住地、職業、月收入、最高學歷、年齡、性別與婚姻狀況等人口變數，茲以表 1 彙總其基本資料及其各項目之樣本數與樣本分布情形，並簡單說明如下：

一、居住地：遊客居住地以來自福建省（廈門除外）地區居民最多有 376 人占 62.4%，其次是來自廈門市居民有 189 人占 31.3%，合計來自居住在福建省地區的旅客高達 93.7%，這與目前大陸當局僅開放福建省居民至金門旅遊政策有關。

二、職業：遊客職業以公司中級主管、職員最多有 147 人占 24.4%；其次為企業所有人、高級主管或商人有 95 人占 15.8%；其餘為政府機構人員、教育機構人員、專業職業人員及文化工作人員各占 13.3%、12.6%、11.8%及 3.0%，以上合計占 80.9%，顯示現階段還是以各行業之中高階管理者及各專門職業人員較有意願與能力來金門觀光。

三、月收入：遊客月收入以 1 千至 3 千元居多有 158 人占 26.2%，而月收入 3 千至 5 千、5 千至 1 萬、及 1 萬以上者分別占 19.7%、14.8%、及 10.0%，以上合計月收入在 1 千元以上者高達 70.7%。或許大陸旅客對個人的收入較敏感，不願公開表示，從原始資料檔月收入與職業對照，在某些旅遊團體其職業屬中高階管理者及各專門職業人員，但其月收入為無所得，顯與事實不符，因此使得無所得者高達 136 人占 22.5%，所以本項月收入有偏低之可能。

表 1　有效樣本基本資料分析

人口變數	項目	樣本數 N＝603	樣本分布（%）
居住地	廈門市	189	31.3
	福建省（廈門除外）	376	62.4
	其他	38	6.3
職業	企業所有人、高級主管、商人	95	15.8
	公司中級主管、職員	147	24.4
	科學家、工程師、醫師、會計師	71	11.8
	政府機構人員	80	13.3
	教育機構人員（校長、教授、老師）	76	12.6
	工人、農人	26	4.3
	文化工作人員（作家、音樂家、記者）	18	3.0
	家庭主婦	12	2.0
	下崗人員	11	1.8
	學生	8	1.3
	其他	59	9.8
月收入（人民幣）	1 萬元以上	60	10.0
	5 千-1 萬元	89	14.8
	1 千-5 千元	277	45.9
	1 千元以下	41	6.8
	無所得	136	22.5
最高學歷	初中（含）以下	52	8.6
	中專（含高中）	170	28.2
	大學本科（含大專）	367	60.9
	研究所（含以上）	14	2.3
年齡	19 歲（含）以下	8	1.3
	20-29 歲	41	6.8
	30-39 歲	191	31.7
	40-49 歲	192	31.8
	50-59 歲	92	15.3
	60 歲（含）以上	79	13.1
性別	女性	195	32.3
	男性	408	67.7

婚姻狀況	未婚	52	8.6
	已婚	**551**	**91.4**

粗體字為各分項之最高次數

四、最高學歷：遊客最高學歷以大學本科（含大專）最多有 367
　　人占 60.9%，其次是中專（含高中）有 170 人占 28.2%。
　　以大學本科（含大專）加研究所以上合計達 63.2%，現階
　　段到金門旅遊之遊客以高學歷者居多。

五、年齡：遊客年齡以 40-49 歲、及 30-39 歲居多各有 192 人
　　及 191 人占 31.8%及 31.7%；其次 50-59 歲及 60 歲以上旅
　　客也各占 15.3%及 13.1%，以上合計 91.9%，目前到金門遊
　　客年齡層偏高。

六、性別：遊客性別以男性居多有 408 人占 67.7%，女性有 195
　　人占 32.3%。

七、婚姻狀況：遊客婚姻狀況絕大部分為已婚共有 551 人占
　　91.4%；未婚旅客僅 52 人占 8.5%。

參、旅遊決策分析

　　本節分析遊客來金門搭乘之客輪、在金門停留夜數、旅遊的目
的、來金門旅遊主要原因、旅遊資訊來源、計畫至成行期間、由誰
排定行程、有無同伴及組團方式等，以瞭解目前旅遊市場現況，提
供旅遊決策機關從事旅遊行銷策略之參考，茲彙編如表 2 所示，並
說明如下：

一、來金門搭乘之客輪：大陸遊客來金門搭乘之客輪以同安號居多共 394 人占 65.3%、其次是新集美號有 130 人，占 25.6%。合計 90.9%的大陸旅客搭乘大陸籍船隻，應與行程安排宜搭乘早班船有關。

二、旅客在金門停留夜數：遊客在金門停留期間以二夜最多有 596 人占 98.8%，可見目前大陸居民金門之旅還是以三天兩夜行程為主。

三、旅行目的：大陸遊客到金門的目的以純觀光者最多有 479 人占 79.4%，其次是業務兼觀光者有 46 人占 7.6%，合計以觀光為目的佔 87%，相對的參加活動或探親訪友者還是占少數。

四、旅遊動機：大陸居民來金門旅遊的主要原因，有 51.1%的遊客是滿足對金門的好奇心，有 29.9%的遊客是因為小三通後交通便利，而最想旅遊的動機是觀賞金門戰爭遺址，及海濱自然風光，各占 20.9%及 18.1%。大陸居民到金門旅遊的動機還是為滿足其對金門的好奇心，這與剛開放臺灣旅客到金門旅遊時類似。

五、旅遊資訊來源：遊客透過何種途徑取得金門旅遊資訊，來自旅行社者最多共有 333 人占 55.2%，其次是電視或報紙報導有 141 人，占 23.4%，鄰居、親友或同事及服務單位的比例亦分別高達 13.1%及 11.4%。因此，目前行銷管道還是以大陸旅行社為最多，但透過大眾傳播及口碑的建立，應是提供金門旅遊資訊最佳的途徑。

六、計畫至成行期間：在一至二個月者高達 302 人占 50.1%；在一個月以內及二至四個月各占 16.1%及 16.4%。可見大陸遊客到金門旅遊屬短期隨性旅遊行程，不需經過長期計劃。

七、由誰排定行程：大陸遊客到金門旅遊是由誰排定的，由旅
　　行社推薦的居多有 196 人占 32.5%，其次是公司決定者有
　　158 人占 26.2%，自己或家人決定者有 138 人占 22.9。塑造
　　金門獨特的旅遊意象，加強對大陸旅行社的溝通，是目前
　　及需積極進行的工作。

八、有無同伴：有同伴同遊者 442 人占 73.3%，其中有共同消
　　費的親戚或朋友有 200 人占 33.2%。

九、組團方式：由團體直接向旅行社接洽，由旅行社安排行程
　　的方式最多有 347 人占 57.5%，其次為自行組團再委由旅
　　行社安排及個別向旅行社報名由旅行社安排，各占 19.4%
　　及 18.7%。

表 2　遊客到金門旅遊決策分析總表

樣本分布 / 旅遊決策	項目	樣本數 N＝603	樣本分布（%）
來金門搭乘之客輪	大陸籍	524	90.9
	金門籍	78	9.1
在金門停留夜數	一夜	4	0.7
	二夜	596	98.8
	三夜	3	0.5
旅行目的	觀光	479	79.4
	業務兼觀光	46	7.6
	探親及訪友	11	1.8
	參加活動	38	6.3
	其他	29	4.9
來金門旅遊主要原因（複選）	小三通交通便利	180	29.9
	海濱自然風光觀光	109	18.1
	戰爭遺址遊覽	126	20.9
	民俗民風體驗	54	9.0
	對金門好奇心	308	51.1

	語言相通	61	10.1
	其他	32	5.3
	小計	944	n/603
來金門旅遊資訊來源（複選）	書籍或一般旅遊雜誌	31	5.1
	網路資訊	60	10.0
	旅行社	333	55.2
	電視或報紙報導	141	23.4
	鄰居、親友或同事	79	13.1
	服務單位	69	11.4
	其他	23	3.8
	小計	753	n/603
計畫至成行期間	一個月以下	97	16.1
	一至二個月	302	50.1
	二至四個月	99	16.4
	四至六個月	70	11.6
	六個月以上	35	5.8
排定行程由誰決定	自己或家人決定	138	22.9
	公司決定	158	26.2
	學校或同學共同決定	35	5.8
	旅行社推薦	196	32.5
	朋友或同事介紹	53	8.8
	其他	23	3.8
有無伴同家屬或朋友	沒有	161	26.7
	配偶	88	14.6
	子女	10	1.7
	親戚或朋友	200	33.2
	其他	126	20.9
組團方式	個別向旅行社報名	113	18.7
	團體向旅行社接洽	347	57.5
	自行組團	117	19.4
	其他	26	4.3

肆、遊客消費行為分析

　　本節分析遊客在金門期間的消費狀況，以瞭解遊客能為金門旅遊市場帶來多少經濟利益。分兩部分進行，第一部分分析其基本消費金額，包括停留期間之食宿費、交通費、各項繳交之團費等。由問卷調查所得資料分析得知，在 603 份問卷中有 315（52.2%）其基本消費介於 6000 至 8000 元之間，有 180(29.9%)人基本消費在 8000至 10000 之間，而個人基本消費在 10000 以上者亦有 52 位佔總人數之 8.6%，詳如表三所示。第二部分為遊客在離開金門返回大陸時所攜帶金門特產之消費金額。金門有四大特產：金門高粱酒，貢糖，菜刀與一條根等。由於金門氣候乾燥，適合高粱種植，再加上特殊之火山岩結構，其地下水純淨甘甜，因此所生產之金門高粱酒兼具濃烈與清香，早已聞名全中國，鮮少有到金門不喝或不買金門高粱酒的。金門土質多砂地，又屬海島，長期受海風吹襲，農作物栽種不易，落花生遂成為早期大宗經濟作物，因此由花生所衍生製造之產品如貢糖就成為金門特產之一。另外，金門在大陸長期炮彈攻擊下，由炮彈碎片所磨製而成的刀具如菜刀亦成為金門特產，足見金門同胞樂天知命，生性敦厚之特性。一條根為金門重要之中藥草，對治療風濕症有相當之療效，亦成為金門極力推廣之特產。以下針對大陸遊客對上述金門特產之消費狀況由問卷調查所得結果作一描述，詳細數字則請參閱表四。

　　一、購買高粱酒特產分析：遊客對高粱酒之消費在 500 元以下者有 365 人占 60.5%，500-1000 元有 77 人占 12.8%，1,000至 5000 元有 142 人占 23.6%，5000 至 10000 者有 13 人占 2.2%，而 10000 以上者亦有 6 人，佔 2.0%。由原資料得有購買高粱酒者其平均購買金額為新臺幣 1,728 元。

二、購買貢糖特產分析：遊客購買貢糖消費在 500 元以下者有
　　369 人，占 61.2%，500 到 1000 者 137 人占 22.72%，購買
　　金額在 1000 至 5000 者有 57 人占 9.45%。購買金額無超過
　　5000 者，有購買貢糖者其平均購買金額為新臺幣 1,361 元。

三、購買菜刀特產分析：遊客購買菜刀消費在 500 元以下者有
　　482 人占 79.9%，500 到 1000 者有 46 人占 7.6%，金額在
　　1000 至 5000 者有 68 人占 11.3%，5000 至 10000 者有 7 人
　　占 1.2%，未有超過 10000 者。有購買貢糖者其平均購買金
　　額為新臺幣 1,671 元。

四、購買一條根特產分析：遊客購買一條根特產，消費在 500
　　元以下者有 518 人占 85.9%，消費在 500 至 1000 者有 40
　　人佔 6.6%，1000 至 5000 者有 41 人占 7.8%，5000 到 10000
　　者其有 4 人占 0.7%％，未有超過 10000 者。有購買一條根
　　特產者其平均購買金額為新臺幣 1,147 元。

　　由以上數字分析，大陸遊客在金門期間之消費，主要還是基本
之食宿與交流費，金門特產並未能吸引其大量採購，如何促銷，提
高單品價值，吸引遊客注意以及如何建立品質信心都是值得特產販
賣者或政府單位思考。

表 3　遊客在金門消費狀態分析——基本食宿及交通費

消費項目 ＼ 樣本分布	消費金額級距	樣本數 N＝603	樣本分布（%）
食宿及交通費	6,000 元以下	56	9.3
	6,000 元-8,000 元	315	52.2
	8,000 元-10,000 元	180	29.9
	10,000 元以上	52	8.6

表 4　遊客在金門消費狀態分析──特產及其他消費

消費金額 ＼ 特產別	高梁酒	貢糖	菜刀	一條根	其他	佔總人數（%）
500 以下	365	369	482	518	546	75.6
500-1,000	77	137	46	40	27	10.8
1,000-5,000	142	97	68	41	24	12.3
5,000-10,000	13	0	7	4	6	1.0
10,000 以上	6	0	0	0	0	0.2

伍、服務品質與旅遊資源對遊客滿意度分析

一、服務品質與遊客滿意度分析

　　本節分析遊客在金門旅遊所感受到的服務品質，包括客輪、住宿、交通、餐飲、特產、海關、導遊與行程安排等 8 項服務項目，針對對這些項目衡量遊客的滿意度，分析結果彙編如表 5 所示。

　　在 8 項旅遊服務項目中，滿意度最高的前三項目依次為導遊服務（83.8%）、交通設施與服務（82.8%）及金門海關入境服務（68.7%）。而滿意度較低者為特產品質與銷售服務（58.1%）、餐廳設備與服務（59.0%）以及旅館設備與服務。而不滿意度最高者有金門海關入境服務 5.4%、旅遊行程安排 4.8%、客房服務 3.8%。由這些旅遊服務品質項目分析，可以知道在特產品銷售、餐廳及客房人員服務上的服務態度與內容有待加強；而不滿意最高的海關入境服務及旅遊行程安排，是有關單位與旅行社應思考改進的。

　　大陸遊客整體滿意度達 75.1%，五年內願意再來旅遊的比例為 43%，會推薦親友到金門旅遊的比例為 67.6%，雖然大陸遊客再來

金門旅遊的意願不高，但可透過提高整體滿意度來增加推薦親友的
意願，這是從事旅遊事業者應重視遊客滿意度的原因。

表 5　金門旅遊服務品質分析

服務品質	樣本分布	極滿意	滿意	普通	不滿意	極不滿意
1.客輪設備與服務 （平均數 3.68）	次數＝540	37	302	191	10	1
	有效百分比	6.9	55.9	35.4	1.7	0.2
	滿意度	62.8%		不滿意度	1.9%	
2.旅館設備與服務 （平均數 3.61）	次數＝546	26	304	198	16	4
	有效百分比	4.8	55.7	36.3	2.9	0.7
	滿意度	60.5%		不滿意度	3.6%	
3.交通設施與服務 （平均數 3.92）	次數＝499	94	320	79	5	1
	有效百分比	18.8	64.1	15.8	1.0	0.2
	滿意度	82.8%		不滿意度	1.2%	
4.餐廳設備與服務 （平均數 3.63）	次數＝500	29	266	195	8	2
	有效百分比	5.8	53.2	39.0	1.6	0.4
	滿意度	59.0%		不滿意度	2.0%	
5.特產品質與銷售服務 （平均數 3.64）	次數＝482	31	249	189	10	3
	有效百分比	6.4	51.7	39.2	2.1	0.6
	滿意度	58.1%		不滿意度	2.7%	
6.金門海關入境服務 （平均數 3.69）	次數＝505	38	309	131	19	8
	有效百分比	7.5	61.2	25.9	3.8	1.6
	滿意度	68.7%		不滿意度	5.4%	
7.導遊服務 （平均數 4.06）	次數＝514	125	306	75	6	2
	有效百分比	24.3	59.5	14.6	1.2	0.4
	滿意度	83.8%		不滿意度	1.6%	
8.旅遊行程安排 （平均數 3.68）	次數＝503	38	290	156	16	3
	有效百分比	7.6	57.7	31.0	3.2	0.6
	滿意度	65.3%		不滿意度	4.8%	

註：平均數評分值，非常滿意＝5分、滿意＝4分、普通＝3分、不滿意＝2分、非常不
　　滿意＝1分

表 6　整體滿意度分析

項目	次數（n＝531）	有效百分比
非常滿意	35	6.6
滿意	364	68.5
普通	123	23.2
不滿意	8	1.5
非常不滿意	1	0.2

表 7　五年內願不願意再來金門旅遊

項目	次數（n＝530）	有效百分比
願意	228	43.0
不願意	35	6.6
不一定	267	50.4

表 8　會不會推薦親友到金門旅遊

項目	次數（n＝530）	有效百分比
會	357	67.6
不會	31	5.9
不一定	140	26.5

　　為簡化衡量金門觀光服務項目滿意度之變項，利用因素分析法採主要成份分析，萃取共同因素，茲根據因素分析結果產生的三個構面，就構面內項目間之共同特性予以命名如下：因素一包含客輪設備與服務、旅館設備與服務以及餐廳設備與服務，因素一之可解釋變異量高達 49.502%，這些項目的共同特徵是在旅遊行程中遊客吃、住、行所必需的，與服務人員接觸時間少，因此設備及餐飲質的要求重於服務，本研究擬命名為「質量的服務」。因素二包含特產品質與銷售服務、金門海關入境服務、導遊服務以及旅遊行程安排，

因素二之可解釋變異量高達 11.548%，這些項目的共同特徵人員的服務重於設備的提供，因此本研究擬命名為「人員的服務」。因素三僅包含交通設施與服務，因素三之可解釋變異量達 8.168%，項目的特徵就是大陸遊客的滿意度高，是目前相對大陸觀光服務品質較具競爭優勢的，因此本研究擬命名為「優勢服務」。

二、旅遊資源品質與遊客滿意度分析

　　本節分析遊客在金門旅遊所感受到的觀光資源的滿意度。首先依據金門觀光資源項目文獻探討，彙編 12 項代表金門的重要觀光資源，並經分析其各項資源之滿意度及不滿意度，彙整如表 9 所示。在各項觀光資源當中，最讓大陸遊客滿意的是社會治安與環境整潔，滿意度高達 85.4%，居民富人情味滿意度 73.6%以及戰地遺址豐富滿意度為 67.8%。而滿意度較低的項目依次為物品價格與種類（24.1%），工商業繁榮（28.3%）以及遊憩活動豐富（32.2%）。而不滿意度最高之前三相與滿意度低之前三項完全相同即物品價格與種類（20.3%），工商業繁榮（8.1%）以及遊憩活動豐富（7.0%）。由此可知金門的觀光資源最讓大陸遊客滿意的是屬於自然、純樸、生活面，如乾淨的道路、良好的治安及富人情味的人民、再加自然秀麗的風光，這一幅世外桃園的景象，在大陸晚近的一味強調經濟發展過程中這些已漸漸消失，金門當局主政者應思珍惜與發揚。

　　在滿意度低的項目中，我們可以看出團費與物品價格的高昂，並不是大陸一般居民負擔得起的，金門到處充斥著大陸貨品，缺乏本地及臺灣特產的專賣，並因長期在軍管及地處前線，居民與遊客量不足，造成工商業發展的困難，企業投資意願降低，當然在遊憩活動項目上自然缺乏。在觀光資源不足的情況下，因此以大陸遊客

的觀點來看，目前金門的觀光資源僅適宜以三天二夜、及二天一夜的短期行程規劃為主。

表 9　觀光資源滿意度分析

觀光資源	樣本分佈	極滿意	滿意	普通	不滿意	極不滿意
1.海濱與山水風光特殊 （平均數 3.78）	次數＝518	64	282	166	5	1
	有效百分比	12.4	54.4	32.1	0.9	0.2
	滿意度	66.8%		不滿意度	1.1%	
2.民俗民風與民生體驗 （平均數 3.56）	次數＝499	38	224	218	13	1
	有效百分比	7.6	44.9	43.7	2.6	0.2
	滿意度	52.5%		不滿意度	2.8%	
3.物品價格與種類 （平均數 3.01）	次數＝485	17	100	271	92	7
	有效百分比	3.5	20.6	55.9	18.9	1.4
	滿意度	24.1%		不滿意度	20.3%	
4.社會治安與環境整潔 （平均數 4.18）	次數＝528	177	274	72	5	0
	有效百分比	33.5	51.5	13.6	0.9	0
	滿意度	85.0%		不滿意度	0.9%	
5.居民富人情味 （平均數 3.91）	次數＝516	92	288	131	5	0
	有效百分比	17.8	55.8	25.4	1.0	0
	滿意度	73.6%		不滿意度	1.0%	
6.閩南建築風味 （平均數 3.79）	次數＝501	63	272	163	3	0
	有效百分比	12.6	54.3	32.5	0.6	0
	滿意度	66.9%		不滿意度	0.6%	
7.神秘色彩豐富 （平均數 3.37）	次數＝484	30	156	265	30	3
	有效百分比	6.2	32.2	54.8	6.2	0.6
	滿意度	38.4%		不滿意度	6.8%	
8.戰地遺址豐富 （平均數 3.77）	次數＝521	62	291	159	6	3
	有效百分比	11.9	55.9	30.5	1.2	0.6
	滿意度	67.8%		不滿意度	1.8%	
9.文物古蹟豐富 （平均數 3.54）	次數＝506	37	206	256	7	0
	有效百分比	7.3	40.7	50.6	1.4	0
	滿意度	48.0%		不滿意度	1.4%	

10.遊憩活動豐富 （平均數 3.29）	次數＝482	21	134	293	31	3
	有效百分比	4.4	27.8	60.8	6.4	0.6
	滿意度	32.2%		不滿意度	7.0%	
11.工商業繁榮 （平均數 3.23）	次數＝491	20	119	312	36	4
	有效百分比	4.1	24.2	63.5	7.3	0.8
	滿意度	28.3%		不滿意度	8.1%	
12.碉堡藝術活動 （平均數 3.43）	次數＝447	25	170	228	21	3
	有效百分比	5.6	38.0	51.0	4.7	0.7
	滿意度	43.6%		不滿意度	5.4%	

註：平均數評分值，非常滿意＝5分、滿意＝4分、普通＝3分、不滿意＝2分、非常不滿意＝1分

表 10　適當旅遊天數

適當旅遊天數	次數	樣本分布（%）
當天往返	9	1.5
兩天一夜	202	33.5
三天二夜	353	58.5
四天三夜	37	6.1
其他	2	0.3

　　為簡化衡量金門觀光資源滿意度之變項，利用因素分析法之主成份分析，經由因素分析，共萃取 3 個構面，茲根據因素分析結果產生的三個構面，就構面內項目間之共同特性予以命名如下：因素一包含物品價格與種類、神秘色彩豐富以及文物古蹟豐富，因素一之可解釋變異量高達 43.456%，這些項目的共同特徵就是大陸遊客的滿意度低，因此本研究擬命名為「相對劣勢資源」。因素二包含海濱與山水風光特殊、民俗民風與民生體驗，因素二之可解釋變異量達 11.497%，這些項目的共同特徵尚未有明顯競爭優勢，屬待開發資源，因此本研究擬命名為「待開發資源」。因素三包含社會治安與環境整潔、居民富人情味、閩南建築風味以及戰地遺址豐富，因素

三之可解釋變異量達 6.093%，這些項目的共同特徵就是大陸遊客的滿意度高，是目前相對大陸觀光資源較具競爭優勢的，因此本研究擬命名為「相對優勢資源」。

陸、影響遊客滿意度之重要因素分析

一、服務項目對影響遊客滿意度分析

以 3 項金門觀光服務項目因素構面為自變數，以整體滿意度為依變數，進行多元迴歸分析，探討質量的服務（Xa）、人員的服務（Xb）、及優勢服務（Xc）等三個因素構面，對整體滿意水準之解釋變異能力。其標準化分數迴歸方程式如下：

$$Y = 0.291Xa + 0.314Xb + 0.136Xc + 3.802$$
$$(6.703**)\quad (7.231**)\quad (3.135**)$$

判定係數 R Square＝0.451，F 值＝35.882，p＝0.000；
（ ）內為 t 檢定，**表示在 1%顯著水準下 t 值顯著

由於整體模式的 F 值已達顯著水準（p＜0.001），表示觀光服務項目品質因素構面與整體滿意度存在正向的影響關係。就服務項目品質方程式分析，三個因素構面，以人員的服務（Xb）其權重為 0.314 最大，表示其影響整體滿意程度最大，在服務品質項目構面中為關鍵服務品質，其次是質量的服務（Xa）權重為 0.291，亦是影響整體滿意重要的因素構面，最後雖然有及優勢服務（Xc）但影響整體滿意的程度尚屬有限。

二、旅遊資源項目對影響遊客滿意度分析

　　為瞭解造成大陸遊客整體滿意度之原因，擬採用多元迴歸模型，找出金門觀光資源及服務項目重要構面或屬性。根據前述所萃取的 3 項金門觀光資源因素構面為自變數，以整體滿意度為依變數，進行多元迴歸分析，探討相對劣勢資源（X_1）、待開發資源（X_2）、及相對優勢資源（X_3）等三個因素構面，對整體滿意水準之解釋變異能力。其標準化分數迴歸方程式如下：

$$Y = 0.243X_1 + 0.250X_2 + 0.327X_3 + 3,794$$
$$(5.178**) \quad (5.335**) \quad (6.969**)$$

判定係數 R Square＝0.477，F 值＝34.468，p＝0.000；
（　）內為 t 檢定，**表示在 1%顯著水準下 t 值顯著
　　由於整體模式的 F 值已達顯著水準（p＜0.001），表示觀光資源品質因素構面與整體滿意度存在正向的影響關係。由其係數可知相對優勢資源（X_3）對整體滿意度的影響程度最高、為金門最關鍵的觀光資源因素，而相對劣勢資源（X_1）及待開發資源（X_2）二個因素構面，其權重分別為 0.243 及 0.250，表示這對整體滿意水準均有一定的影響程度，不可輕忽。

柒、結論

　　根據前述的研究分析結果及遊客意見，本研究擬提供下列幾項建議供觀光決策當局參考。

一、開發具金門特色的自然人文觀光資源

金門重要旅遊資源如閩南建築、及古蹟遺址，對來金門的大陸旅客而言，滿意度偏低。在幾乎盡是閩南人的大陸遊客，相當熟悉閩南建築風格，及觀賞過規模宏偉的古蹟，因此金門之重要景點如烈女廟、水頭洋樓、文臺寶塔、及模範街等，均為遊客列為最不滿意之景點，主要原因是景點太普通沒什麼特色，觀賞性不夠。而在乾淨整潔的道路、社會治安良好、山水風光秀麗、及居民富人情味等資源上卻獲得極高的滿意度，大陸遊客對金門的評價如『金門應繼續保持整體乾淨的環境』、『金門保存著比較好的生活環境、風光秀麗、環境衛生有序』、『金門環境悠靜、自然景色保護較為完整』、『金門人民非常熱情、好客，給我印象極為深刻』等，已道出金門的優勢觀光條件。因此，金門觀光資源在面對廣大大陸遊客市場時，應對其擁有的優勢條件有所調整與包裝，開發具金門特色的自然人文觀光資源，才能與大陸龐大的觀光資源有所區隔，創造金門永續觀光資源環境。

二、設計滿足大陸遊客旅遊行程

來金門的大陸旅客，他們想看一些金門特別的東西，他們想滿足他們昔日國共敵對時對金門好奇的需求，如戰爭留下的遺址，可在古寧頭戰場，讓他們去體驗人性、和善、與仇恨，我方應以理解、方便、准許的態度，讓遊客憑弔及祭拜當年中共陣亡官兵亡魂。大陸遊客認為金門是臺灣之窗、除展示金門特色外，還應展現更多的臺灣特色，如臺灣特產、臺灣小吃等。並且應借助地理優勢，拓展旅遊空間，延伸旅遊行程至臺灣，如金門臺北旅遊行程、金

門臺中行程等。金門旅遊夜間活動付之闕如，沒有文藝活動、沒有休閒娛樂場所、沒有豐富精緻的商業街，因此，如何安排夜間活動行程，讓遊客更深刻去體驗金門的特色，這需要旅遊業者精心規劃與執行。

三、加強金門旅遊宣導力度

　　觀光資源形象是要經過長期的塑造，尤其是透過口碑的傳播，將形成最具影響力的宣導力量。金門從事旅遊業者應重視每位遊客的感受，如何滿足遊客的需要，提高遊客滿意度，其中導遊與解說員與遊客的互動，是關鍵性的因素。金門旅遊必須培養具高素質的導遊與解說員，重要的景點應有專業解說員，專業解說員應接受嚴格的訓練，解說詞內容應具文字化與標準化，避免不同解說員各說一套。對大陸遊客要說普通話，對敏感度較高的戰爭史蹟，解說語氣應該誠懇委婉，才能減少不必要的口角與爭執。

四、確立金門旅遊發展方向

　　人類在好奇心驅使下，某個旅遊目的地形象於其心中有一定地位時，並透過鄰居親友或同事的口碑，會增強其前往的意願。金門旅遊形象的定位，不一定要擁有何重大的觀光資源，首要的問題是旅客所花的錢是否值得，因此，只要維持一定的服務品質，可以採用中低價位，調整團費及特產品價格，讓遊客有物超所值的感覺，透過溝通來改善申請手續太慢的現象，及入境通關不夠便捷的情況，提供遊客的需求如人幣兌換處、代客拍照等旅遊服務，以提高

旅客滿意度，進而增加旅客推薦親友的意願，這更能突顯金門旅遊目的地的獨特之處。

（本文發表於「第三屆管理學術研討會」，2005 年 11 月，國立勤益科技大學主辦）

參考文獻

中文部分

故鄉市場調查股份有限公司（2000），《中華民國八十八年國人國內旅遊狀況調查報告》，臺北：交通部觀光局。

行政院大陸委員會（2003），《大陸地區專業人士來臺從事文教交流活動統計》，http://www.mac.gov.tw/statistic/ass_ce/Welcome.html。

林千如（2003），《大陸專業人士在臺購物消費行為之研究》，國立東華大學公共行政研究所碩士論文。

陳光華、容繼業、陳怡如（2004），《大陸地區來臺觀光團體旅客旅遊消費行為與重遊意願之研究》，觀光研究學報，第十卷，第二期，頁 95-110。

陳建民、張皆欣、李能慧（2004），《大陸居民對金門觀光資源形象之研究──以廈門旅遊之大陸居民為調查對象》，二十一世紀產業發展研討會，國立高雄應用科技大學主辦。

英文部分

Ajzen, I., & Driver, B. L. (1992). Application of the theory of planned behavior to leisure choice. Journal of Leisure Research 24(3), 207-224.

Clawson, M. & Knetsch, J.L. (1966). Economics of outdoor recreation. Baltimore: The John Hopkins Press.

Engel, J.F., Kollat, D.J., & Blackwell, R.D. (1968). Consumer behavior. New York: Holt, Rinehart, and Winston.

Gitelson, R. & Kerstetter, D. (1994). The influence of friends and relatives in travel decision-making. Journal of travel and tourism marketing 3(3), 59-68.

Howard, J.A. &Sheth, J.N. (1969). The theory of buyer behavior. New York: John Wiley.

Jenkins, R.L. (1978). Family vacation decision making. Journal of Travel Research 16(4), 2-7.

Kolter, P., Bowen, J. and Markens, J. (1999), <u>Marketing for Hospitality and Tourism</u>, 2nd.

Nicosia, F.M. (1966). Consumer decision process: marketing and advertising implications. Englewood Cliffs, NJ: Prentice Hall.

Van Raaij, W.F. & Francken, D.A. (1984). Vacation destinations, activities and satisfactions. Annals of Tourism Research 11(1), 101-112.

Wahab, S. Crampon, L.J. & Rothfield, L.M. (1976). Tourism marketing. London: Tourism International Press.

Woodside, A.G. & King, R. (2001). Tourism consumption system: Theory and empirical research. Journal of Travel and Tourism Research 10(1), 3-27.

Woodside, A.G. & Lysonski, S. (1989). A general model of traveler destination choice. Journal of Travel Research 27(1), 8-14.

Zalatan, A. (1998). Wives' involvement in tourism decision process. Annal of Tourism Research 25(4), 890-903.

「海峽西岸經濟區」與金廈旅遊發展

壹、前言

　　金廈兩地具有血脈同緣、文化同根的背景優勢，對中國大陸而言，發展對臺旅遊既是福建的特色，也是福建的優勢。尤其是福建省提出了建設「海峽西岸經濟區」的戰略構想，把福建社會經濟發展放到海峽區域性的格局中進行構架，充分顯示了中共的對臺新政策，也使得臺灣方面在此政策上亦要有所因應。

　　很明顯地，中共對於閩臺旅遊合作是建設「海峽西岸經濟區」發展戰略的重要組成部分。[1]隨著臺海局勢的變化，閩臺旅遊發展中面臨了機遇與挑戰。在上述背景之下，從促進福建對臺旅遊的角度切入，對福建對臺旅遊發展的政策進行了初步探討，以期在新形勢下能夠將此機會掌握運用，從而加速金廈之間旅遊業的發展步伐。

　　可以預見的是，隨著兩岸小三通的逐步擴大，中共對於福建省對臺工作的授權，以及福建省旅遊資源優勢的進一步發揮，對於金廈兩地未來旅遊合作的共識，將在兩岸持續交往中扮演越來越重要的角色。在這樣的背景與前題之下，充分瞭解「海峽西岸經濟區」以及金廈旅遊合作的發展現況和潛能，據以建構相應的旅遊發展策略，對於未來金廈旅遊共同持續發展具有極大的意義。

---

[1]　孟鐵鑫，〈閩臺旅遊合作背景下的福建旅遊發展戰略研究〉，《廈門理工學院學報》，第 4 期，2005 年，頁 20。

貳、「海峽西岸經濟區」之規劃與旅遊發展

　　中共在 1981 年決定在廈門設置經濟特區，1984 年擴大到全島，國務院在 1985 年的 85 號文件「關於廈門經濟特區實施方案的批復」中指出，廈門經濟特區擴大到全島是為了發展中國東南地區經濟及加強對臺工作，顯然其目標部分係針對臺灣。2004 年，福建省委、省政府提出建設「海峽西岸經濟區的規劃」，經過中國共產黨第十六屆五中全會「關於制定國民經濟和社會發展第十一個五年規劃的建議」、第十六屆六中全會「關於構建社會主義和諧社會的決定」以及「中華人民共和國國民經濟和社會發展第十一個五年規劃綱要」都明確提出「支持海峽西岸和其他臺商投資相對集中地區的經濟發展」。在中共黨中央和國務院的大力支持下，「海峽西岸經濟區」主要在兩岸經貿關係、通航、觀光旅遊、農業、文化等方面的聯繫和結合規劃和佈局，以期營造出妥適的政策環境。[2]

　　所謂「海峽西岸經濟區」是「以福建為主體，涵蓋周邊區域，對應臺灣海峽，具有自身特點、自然集聚、獨特優勢的區域經濟綜合體」，[3]主要以福州、廈門、泉州為中心，北起浙江溫州，包括浙南溫州、金華、麗水地區；南至廣東以東，包括粵東汕頭、潮州地區的臺灣海峽的海域與陸地。中共福建當局推動「海峽西岸經濟區」建設，一方面是為發展自身的經濟，提升綜合競爭力；一方面，希望藉以發揮對臺優勢，積極促進閩臺的經濟整合。由於該項規劃案涉及中共對臺工作，值得吾人予以關注。[4]

---

[2]　張文生，〈兩岸關係之金門未來定位〉，發表於「2007 小三通試辦六週年研討會」，金門縣政府主辦，2007 年 10 月 24～25 日，頁 47-52。

[3]　〈「海峽西岸經濟區建設綱要（試行）」正式頒發〉，《福建日報》，2004 年 11 月 15 日，頁 3。

[4]　郭瑞華，〈海峽西岸經濟區評析〉，《展望與探索》，第 4 卷第 4 期，2006 年 4

　　無可否認,「海峽西岸經濟區」的構想,可視為中共對臺工作的一環。由於中共福建省當局建設海峽西岸經濟區的總體目標在提高產業要素集中度和整合效率,以吸引更多的境內外資金前往投資,並建設成與珠江三角洲、長江三角洲對接的經濟圈。然而福建當局深知建設「海峽西岸經濟區」的構想,如果僅從自身的角度提出,難以獲得中央的關注;惟有藉由與臺灣隔海相望的獨特區位,才能獲致中央的大力支持。尤其從地理環境和人文關係來看,中共中央亦認為福建省在執行對臺工作方面確實占有相對的優勢;因此陸續賦予福建一些對臺特殊政策,包括設立 6 個臺商投資區,[5]設立湄州島和武夷山兩個國家級旅遊度假區,設立廈門、馬尾、泉州等「小三通」口岸,以及批准福建廈門公安局和福州公安局簽發 5 年有效期臺胞證等,[6]凡此對於促進福建與臺灣地區之商業和觀光旅遊交流之目標著墨甚深。

　　在中共「海峽西岸經濟區」的規劃推出之後,福建省旅遊部門為配合相關政策,乃積極推動大陸觀光客前往臺灣旅遊的措施,具體內容包括:1.編制閩臺旅遊合作區規劃;2.持續擴大福建居民赴金馬澎地區旅遊工作,具有資格組團赴金馬旅的旅行社從原來的 5 家迅速擴大到 21 家;3.派員赴臺灣進行旅遊宣傳促銷,並與臺灣六大旅行公會簽訂旅遊合作協議;4.策劃相關旅遊活動,例如在「中國廈門投資洽談會舉辦海峽旅遊博覽會等。[7]

　　月,頁 9-14。

[5]　中共國務院於 1989 年批准廈門杏林、海滄以及福州馬尾設立臺商投資區;1992 年,國務院再批准廈門集美為臺商投資區。此外,1990 年在福州琅岐設立臺商投資區;1991 年,同意臺商在湄州灣地區投資。

[6]　郭瑞華,〈海峽西岸經濟區與福建對臺工作〉,發表於「兩岸政經發展學術研討會」,國立金門技術學院、中國大陸研究學會主辦,2005 年 12 月 20～22 日,頁 13-19。

[7]　陳萍,〈試析閩臺旅遊合作潛能的釋放〉,發於「兩岸政經發展學術研討會」,

參、金廈旅遊實施現狀

目前金廈兩地的旅遊活動，主要係靠「小三通」的管道進行交流。「小三通」所依據的是「離島建設條例」第 18 條，目的是要促進離島的建設與發展，提升離島地區民眾之生活品質。這主要是由於金馬離島地區受到地理環境、人口稀少、資源貧瘠等因素之影響，發展程度遠落後於臺灣本島，再加上 1992 年金馬地區解除戰地政務後，雖民生建設與觀光發展受軍事管制影響程度降低，但 1998 年以來「國軍精實案」的實施，防區官兵減少，亦影響當地的消費需求。而離島民眾所期望藉開放觀光帶來繁榮，卻不如原先的期望，使工商業發展不易。與此同時，農漁等傳統產業衰退，人口外流嚴重，也因此，如何促進金馬地區的經濟發展乃成為各界關注的焦點。在各種解決方案中，由於地理上，金馬地區與大陸福建僅一水之隔，澎湖地區位於臺灣海峽中線地帶，因此希望藉由「小三通」或設置「經貿特區」，擴大與大陸經貿交流，以振興地方經濟的構想也相應而生。[8]

行政院根據「離島建設條例」第 18 條，有關「在臺灣本島與大陸地區全面通航之前，得先試辦金、馬、澎湖地區與大陸地區通航」的規定，研訂法令並積極推動「小三通」，而優先試辦的項目則是「操之在我」、不待與對岸談判即可進行的所謂「除罪化」的部分。[9]從

頁 26-31。

[8] 劉文彬，〈「小三通」對臺灣之影響〉，《共黨問題研究》（臺北），第 27 卷第 2 期，2001 年 2 月 15 日，頁 79-87；呂謙、陳滄江、陳建民，《小三通實施前後對於金馬地區經濟發展模式建構與驗證之研究》（行政院大陸委員會委託研究專案報告）（臺北：行政院大陸委員會），2006 年 8 月 1 日，頁 11-14。

[9] 「除罪化」意指針對非法「小三通」之犯罪行為如走私貨品、人員非法入出境、船舶非法直航大陸、漁船或企業非法雇用大陸漁工或勞工等，藉由開放措施使非法行為合法化，或透過刑事立法手段，免除犯罪之制裁或改予較輕之處罰，達到「除罪化」的目的。

臺灣方面的角度來看，藉由「小三通」，一方面，可以擴大與大陸的經貿交流，振興金馬地區的地方經濟，同時可以將當時所存在的「非法」交流活動轉變為「正常」、「合法」的經貿往來，可促進彼此間經貿往來和交流，並有利於臺灣方面的管理；另一方面，在政治上則可表現出推動兩岸良性互動關係的誠意。對於臺灣方面積極準備推動的「小三通」，大陸方面也展現了善意的回應，強調長期以來大陸方面已為早日實現直接「三通」做了許多準備，同時對有利於金、馬民眾生活改善和經濟發展的事情，大陸方面也願意提供幫忙，有關的事宜可以由金、馬和福州、廈門相應的民間組織，本著「一個國家內部事務」的原則來加以解決，同時呼籲臺灣方面對兩岸人員和貿易雙向往來都應提供方便，手續應當盡量簡化。[10]自此，在兩岸均以務實的態度來看待「小三通」的情況下，使此一政策得以順利推展，並為低迷的兩岸關係尋找出互利互惠的接觸點。

根據統計，截至 2007 年 8 月底為止，金馬「小三通」航運往來航次達 17,333 航次，其中客船 11,666 航次，貨船 5,667 航次（參見表 1），在人員往來方面，若只統計臺灣地區出境和大陸地區入境兩項，截至 2007 年 8 月底為止，臺灣地區出境 110 萬 9,433 人次，大陸地區入境 11 萬 8,211 人次（請見表 2），進出口貨物累計金額超過新臺幣 14 億元，各層面的交流日益密切。另根據移民署的統計，2006 年金門小三通入出境旅客人數達 62 萬 3,030 人次，較 2005 年的 51 萬 8,719 人次，增加 10 萬 4,311 人次，增長 20.11%，創小三通實施六年來單年旅客入出境新高記錄，這主要係受 2006 年金門小三通相關重要開放措施的影響所致，這些措施包括 2006 年 5 月 1 日起金馬旅臺鄉親開放自由經「小三通」進出，不受團進團出之限制；6 月 8

---

[10] 魏艾，〈「小三通」政策實施成效及其對兩岸經濟整合的意涵〉，發表於「2007 小三通試辦六週年研討會」，頁 54-63。

日增加金門和泉州石井港新航線；7 月 1 日起金門和廈門航線一天增加為二十班船；9 月 1 日起開放中國大陸觀光團遊金門在地辦證等，促使小三通旅客大幅成長。[11]在此一形勢下，據估計，2007 年金門「小三通」入出境旅客人數可望達 70 萬人次大關。[12]

表 1　金馬「小三通」航運往來統計表

（單位：以每航次的正式往返計）

年度 月份	臺灣船舶		大陸船舶	
	金門－廈門、泉州	馬祖－福州	廈門、泉州－金門	福州－馬祖
2001 年	83（81 客船、2 貨船）	54（52 客船、2 貨船）	34（12 客船、22 貨船）	11（2 客船、9 貨船）
2002 年	288（233 客船、55 貨船）	147（59 客船、88 貨船）	116（40 客船、76 貨船）	42（1 客船、41 貨船）
2003 年	467（442 客船、25 貨船）	309（136 客船、173 貨船）	531（349 客船、182 貨船）	36（1 客船、35 貨船）
2004 年	820（773 客船、47 貨船）	401（268 客船、133 貨船）	1,215（767 客船、448 貨船）	593（0 客船、593 貨船）
2005 年	1,207（947 客船、260 貨船）	388（277 客船、111 貨船）	1,467（887 客船、580 貨船）	1,214（0 客船、1,214 貨船）
2006 年	1,817（1,656 客船、161 貨船）	436（363 客船、73 貨船）	1,713（1,419 客船、294 貨船）	494（0 客船、494 貨船）
2007 年 1-8 月	1,510（1,443 客船、67 貨船）	439（279 客船、160 貨船）	1,389（1,179 客船、210 貨船）	112（0 客船、112 貨船）
小計	6,192（5,575 客船、617 貨船）	2,174（1,434 客船、740 貨船）	6,465（4,653 客船、1,812 貨船）	2,502（4 客船、2,498 貨船）
合計	8,366（7,009 客船、1,357 貨船）		8,967（4,657 客船、4,310 貨船）	
總航次	雙方航運往來航次 17,333（11,666 客船、5,667 貨船）			

說明：1. 資料統計時間截至 2007 年 8 月 31 日。

　　　2. 金泉航線定期客輪於 2006 年 6 月 8 日開航，截至 2007 年 8 月底共航行 609
　　　　 航次，而泉金航線則為 229 航次。

資料來源：行政院大陸委員會經濟處。

---

[11] 《臺灣新生報》，2007 年 1 月 3 日，版 1。
[12] 魏艾，〈「小三通」政策實施成效及其對兩岸經濟整合的意涵〉，發表於「2007
　　 小三通試辦六週年研討會」，頁 58-59。

表 2　金馬「小三通」人員往來統計表

（單位：人次）

年度 月份	臺灣人民〈以出境人數計〉		大陸人民〈以入境人數計〉	
	金門－廈門、泉州	馬祖－福州	廈門、泉州－金門	福州－馬祖
2001 年	9,738	1,991	951（411）	90（10）
2002 年	26,151	1,936	1,039（118）	319（96）
2003 年	78,782	2,977	2,936（2,468）	824（684）
2004 年	193,937	8,434	9,865（7,279）	2,544（2,301）
2005 年	244,504	13,739	14,132（9,480）	4,475（4,073）
2006 年	278,060	16,709	35,399（14,466）	6,530（5,712）
2007 年 1-8 月	218,272	14,203	33,449（13,096）	5,658（4,852）
小計	1,049,444	59,989	97,771（47,318）	20,440（17,728）
合計	1,109,433		118,211（65,046）	
總人次	雙方人員往來 1,227,644 人次			

說明：1. 資料統計時間截至 2007 年 8 月 31 日。

2. （ ）部分為大陸人民赴金馬進行社會交流（含大陸配偶、探親、探病、團聚等）人數。

3. 金泉航線於 2006 年 6 月 8 日開航，2007 年 8 月份由泉州－金門計 2,552 人，金門－泉州計 2,548 人。

資料來源：行政院大陸委員會經濟處。

肆、金廈觀光旅遊發展潛能評估

　　儘管中共對於「海峽西岸經濟區」的規劃構想，不單單從經濟的角度考量，甚或摻雜著政治方面的思維，不過並不代表臺灣方面沒有可以操作和配合的空間。根據中共福建省委書記盧展工指出，2003 年長江三角洲的江、浙、滬的經濟總量加起來 3,300 多億美元，珠江三角洲的港、澳、粵加在一起的經濟總量是 3,300 多億美元，

臺灣和福建總量加起來也是 3,300 多億美元。依此數據來看，閩臺兩地經濟整合後，經濟實力相當驚人，勢將能與珠江三角洲、長江三角洲成三足鼎立之勢。然而，上述要成為事實，必須充分改善兩岸關係，始有可能。無可諱言，兩岸關係是一個政治問題，政治問題不解決，想要在經濟層面獲得突破，實無可能的。[13]

　　由於近年來觀光旅遊業已成為許多國家或地區重要的外匯來源之一，臺灣為實現「2008 年觀光倍增計劃」的目標，政府當局提出一系列開發旅遊設施建設規劃，並陸續舉辦「臺灣觀光投資說明會」，積極鼓勵民間企業投資。就開放大陸觀光客赴臺旅遊而言，根據交通部觀光局的估計，以每天開放來臺 1000 人，每人停留 10 天，一天平均消費 207 美元，一年至少有 265 億元新臺幣的觀光收入；依此估算，一天開放 2 萬人，就會有 5000 億元新臺幣的市場。[14]因此針對臺灣地區在觀光參與上，如能結合現行的小三通政策，復以大陸規劃中對於「海峽西岸經濟區」的發展規劃與願景，共同開闢「金廈旅遊圈」，預期可增加大陸人士訪金的人數，並可帶來旅遊商機。[15]

　　綜觀金廈地區的旅遊現狀和未來趨勢，在共同發展觀光產業方面仍有其合作的空間和發展潛力。

　　第一、地理與血緣、文化等共同點的優勢：金廈之間長期以來　　　　　存在著地緣、血緣、神緣、業緣、商緣、文緣等緊密聯　　　　　繫的緣分；[16]尤其金廈兩地語言相通，習俗相同，許多

---

[13]　郭瑞華，〈海峽西岸經濟區評析〉，頁 13。

[14]　李銘輝，〈海峽兩岸觀光旅遊之發展與合作願景〉，《益學網》，2007 年 10 月　　　26 日，〈http://www.eshare.org.tw/MORE.asp?name=2006NGO&id=5488〉。

[15]　東華大學人文社會科學院，《金門地區與福建地區（中國）發展邊境經濟（邊　　　境貿易、邊境旅遊）之研究與規劃》，金門縣政府委託案，〈http://www.kinmen.　　　gov.tw/News/News.aspx?doctag=37860〉。

[16]　鄭耀星，〈試論大陸－臺灣地緣旅遊的開發──以廈門同安為例〉，《世界地　　　理研究》，2000 年 4 月，頁 57-60。

宗教文化都極有互相的吸引力，且兩地僅一水之隔，加上近年來小三通之便利性，凡此都是拓展兩地互為旅遊市場的基礎條件和優勢。

第二、資源的互補：金廈之間的旅遊資源各具優勢，而且互補性明顯。經濟發展的差異性使得金廈兩地形成了資源、市場、勞動力、旅遊等第三產業等生產要素高度互補的結構性關係。廈門已經開發成為具有大都會型態的城市，而金門尚具備許多天然和生態觀光資源。兩地未來若能整合旅遊資源，提升旅遊業發展水準，從而達成共同開發和投資彼此的旅遊市場的目標。

第三、政策上的互利：中國大陸福建省在政策上享有臺商投資區、海峽兩岸農業合作試驗區、對臺定點貨物直航口岸等「特殊政策」，加上近期對「海峽西岸經濟區」的規劃，更有政策上的宣示。在臺灣方面，澎湖、金門、馬祖亦享有對大陸福建省「小三通」的直航政策優勢。在政策開放的趨勢下，不僅小三通會逐步增加人員往來的便利性，對於人民幣的兌換和對臺旅遊的外匯收支及帳戶的開立、使用亦將慢慢寬鬆和制度化，[17]不僅能促進雙方旅行社業務的運作，加速金、廈旅遊的發展，亦將擴大福建增加大陸民眾赴臺觀光的口岸。

第四、具有擴展成為亞太旅遊區的潛能：由於福建是旅居外國華人的主要根據地之一，根據統計，全世界海外華人有三千五百萬人，有一千多萬華僑的祖籍在福建，其中百分之八十定居在東南亞各國。[18]金廈兩地的旅遊資源若

---

[17] 陳萍，〈試析閩臺旅遊合作潛能的釋放〉，頁 30。
[18] Enoch Wan, "Mission among the Chinese Diaspora: A Case Study of Migration

能有效整合，這些客源有助於金廈兩地共同開發，爭取
拓展金廈成為亞太地區旅遊目的地和新市場。

伍、結論

金門經濟和建設的發展相當程度仰賴觀光事業，而金門的觀光
業實際上主要受限於政策，金門的旅遊客源還有極大的潛力可以發
揮。目前金廈小三通航線的旅客仍以臺灣民眾為主，兩岸民眾搭乘
金廈航線的比例嚴重失衡，這主要是由於兩岸政策上的限制所造
成，中國大陸民眾無法通過金門中轉到臺灣，而且只有福建籍民眾
能到金門觀光旅遊，這在客觀上限制了金門旅遊客源和消費的進一
步發展。2006 年廈門市總計接待海內外遊客 1,857.3 萬人次，旅遊
總收入 252.82 億元人民幣，僅 2006 年「十一」黃金周，廈門就接
待中外遊客 61.16 萬人次，這些遊客實際上都是金門的潛在客源。
每天從廈門乘船「海上看金門」的遊客平均有 3,000 人，黃金周期
間一天可達 15,000 人，這些也都可成為金門旅遊的實際客源。[19]

中國大陸對於「海峽西岸經濟區」的規劃雖然有其政治的意涵，
但是亦有其經濟上的著力點。兩岸之間的關係只要持續穩定的發
展，在政治上的對立與僵持不持續惡化，對於兩岸觀光的發展一定
有正面的效果。金廈之間基於兩岸政策上互利和觀光資源上的互
補，對於共同開發旅遊市場具有相當的潛在優勢。未來金廈旅遊開
發的成效和政策，須經由兩岸加強溝通和經濟上的整合措施。短期
間，兩岸可先行建立旅遊合作協調機制，委託大陸和臺灣專業機構

---

and Mission," Missology, Vol.31, No.1, Jan. 2003, pp.35-43.
[19] 張文生，〈兩岸關係之金門未來定位〉，頁 49。

和專家進行金廈旅遊合作的細項課題研究，並制訂相應的金廈旅遊合作專項規劃，進一步明確雙方旅遊合作的目標、合作重點、發展階段、措施等，均是可以先行的方針。就中長期而言，在中國大陸方面，除了要持續對臺政策的開放更要有效的宣傳，並充分授權福建省擴大政策上的開放和便利措施；在臺灣方面要以小三通為借鏡，重新調整政策上的限制，並評估與嘗試「金廈旅遊圈」的可行性。透過兩岸之溝通和合作，可望在金廈兩地進行初步觀光資源整合，進而達到建設旅遊繁榮區的預期目標。

（本文發表於「2007 休閒資源與健康管理學術研討會」，國立金門技術學院主辦，2007 年 12 月 21 日，頁 215-221。）

臺灣與大陸旅客對
金門觀光資源競爭力認知之研究

壹、緒論

一、研究背景與動機

　　近年來政府提倡周休二日，且國民所得日漸提高及國人逐漸重視生活品質下，國民的生活型態隨之改變，也由於週休二日假期增加，促進鄰近地區短程定點式休閒型態的增加。

　　金門四面環海，為典型之海島，島上可供發展的產業資源有限，綜觀金門的歷史背景與現實環境顯示，金門在未來整體發展應以「觀光」為導向，全面拓展觀光事業，進而帶動全縣之整體建設。金廈由於歷史同屬同安縣的行政區，所以兩門的百姓是血緣同根、神緣同廟、語言同腔、文緣同源、加上五十餘年來政治隔閡與軍事對立，金門與廈門彼此的感覺是既陌生有熟悉，大陸居民對金門充滿了好奇心，願意到金門旅遊的比例高達 63.7%（陳建民、張皆欣、李能慧，2001）。因此，兩岸雙向觀光最適合從金門廈門開始，大陸居民到廈門來旅遊的旅客若延伸至金門旅遊，臺灣到金門旅遊之旅客也可進入廈門旅遊，一個金廈旅遊共榮圈儼然成型，金廈旅遊勢必發展成為大陸內地及臺灣地區的「黃金旅遊線」，雖然目前大三通尚未實施，金門亦逐漸成為臺灣與大陸人員轉運之樞紐，在大陸正式開放旅客到金門觀光，金門旅遊的市場勢將產生鉅大的轉變，大

陸旅客將取代臺灣旅客成為金門旅遊的主要客源，金門觀光產業將因而帶動金門經濟無限的發展。尤其金門文化資產雄厚，閩南、洋樓建築群，風景名勝遍佈全島各地，全縣更有廿一處國家級古蹟、十二處縣定古蹟，加上金門歷經「古寧頭大戰」、「九三」、「八二三」、「六一七」砲戰等戰役之洗禮，豐富的戰爭遺跡及軍事工事，加上長期封閉的神秘面紗與獨特之鳥類資源等保育良好之自然生態，更是發展觀光的有利條件。

　　觀光旅遊活動具替換效應，即旅客在同一時間內僅能選擇一個地區旅遊。臺灣及大陸旅客若選擇金門旅遊而放棄其他地區旅遊（臺灣及大陸本地旅遊、國外旅遊），就金門觀光市場而言，必有其市場的競爭力。因此，國外觀光市場、臺灣觀光市場、及大陸觀光市場與金門觀光市場形成競爭態勢。若以五力分析之替代品的威脅（Porter 1985）來描述金門觀光競爭態勢（競爭優勢的程度），即臺灣旅遊、大陸旅遊及國外旅遊之價格與旅遊品質不斷改進，以及旅遊者之選擇轉換成本降低時，對金門觀光就產生威脅的情況。就臺灣旅客而言，到金門旅遊形式上是屬國內旅遊（入出境手續簡便），實質上又類似國外旅（地理位置遠成本較高）；但對大陸旅客而言，到金門旅遊本質上是屬國內旅遊（地理位置接近），形式上又類似國外旅遊（入出境管理繁複、及不同的政治背景）。無論對臺灣旅客及大陸旅客，金門旅遊在形式上或實質上均有可能屬於國外旅遊性質，在方便性及成本上均具有一定之劣勢，但在各地旅遊市場均具高度的市場導向及競爭壓力，對不同型態的遊客，應有各自的喜好與特性，旅客決定出遊時，在眾多旅遊產品中，應有相當高的替代性，旅客為何選擇金門旅遊，其關鍵因素為何？是值得探討的課題。

二、研究目的

　　觀光競爭力係指某地相對其他地區或國家在吸引入境旅客方面可能呈現的優勢比較。因此，旅遊目的地予外界的整體印象，是遊客選擇該旅遊地點的一項重要依據。遊客對旅遊區掌握的資訊愈充分，若產生正向形象，則選擇該地從事旅遊的機會愈大（梁國常，2002）。大陸居民對金門整體好感度為 40.9%，對金門的觀光資源認為有吸引力的為 52.6%，願意到金門旅遊的比例高達 63.7%，顯示有一部分的大陸居民願意到金門旅遊並不是對金門有好感，或覺得金門的觀光資源具有吸引力，而是為滿足好奇心，由各項分析顯示出大陸居民願意參訪金門，乃以金門因隸屬不同的政治區隔產生的特殊屬性對其最具吸引力。如果金門觀光未能在實質觀光資源提供更吸引人的服務，勢必將因一時開放，無法提供更好更多質量的旅遊服務，將如同戰地政務解除開放觀光，臺灣旅客蜂擁而至，因服務品質低落，觀光活動不足，旋即盛極而衰（陳建民、張皆欣、李能慧，2001）。有鑑於此，本研究擬進一步從事臺灣與大陸遊客對金門觀光競爭力認知之比較，其主要目的如下：

　　本研究目的主要如下：

　　（一）大陸旅客與臺灣旅客到金門旅遊的主要動機之比較。

　　（二）探討金門觀光資源對不同人口統計變項的吸引差異。

　　（三）金門觀光資源吸引臺灣民眾前往旅遊之探討。

　　（四）金門觀光資源吸引大陸民眾前往旅遊之探討。

　　（五）比較金門觀光資源吸引臺灣民眾與大陸民眾前往旅遊之差異。

　　（六）臺灣民眾對金門地區之觀光資源滿意度之探討。

　　（七）大陸民眾對金門地區之觀光資源滿意度之探討。

三、研究範圍與對象

　　本文調查期間為 2000 年 1 月 1 日至 2000 年 12 月 31 日，研究對象是在金門上義機場準備出境之旅客。

四、研究流程

　　其主要流程如圖 1-1 所示：

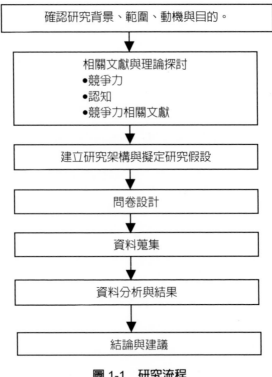

圖 1-1　研究流程

貳、文獻探討

一、競爭力

競爭力（Competitiveness）源自於競爭（Competitive），在達爾文「物競天擇、適者生存」的理論中說明，競爭主導了物種演化的方向，物種之間透過競爭來爭奪或取得其生存必須之資源，而只有具有優勢者才得以生存，不致被環境所淘汰。

（一）競爭力定義

李博志（2006）指出廣義的競爭力（Competitiveness）可泛指企業組織、產業、國家在相對比較之下的表現或績效，具有比較的意涵，而比較不單僅是比較好的一面－也就是所謂的優勢（Advantages），同時也在比較壞的一面，即所謂的劣勢（Disadvantage）。在比較好壞的過程中，必須選擇一個指標（Indicator）或者多項指標來做評比的對象，而這些指標一般是容易被了解和接受。

（二）競爭優勢來源

競爭的概念被運用於人類學、歷史學、社會學、經濟學與管理學等學科中，以描述個體、群體與組織之間為了生存或發展而進行的各種活動。雖然競爭意義看似簡單，但其競爭行為卻很複雜，包括依目的、範圍與方式等不同，而有不同含義。然而無論是何種競爭，要在競爭過程中取得有利的結果，則需擁有一定程度的優勢，此類優勢觀點被運用於管理與經濟領域中，即是所謂的競爭優勢（competitive advantage）。

Ansoff（19656）認為討競爭力大多是以所謂的競爭優勢，來做為衡量的基礎，競爭優勢（Competitive Advantage）是指企業在產業中相對於競爭者所擁有之獨特且優越之競爭地位，大多也表示該企業具高度的市場佔有率或較佳的獲利能力，因此企業之成敗端視競爭優勢之建立與維持。

Michael E.Porter（1985）提出競爭優勢就是企業在產業中相對於競爭者而言，長期擁有之獨特且優越的競爭地位，而此競爭優勢則導源於企業為顧客所創造之價值，同樣的觀念運用在休閒農業區，競爭優勢可以說是導源於休閒農業區為遊客所創造之價值。企業可以兩種方式來為顧客創造價值：第一種方式是以較競爭者為低的價格來提供與競爭者具有相等的價值利益之產品或服務，而較低的價格乃是源自於企業較低的成本地位。第二種方式則是以相等或較高的價格來提供給能被顧客認同具有特殊價值利益之產品或服務，而這種特殊價值利益乃導源於企業的差異化之產品或服務。

Hill&Jones（1995）認為企業想要維持競爭優勢，必須持續集中在「效率、品質、創新和顧客回應」四個一般性競爭優勢之基石，以發展出有利於這些領域中有較佳表現的獨特能力（Distinctive Competency）；即企業若能利用本身內部的獨特資源（Resources）與能力（Capabilities），透過效率、品質、創新與顧客回應的提升，則可以創造較高的價值，以獲得競爭優勢。

二、認知

探討遊客對金門觀光之認知，主要是為找出遊客心目中認為，理想之金門觀光其旅遊價值與旅遊內涵為何？學者就認知議題之研究有如以下所列：

　　Geotz（1985）指出認知是一個體驗外在某事物所傳達之訊息刺激後，再經過將此訊息處理的內在連續過程，所得到對此一事物的認識與看法。（Neisser，1967）。包含感知、認識、想像、判斷、推理，並與情感、意動、分屬意識的作用之一。

三、其他相關研究

　　由於觀光產業可為地區帶來經濟繁榮，因此，近年來各地方政府積極推動，同時也有許多的學者投入相關的觀光研究。本研究整理如下：

　　留美萍（2003）於 1973～2000 年東南亞經濟體國際觀光競爭力之研究中，調查所提出三點建議：（1）相對價格的影響將視旅遊目的及型態的不同而有差異；（2）匯率的影響將視觀光旅遊支出是以當地貨幣計算或旅遊來源國貨幣計算而有差異；（3）供給面因素對於國際觀光市場的確具有決定性的影響。且對於不同的來源國及不同的目的國亦將產生不同的效果。

　　林蔡焜（2007）於建立休閒農業區競爭力評估準則之研究－以宜蘭縣為例中所發現：藉由分析相對權重所得到的兩個絕對重要之關鍵因素「資源管理與創造」與「遊憩體驗」，作為探討休閒農業區在經營管理應有的策略之關鍵因素。經過策略分析與整理的結果，本研究將提升宜蘭縣休閒農業區競爭力的策略分成「競爭策略」以及「合作策略」兩大面向。

　　在競爭策略的面向將宜蘭縣的休閒農業區分為四個策略象限，分別是以成長策略為主的象限應該充分利用優勢掌握機會採用焦點集中成長策略；以多角化策略為主的象限應該透過差異化策略；以轉向策略為主的象限應該可以考慮轉變重心發展農業體驗活動，同

時更應當把握外部的優勢機會，以補強既有的弱勢與經驗的不足；以防禦策略為主的象限，不妨先採行模仿策略，學習其他休閒農業區的體驗與經營方式，試著導入區內評估可行性，再逐漸提升層次創造出自己的特色。

在合作策略的面向分成區內與區外兩個討論層面，其中區內的合作策略，具體的策略作為主要是增加參與組織運作的成員，利用不同產業之間的特色與優勢，透過合作策略讓組織或產業彼此之間都能獲得更多的利益，其次是與區內平行組織的連結合作；區外的合作策略重點在於透過整合可以創造休閒農業區彼此之間的差異性，加上相關政府單位的輔導以及異業聯盟，藉由整合性的套裝旅遊發揮各區的特色與優勢，達到最大的整合效益。

詹怡泓（2002）於遊客對原住民觀光之知覺與互動關係之研究之發現並提出五項建議：(1)將原住民觀光萃取為「表演展覽」、「文化學習」、「活動設施」和「觀光資源」四個構面，其中以表演展覽的平均數最高，遊客普遍對表演展覽有較高的同意度，由於，原住民本身具有豐富及明顯的人文特質，故遊客皆認為在表演展覽之知覺上明顯高於其他的知覺；（2）有參與活動的遊客與原住民之間的互動最為頻繁的是：享用原住民風味餐、住在原住民所經營的民宿、參觀原住民舞蹈表演及參觀原住民文物展覽等四項活動；（3）年齡及婚姻狀況方面，在活動設施之知覺上有顯著差異；教育程度、停留時間、交通工具與同行人數則在原住民觀光、文化學習及活動設施之知覺上有顯著差異；有無到過此地旅遊的經驗在文化學習及活動設施之知覺上有顯著差異；（4）根據互動程度與原住民觀光之知覺的正典相關分析顯示，原住民觀光之知覺中的文化學習、活動設施與「參與導覽的遊程」、「住在民宿」、「參與原住民舞蹈表演」及「享用風味餐」的活動之

間具有顯著高度相關；然而透過「參觀藝術工作坊」、「向原住民購買一般商品或紀念品」和「參觀文物展覽」與原住民之間的互動中，其在文化學習及活動設施之知覺上相關性偏低；（5）在原住民地區從事生態旅遊的遊客，在對表演展覽、文化學習、活動設施、觀光資源與整體原住民觀光之知覺上，其平均數會比大眾觀光的遊客較高。而經過 t-test 分析後，除了在表演展覽之知覺上是沒有顯著差異外，在文化學習、活動設施及整體原住民觀光之知覺上有顯著差異，從事生態旅遊的茶山遊客對原住民觀光之知覺高於大眾觀光的烏來遊客。

參、研究假設

一、研究架構與研究假設

　　本研究使用問卷調查方式探討金門觀光資源競爭力，並且針對不同地區的旅客（大陸及臺灣）分別探討不同地區旅客對金門觀光資源的競爭力認知差異。因此本研究之研究架構如圖 3-1 所示，首先調查旅客背景資料，再探討不同人口統計變項對金門觀光資源是否有顯著吸引差異，然後分別探討金門地區吸引大陸民眾與臺灣民眾之觀光資源，最後分析臺灣民眾與大陸民眾對金門地區之觀光資源滿意度，進而了解旅客對於金門觀光資源的競爭力認知。

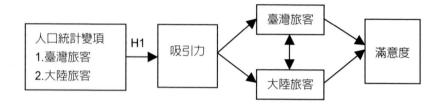

圖 3-1　研究架構圖

本研究根據研究架構，建立項研究假說如下：

研究假設（H1）：不同人口統計變項對金門觀光資源有顯著吸引差異。

H1-1：金門觀光資源對不同性別之吸引有顯著差異。

H1-2：金門觀光資源對不同收入之吸引有顯著差異。

H1-3：金門觀光資源對不同年齡之吸引有顯著差異。

二、問卷設計

此研究問卷分為四大部份，包含：旅客基本資料、旅客至金門觀光的目的與主要原因、旅客消費資訊及金門觀光資源構面，在金門觀光資源構面部份採用李克特五點尺度的評分方式，將依「極滿意」、「滿意」、「普通」、「不滿意」、「極不滿意」五個尺度，分別依次給予等距的分數（極滿意為 1、滿意為 2、普通為 3、不滿意為 4、極不滿意為 5）。茲將問卷設計分述如下：

（一）第一部份為民眾基本資料：包括性別、年齡、婚姻狀況、年收入、最高學歷、職業、居住地等七個問項，以名目及類別尺度測量。

（二）第二部份為旅客至金門觀光動機：包括戰爭遺蹟遊覽、
　　　對金門的好奇心、小三通後交通便利、海濱自然風光觀
　　　光、放鬆心情、民俗民風體驗、傳統民俗遊覽、語言相
　　　通、其他項目等，以名目及類別尺度測量。

（三）第三部份為旅遊消費資訊：包含旅客認為至金門適當旅
　　　遊天數、金門旅遊資訊來源、計劃至金門旅遊到成行時
　　　間、行程決策者、同遊金門者、旅行方式等，以名目及
　　　類別尺度測量。

（四）第四部分為金門觀光資源部分：包含經濟消費便利、生
　　　活文化探索、休閒旅遊活動、文物古蹟探索等四個問項。

三、抽樣設計

　　本研究之調查資料運用 SPSS12.0 版套裝軟體進行統計分析，所
採用之研究方法如下：

（一）描述性統計分析（Descriptive Statistics Analysis）：包括次
　　　數分配與平均數，可瞭解至金門觀光的大陸及臺灣旅客
　　　人口背景與參與特性的分佈狀況。

（二）信度（Reliability Analysis）：信度是指一份問卷施測結果
　　　的可信度或穩定性，亦即為施測問卷內容的一致性程度。

（三）效度（validity）：即測量的正確性，指測驗或其他測量工
　　　具確實能夠測得所欲測量的構念之程度，測量的效度愈
　　　高，表示測量的結果愈能顯現其所欲測量內容的真正特
　　　徵；其中因素分析（Factor　Analysis）：因素分析是想以
　　　少數幾個因素來解釋一群相互之間有關係存在的變數，
　　　其主要功能在於將許多關係密切的變數組合成較少的共
　　　同因素，以達到執簡馭繁目的。

肆、實證研究結果與分析

　　本章節內容可分為四個部份，第一部份為大陸遊客與臺灣遊客至金門地區旅遊的基本樣本分析（包含樣本基本資料與動機差異），第二部份為探討金門觀光資源對不同人口統計變項的吸引差異，第三部分主要得知金門地區吸引臺灣民眾與大陸民眾對金門觀光資源之差異，第四部分分別探討臺灣民眾與大陸民眾對金門地區之觀光資源滿意度為何。

一、臺灣遊客與大陸遊客基本樣本資料分析

（一）臺灣旅客基本資料分析

　　本文樣本基本資料包含性別、年齡、婚姻狀況、年收入、最高學歷、職業、居住地等，其結果如表 4-1 所示：

1. 性別：男性略多於女性，占總人數 61.1%。
2. 年齡：分佈在 19 歲以下及 60 歲以上人數偏低，主要集中於青壯年於 20 至 59 歲之間，其中 20 至 29 歲居高，占總人數 37.2%。
3. 婚姻狀況：主要為已婚略多未婚，占總人數 54.6%。
4. 年收入：旅客年收入以臺幣 50 萬元以下居多，占總人數 29.3%，其次為年收入臺幣 100~50 萬元，占總人數 27.2%。
5. 最高學歷：以大學（含專科）最多，占總人數 51.0%。
6. 職業：由於樣本比例分佈的平均，因此來金門的職業差異不大。
7. 居住地：由於樣本比例分佈的平均，因此來金門的旅客居住地區差異不大。

（二）大陸旅客基本資料分析

本文樣本基本資料包含性別、年齡、婚姻狀況、年收入、最高學歷、職業、居住地等，其結果如表 4-2 所示：

1. 性別：男性略多於女性，占總人數 62.7%。
2. 年齡：分佈在 19 歲以下及 60 歲以上人數偏低，主要集中於青壯年於 20 至 59 歲之間，其中 30 至 39 歲居高，占總人數 35.2%。
3. 婚姻狀況：主要為已婚略多未婚，占總人數 85.9%。
4. 年收入：旅客月收入以人民幣 1 千～3 千元最高，占總人數 47.7%，其次為月收入人民幣 3 千～5 千元占總人數 26.5%。
5. 最高學歷：以大學本科含大學最多，占總人數 53.4%。
6. 職業：由於樣本比例分佈的平均，因此來金門的職業差異不大。
7. 居住地：由於樣本比例分佈的平均，因此來金門的旅客居住地區差異不大。

二、臺灣旅客與大陸遊客至金門地區的動機差異

（一）臺灣旅客到金門地區的主要目的分析

臺灣旅客至金門之主要目的排序，如表 4-4 所示，依序為「觀光」、「業務兼觀光」、「探親或訪友」、「其它」、「參加活動」，此顯示在臺灣旅客到金門之主要目的為觀光，反之，臺灣旅客因為金門當地的活動而到金門觀光旅遊的人數最少，顯示金門地區缺乏吸引臺灣旅客的主題活動。

表 4-1　臺灣旅客基本資料分析

基本資料		次數	百分比%
性別	男性	179	61.1
	女性	114	38.9
年齡	19 歲以下	10	3.4
	20-29 歲	109	37.2
	30-39 歲	71	24.2
	40-49 歲	58	19.8
	50-59 歲	32	10.9
	60 歲以上	13	4.4
婚姻狀況	未婚	133	45.4
	已婚	160	54.6
年收入	200 萬元以上	6	2.1
	150-200 萬	18	6.4
	100-150 萬	63	22.3
	100-50 萬	77	27.2
	50 萬元以下	83	29.3
	無所得	36	12.7
最高學歷	小學（含以下）	7	2.4
	國中	20	6.8
	高中（職）	81	27.7
	大學（含專科）	149	51.0
	研究所（含以上）	35	12.0
職業	企業所有人	35	12.1
	中級主管、職員	45	15.5
	科學家、工程師	19	6.6
	政府機構人員	22	7.6
	教育機構人員	15	5.2
	工人、農人	12	4.1
	文化工作人員	10	3.4
	家庭主婦	28	9.7
	退休人員	16	5.5
	學生	22	7.6
	其它	66	22.8

居住地	大臺北地區	106	36.7
	桃、竹、苗	31	10.7
	中、彰、投	54	18.7
	高、高、屏	58	20.1
	花、東、宜	18	6.2
	金、澎、馬	11	3.8
	其它	11	3.8

表 4-2　大陸旅客基本資料分析

基本資料		次數	百分比%
性別	男性	178	62.7
	女性	106	37.3
年齡	19 歲以下	8	2.8
	20-29 歲	44	15.5
	30-39 歲	100	35.2
	40-49 歲	67	23.6
	50-59 歲	42	14.8
	60 歲以上	23	8.1
婚姻狀況	未婚	40	14.1
	已婚	243	85.9
月收入	1 萬元以上	17	6.1
	5 千-1 萬元	29	10.4
	3 千-5 千元	74	26.5
	1 千-3 千元	133	47.7
	1 千元以下	16	5.7
	無所得	10	3.6
最高學歷	小學（含以下）	7	2.5
	初中	28	10.1
	中學含高中	85	30.7
	大學本科含大學	148	53.4
	研究所	9	3.2
職業	企業所有人	21	7.4
	中級主管、職員	44	15.6
	科學家、工程師	41	14.5
	政府機構人員	62	22.0
	教育機構人員	36	12.8

	工人、農人	26	9.2
	文化工作人員	18	6.4
	家庭主婦	8	2.8
	退休人員	4	1.4
	學生	8	2.8
	其它	14	5.0
居住地	廈門市	91	32.5
	福建省	168	60.0
	其它省份	21	7.5

表 4-4　臺灣旅客到金門地區的主要目的分析表

目的變項	次數	百分比	排序
觀光	168	27.9	1
業務兼觀光	42	7.0	2
探親或訪友	41	6.8	3
其他	37	6.1	4
參加活動	14	2.3	5

表 4-5　臺灣旅客到金門旅遊的主要動機分析表

原因變項	次數	百分比	排序
戰爭遺蹟遊覽	93	21.2	1
對金門的好奇心	85	19.4	2
小三通後交通便利	60	13.7	3
海濱自然風光觀光	58	13.2	4
放鬆心情	48	10.9	5
民俗民風體驗	44	10.0	6
其他	27	6.2	7
傳統民俗遊覽	18	4.1	8
語言相通	6	1.4	9

（二）臺灣旅客到金門地區旅遊的主要動機分析

　　臺灣旅客至金門之主要動機排序，如表 4-5 所示。依序前五名分別為「戰爭遺蹟遊覽」、「對金門的好奇心」、「小三通後交通便利」、「海濱自然風光觀光」、「放鬆心情」，此顯示臺灣旅客到金門最主要動機為對金門地區戰爭遺蹟的遊覽，並對過去金門戰地的好奇心，但也仰賴小三通後，旅客到金門旅遊的交通便利性。

（三）大陸旅客到金門地區的主要目的分析

　　大陸旅客至金門之主要目的排序，如表 4-6 所示，依序為「觀光」、「參加活動、「業務兼觀光」、「其它」，此顯示大陸旅客到金門之主要目的為觀光。

（四）大陸旅客到金門地區旅遊的主要動機分析

　　大陸旅客至金門之主要動機排序，結果如表 4-7 所示。大陸旅客到金門觀光旅遊之主要動機，依序前五名分別為「對金門的好奇心」、「小三通後交通便利」、「海濱自然風光觀光」、「民俗民風體驗」、「戰爭遺蹟遊覽」，此顯示最吸引大陸旅客到金門觀光的主要動機為對金門地區戰地的好奇心及海濱自然風光和金門地區當地民俗生活。

（五）大陸旅客與臺灣旅客到金門旅遊主要動機之比較

　　分析大陸旅客和臺灣旅客參與動機主要原因方面，結果如表 4-8 所示，大陸旅客和臺灣旅客至金門觀光旅遊之主要原因，排序前三名皆為「對金門的好奇心」、「小三通後交通便利」，其中臺灣旅客差異於大陸旅客的主要原因為「戰爭遺蹟遊覽」，而大陸旅客差異於臺灣旅客的主要原因為「海濱自然風光觀光」，此顯示金門地區最主要吸引大陸旅客及臺灣遊客到金門觀光旅遊的原因差異性不大。

表 4-6　大陸旅客到金門觀光旅遊主要目的分析

目的變項	次數	百分比	排序
觀光	301	76.8	1
參加活動	77	19.6	2
業務兼觀光	10	2.6	4
其他	4	1.0	5

表 4-7　大陸旅客到金門旅遊主要原因分析

原因變項	次數	百分比	排序
對金門的好奇心	188	31.1	1
小三通後交通便利	134	22.2	2
海濱自然風光觀光	67	11.1	3
民俗民風體驗	59	9.8	4
戰爭遺蹟遊覽	54	8.9	5
語言相通	38	6.3	6
放鬆心情	32	5.3	7
傳統民居遊覽	20	3.3	8
其他	12	2.0	9

表 4-8　大陸旅客與臺灣旅客到金門旅遊的主要原因之差異

原因變項	臺灣旅客		大陸旅客	
戰爭遺蹟遊覽	21.2%	1	8.9%	5
對金門的好奇心	19.4%	2	31.1%	1
小三通後交通便利	13.7%	3	22.2%	2
海濱自然風光觀光	13.2%	4	11.1%	3
放鬆心情	10.9%	5	5.3%	7
民俗民風體驗	10.0%	6	9.8%	4
其他	6.2%	7	2.0%	9
傳統民俗遊覽	4.1%	8	3.3%	8
語言相通	1.4%	9	6.3%	7

（六）臺灣旅客的旅遊消費特性分析

分析臺灣旅客的旅遊消費特性，結果如表 4-9 所示，包含旅客認為至金門適當旅遊天數、金門旅遊資訊來源、計劃至金門旅遊到成行時間、行程決策者、同遊金門者、旅行方式。

1. 適當旅遊天數：以遊玩三天二夜的人最多共 178 人占總人數 29.5%；其次為二天一夜共 61 人占總人數 10.1%，其得知到金門旅遊皆須要過夜，其能深刻體驗金門旅遊。

2. 資訊來源：從鄰居、親友或同事獲得金門旅遊資訊的人最多共 109 人占總人數 27.7%；其次為從旅行社獲得的人共 70 人占總人數 17.8%，其得知要以提升金門觀光知名度，須重視遊客的口碑行銷。

3. 計劃至成行時間：以一個月以下的人最多共 159 人，占總人數 26.4%。

4. 行程決策者：由自己或家人決定者最多共 137 人占總人數 45.2%，其次為公司方面決定共 55 人占總人數 18.2%。

5. 同遊金門者：有共同消費的親戚或朋友者有 109 人占總人數 18.1%；其次為獨自前往共 71 人占總人數 11.8%。

6. 旅行方式：主要由自助旅行人最多共 98 人占總人數 16.3%。

表 4-9　臺灣旅客旅遊消費特性分析表

旅遊消費特性		次數	百分比%
適當旅遊天數	當天往返	8	2.6
	二天一夜	61	20.1
	三天二夜	178	58.7
	四天三夜	41	13.7
	其他	13	4.3

旅遊資訊來源	書籍或一般雜誌	44	11.2
	網路資訊	55	14.0
	旅行社	70	17.8
	電視或報紙報導	41	10.4
	鄰居、親友、或同事	109	27.7
	服務單位	27	6.9
	旅遊雜誌	35	8.9
	其他	13	3.3
計畫金門門時間	一個月以下	159	53.2
	一至二個月	68	22.7
	二至四個月	27	9.0
	四至六個月	7	2.3
	六個月以上	34	11.4
行程由誰決定	自己或家人決定	137	45.2
	公司方面決定	55	18.2
	學校	2	0.7
	旅行社推薦	35	11.6
	朋友或同事介紹	49	16.2
	其他	23	7.6
一同至金門旅遊	沒有	71	23.7
	配偶	48	16.0
	子女	13	4.3
	配偶及子女	33	11.0
	親戚或朋友	109	36.3
	其他	13	7.7
旅行方式	個別報名	42	14.1
	團體報名	88	29.5
	自行組團	38	12.8
	自助旅遊	98	32.9
	其他	30	10.1

（七）大陸旅客的旅遊消費特性分析

分析大陸旅客的旅遊消費特性，結果如表 4-10 所示，包含旅客認為至金門適當旅遊天數、金門旅遊資訊來源、計劃至金門旅遊到成行時間、行程決策者、同遊金門者、旅行方式。

1. 適當旅遊天數：以遊玩三天二夜的人最多共 198 人占總人數 50.9%；其次為二天一夜共 163 人占總人數 41.9%，得知到金門旅遊皆須要過夜，其能深刻體驗金門觀光。

2. 資訊來源：主要以旅行社獲得的人共 208 人占總人數 41.8%；其次為從電視或報紙報導獲得資訊為 77 人占總人數 15.5%，其得知要提升金門觀光的知名度，須針對大陸遊客做有效的外部行銷。

3. 計劃至成行時間：以一至兩個月的人最多共 223 人占總人數 58.4%。

4. 行程決策者：主要由公司方面決定共 106 人占總人數 27.7%；其次為由旅行社推薦共 102 人占總人數 26.6%，其可藉由旅行社與公司做搭配活動以提升金門觀光知名度。

5. 同遊金門者：有共同消費的親戚或朋友者有 131 人占總人數 34.0%。

6. 旅行方式：團體至旅行社報名的人最多共 323 人占總人數 83.9%。

表 4-10　大陸旅客的旅遊消費特性分析

旅遊消費特性		次數	百分比%
適當旅遊天數	當天往返	10	2.6
	二天一夜	163	41.9
	三天二夜	198	50.9

	四天三夜	13	3.3
	其他	5	1.3
旅遊資訊來源	書籍或一般雜誌	26	5.2
	網路資訊	31	6.2
	旅行社	208	41.8
	電視或報紙報導	77	15.5
	鄰居、親友、或同事	63	12.7
	服務單位	60	12.0
	旅遊雜誌	8	1.6
	其他	25	5.0
計畫金門門時間	一個月以下	97	25.4
	一至二個月	223	58.4
	二至四個月	39	10.2
	四至六個月	13	3.4
	六個月以上	10	2.6
行程由誰決定	自己或家人決定	80	20.9
	公司方面決定	106	27.7
	學校	23	6.0
	旅行社推薦	102	26.6
	朋友或同事介紹	33	8.6
	其他	38	9.9
一同至金門旅遊	沒有	93	24.2
	配偶	47	12.2
	子女	15	3.9
	配偶及子女	28	7.3
	親戚或朋友	131	34.0
	其他	71	18.4
旅行方式	個別報名	13	3.4
	團體報名	323	83.9
	自行組團	45	11.7
	其他	4	1.0

（八）大陸旅客與臺灣旅客的旅遊消費特性分析

分析大陸旅客的旅遊消費特性，結果如表 4-11 所示，包含旅客認為至金門適當遊遊天數、金門旅遊資訊來源、計劃至金門旅遊到成行時間、行程決策者、同遊金門者、旅行方式。

1. 適當旅遊天數： 臺灣旅客和大陸旅客皆認為三天兩夜為最適當旅遊天數。
2. 資訊來源：臺灣旅客主要從親友、同事間獲得金門觀光的旅遊資訊；而大陸旅客則從旅行社獲得。
3. 計劃至成行時間： 計劃成行至金門觀光的時間，大陸旅客較臺灣旅客長，為一至二個月，臺灣旅客則為一個月。
4. 行程決策者：臺灣旅客至金門觀光行程決策者為自己本身或經家庭討論，而大陸旅客則為公司旅遊較多。
5. 同遊金門者：臺灣旅客至金門觀光主要陪同者為親友，而大陸旅客則自行前往。
6. 旅行方式：臺灣旅客至金門觀光主要以自助旅遊的方式，而大陸旅客則是團體旅遊方式居多。

表 4-11　大陸旅客與臺灣旅客的旅遊消費特性分析表

旅遊消費特性	臺灣旅客	大陸旅客
適當旅遊天數	三天二夜	三天二夜
旅遊資訊來源	鄰居、親友、或同事	旅行社
計畫金門時間	一個月以下	一至二個月
行程由誰決定	自己或家人決定	公司方面決定
一同至金門旅遊	親戚或朋友	沒有
旅行方式	自助旅遊	團體報名

三、信度與效度分析

本章節根據問卷調查所得資料，並以統計軟體 SPSS12.0 為分析工具，藉以了解量表內容的穩定性及正確性。

（一）效度分析

1、因素萃取─因素分析

本研究以因素分析作為構面效度，並採用主成份法進行因素分析，利用最大變異數法進行直交轉軸，萃取出特徵值（Eigenvalues）大於 1 之因素，分析結果共萃取出四個主要成份，累積解釋變異量達 63%，如表 4-12 所示。其在因素命名過程中，刪除不利配適之題項：因素一刪除題項 13、因素二刪除題項 12、因素四刪除題項 3，分析結果如表 4-13、表 4-14 所示：

表 4-12　萃取成份分析表

解說總變異量

成份	初始特徵值			轉軸平方和負荷量		
	總和	變異數的%	累積%	總和	變異數的%	累積%
1	8.450	42.248	42.248	4.113	20.563	20.563
2	1.647	8.237	50.485	3.877	19.387	39.950
3	1.292	6.462	56.947	2.695	13.473	53.423
4	1.166	5.830	62.776	1.871	9.354	62.776

萃取法：主成份分析。

表 4-13　轉軸後成份矩陣

題項	成份			
	因素一	因素二	因素三	因素四
物價合理 9	0.817	0.156	0.107	0.157
種類齊全 10	0.798	0.196	0.145	0.174
工商繁榮 13	**0.715**	0.357		
旅費便宜 6	0.637	0.119	0.442	
活動豐富 7	0.620	0.126	0.413	0.173
生活型態 11	0.573	0.339	0.113	0.107
神秘色彩 8	0.490		0.378	0.343
生態旅遊 16	0.139	0.796	0.249	
閩南建築 15	0.145	0.759	0.300	
海濱風光 17	0.176	0.725	0.244	0.167
雕堡活動 14	0.447	0.639		
民俗民風 18	0.338	0.611	0.208	0.427
社會治安 12	0.312	**0.530**	0.254	0.201
山水風光 1	0.126	0.319	0.719	
氣候適宜 5	0.378		0.683	
戰地遺址 2		0.352	0.633	0.170
富人情味 4	0.194	0.247	0.631	0.343
文物古蹟 3			0.117	**0.788**
風味小吃 19	0.290	0.496	0.109	0.577
其他資源 20	0.416	0.438		0.541

2、因素命名

表 4-14　因素命名表

因素一	經濟消費便利
因素二	生態文化探索
因素三	休閒旅遊活動
因素四	文物古蹟探索

（二）信度分析

信度分析係以 Cronbach's α 係數檢定各因子構面衡量題項間內部的一致性，α 值愈大顯示該因素內題項目間的相關性愈大，其內部一致性愈高，如下表 4-15 所示。

表 4-15　信度分析表

金門觀光資源構面	衡量題數	Cronbach's α	整體信度
休閒旅遊活動	4	0.741	
經濟消費便利	6	0.845	0.900
生態文化探索	5	0.843	
文物古蹟探索	2	0.820	

四、金門觀光競爭力認知差異分析

（一）探討金門觀光資源對臺灣旅客之人口統計變項的吸引差異

1. 探討金門光觀資源對臺灣旅客之人口統計變項的吸引差異中，由下表 4-16 所示，不同臺灣旅客性別對於金門觀光資源吸引力認知中，「生態文化探索」有顯著差異，再從平均數得知，「生態文化探索」對於女性的吸引力較高於男性吸引力；反之，「經濟消費便利」、「休閒旅遊活動」、「文物古蹟探索」並無顯著差異，表示對男性及女性之吸引力是無差異的。

表 4-16　臺灣旅客之性別對於金門觀光資源吸引力認知 t 檢定分析表

金門觀光資源因素	性別	平均數	標準差	t 值	P 值
經濟消費便利	女	2.1096	0.66273	-0.486	0.628
	男	2.1553	0.57959		
生態文化探索	女	2.4452	0.66380	-1.987	0.049*
	男	2.6570	0.71888		

休閒旅遊活動	女	2.1562	0.62915	-1.800	0.074
	男	2.3476	0.73829		
文物古蹟探索	女	2.4315	0.86729	-0.043	0.966
	男	2.4369	0.77864		

*表示在顯著水準 0.05 時（雙尾），相關顯著，P＜0.05

表4-17　臺灣旅客之年齡對於金門觀光資源吸引力認知 ANOVA 檢定分析表

金門觀光資源因素	年齡	平均數	標準差	F 值	P 值
經濟消費便利	(1)19 歲以下	2.5500	0.83997	1.383	0.233
	(2)20-29	2.0808	0.55040		
	(3)30-39	2.0930	0.67485		
	(4)40-49	2.2027	0.54275		
	(5)50-59	2.1667	0.54827		
	(6)60 歲以上	1.8750	0.86241		
生態文化探索	(1)19 歲以下	2.7333	0.80200	0.529	0.754
	(2)20-29	2.5179	0.61670		
	(3)30-39	2.5194	0.73662		
	(4)40-49	2.6532	0.73006		
	(5)50-59	2.7000	0.69636		
	(6)60 歲以上	2.3611	1.10763		
休閒旅遊活動	(1)19 歲以下	2.4200	0.94021	0.769	0.573
	(2)20-29	2.1446	0.66003		
	(3)30-39	2.2837	0.69314		
	(4)40-49	2.3946	0.62625		
	(5)50-59	2.3333	0.51083		
	(6)60 歲以上	2.3000	1.41280		
文物古蹟探索	(1)19 歲以下	2.5500	0.95598	0.742	0.593
	(2)20-29	2.3308	0.71413		
	(3)30-39	2.3837	0.93119		
	(4)40-49	2.5270	0.57670		
	(5)50-59	2.5667	0.88372		
	(6)60 歲以上	2.8333	1.63299		

*表示在顯著水準 0.05 時（雙尾），相關顯著，P＜0.05

2. 探討金門光觀資源對臺灣旅客之人口統計變項的吸引差異中，由下表 4-17 所示，不同臺灣旅客年齡對於金門觀光資源吸引力認知中皆無顯著差異，表示金門觀光資源對於不同年齡層的臺灣旅客之吸引力是無差異的。

3. 探討金門光觀資源對臺灣旅客之人口統計變項的吸引差異中，由下表 4-18 所示，不同臺灣旅客年收入對於金門觀光資源吸引力認知中，「文物古蹟探索」有顯著差異，再經 Scheffe 事後比較得知，「文物古蹟探索」對於年收入 100-150 萬元、100-50 萬元及無所得的吸引力皆高於 150-200 萬元的臺灣旅客；反之，「經濟消費便利」、「休閒旅遊活動」、「生態文化探索」並無顯著差異，表示對於不同年收入的臺灣旅客吸引力是無差異的。

表 4-18　臺灣旅客之年收入對於金門觀光資源吸引力
認知 ANOVA 檢定分析表

金門觀光資源因素	年收入	平均數	標準差	F 值	P 值	Scheffe 事後比較
經濟消費便利	(1)200 萬元以上	1.7500	0.43301	0.457	0.808	
	(2)150-200 萬元	2.0227	0.77826			
	(3)100-150 萬元	2.2000	0.56490			
	(4)100-50 萬元	2.0774	0.63795			
	(5)50 萬元以下	2.1409	0.52211			
	(6)無所得	2.1635	0.78404			
生態文化探索	(1)200 萬元以上	2.4444	0.41944	0.870	0.503	
	(2)150-200 萬元	2.8788	0.72300			
	(3)100-150 萬元	2.4905	0.70357			
	(4)100-50 萬元	2.4802	0.70921			
	(5)50 萬元以下	2.6455	0.64872			
	(6)無所得	2.4872	0.79292			

休閒旅遊活動	(1)200 萬元以上	2.2000	0.52915	1.052	0.389	
	(2)150-200 萬元	2.5455	0.98424			
	(3)100-150 萬元	2.4057	0.68854			
	(4)100-50 萬元	2.1286	0.58738			
	(5)50 萬元以下	2.2582	0.69992			
	(6)無所得	2.1692	0.76878			
文物古蹟探索	(1)200 萬元以上	2.3333	0.57735	4.121	0.001*	(2)＞(3)、(4)、(6)
	(2)150-200 萬元	3.3182	1.25045			
	(3)100-150 萬元	2.3429	0.77433			
	(4)100-50 萬元	2.2381	0.67389			
	(5)50 萬元以下	2.5636	0.75188			
	(6)無所得	2.2308	0.77757			

*表示在顯著水準 0.05 時（雙尾），相關顯著，$P < 0.05$

（二）探討金門觀光資源對大陸旅客之人口統計變項的吸引差異

1. 探討金門光觀資源對大陸旅客之人口統計變項的吸引差異中，由下表 4-19 所示，大陸旅客之性別對於金門觀光資源吸引力認知中，「休閒旅遊活動」有顯著差異，再從平均數得知，「休閒旅遊活動」對於女性的吸引力較高於男性；反之，「經濟消費便利」、「生態文化探索」、「文物古蹟探索」沒有顯著差異，表示對於不同性別的大陸旅客吸引力是無差異的。

2. 探討金門光觀資源對大陸旅客之人口統計變項的吸引差異中，由下表 4-20 所示，不同大陸旅客年齡層對於金門觀光資源吸引力認知中皆無顯著差異，表示金門觀光資源對於不同年齡層的大陸旅客之吸引力是無差異的。

3. 探討金門光觀資源對大陸旅客之人口統計變項的吸引差異中，由下表 4-21 所示，不同大陸旅客月收入對於金門觀光資源吸引力認知中，「經濟消費便利」、「生態文化探索」、「文物古蹟探索」有顯著差異，經 Scheffe 事後比較得知，其中「經

濟消費便利」對於月收入 3-5 千元的大陸旅客吸引力較高於 5
千-1 萬元的大陸旅客；反之，不同月收入的大陸旅客對「休
閒旅遊活動」並無顯著差異，表示「休閒旅遊活動」對於不
同月收入的大陸旅客吸引力是無差異的。

表 4-19　大陸旅客之性別對於金門觀光資源吸引力認知 t 檢定分析

金門觀光資源因素	性別	平均數	標準差	t 值	P 值
經濟消費便利	女	2.0114	0.64464	-0.613	0.541
	男	2.0803	0.62257		
生態文化探索	女	2.1591	0.75308	-0.676	0.500
	男	2.2416	0.65400		
休閒旅遊活動	女	2.0227	0.66852	-2.028	0.044*
	男	2.2624	0.65867		
文物古蹟探索	女	2.0909	0.78705	-1.535	0.127
	男	2.3211	0.85938		

*表示在顯著水準 0.05 時（雙尾），相關顯著，$P < 0.05$

表 4-20　大陸旅客之年齡對於金門觀光資源吸引力認知 ANOVA 檢定分析表

金門觀光資源因素	年齡	平均數	標準差	F 值	P 值
經濟消費便利	19 歲以下	2.1250	0.64711	0.725	0.606
	20-29	1.8250	0.67911		
	30-39	2.0625	0.65656		
	40-49	2.0987	0.54692		
	50-59	2.1429	0.57505		
	60 歲以上	2.1000	0.67905		
生態文化探索	19 歲以下	0.84601	0.34538	0.394	0.852
	20-29	0.75872	0.16966		
	30-39	0.68370	0.09481		
	40-49	0.58159	0.09435		
	50-59	0.71216	0.13458		
	60 歲以上	0.77480	0.24501		

休閒旅遊活動	19 歲以下	0.80664	0.32931	0.982	0.431
	20～29	0.82946	0.18547		
	30～39	0.64094	0.08888		
	40～49	0.63463	0.10295		
	50～59	0.69678	0.13168		
	60 歲以上	0.32660	0.10328		
文物古蹟探索	19 歲以下	1.11430	0.45491	0.755	0.584
	20～29	0.86260	0.19288		
	30～39	0.92818	0.12872		
	40～49	0.68058	0.11041		
	50～59	0.93347	0.17641		
	60 歲以上	0.92646	0.29297		

*表示在顯著水準 0.05 時（雙尾），相關顯著，P＜0.05

表 4-21　大陸旅客之月收入對於金門觀光資源
吸引力認知 ANOVA 檢定分析表

金門觀光 資源因素	月收入	平均數	標準差	F 值	P 值	Scheffe 事後比較
經濟消費便利	(1)1 萬元以上	1.7778	0.66667	3.163	0.010*	(2)＜(3)
	(2)5 千-1 萬元	1.5208	0.49381			
	(3)3-5 千元	2.1793	0.68650			
	(4)1-3 千元	2.0682	0.55217			
	(5)1 千元以下	1.9000	0.63683			
生態文化探索	(1)1 萬元以上	2.1111	0.89753	2.614	0.027*	
	(2)5 千-1 萬元	1.6667	0.55958			
	(3)3-5 千元	2.3007	0.65416			
	(4)1-3 千元	2.3081	0.68765			
	(5)1 千元以下	1.9167	0.54575			
休閒旅遊活動	(1)1 萬元以上	2.2444	1.07600	1.035	0.399	
	(2)5 千-1 萬元	1.8500	0.73423			
	(3)3-5 千元	2.1826	0.63920			

	(4)1-3 千元	2.2212	0.60473			
	(5)1 千元以下	2.4000	0.80554			
文物古蹟探索	(1)1 萬元以上	2.0556	1.07367			
	(2)5 千-1 萬元	1.5417	0.75252			
	(3)3-5 千元	2.4239	0.98301	2.351	0.044*	
	(4)1-3 千元	2.3485	0.70148			
	(5)1 千元以下	2.1500	1.02875			

*表示在顯著水準 0.05 時（雙尾），相關顯著，P＜0.05

（三）金門觀光資源對大陸及臺灣旅客吸引力

　　大陸及臺灣旅客對金門觀光資源的吸引力程度，其平均數得分表示，以五點尺度量表評分，愈低者表示大陸及臺灣旅客對於該觀光資源因素吸引程度愈高。如表 4-21、表 4-22、表 4-23 所示，臺灣旅客與大陸旅客對金門觀光資源的吸引力程度無差異，吸引力由高到低為「經濟消費便利」、「休閒旅遊活動」、「文物古蹟探索」、「生態文化探索」；再將資料做細部分析探討，分析臺灣旅客與大陸旅客對金門觀光資源的吸引力程度有無明顯差異，如表 4-24 所示，臺灣旅客對於金門觀光資源之細部吸引力程度表中，最吸引臺灣旅客前往金門地區之觀光資源前四項依序為「戰地遺址」、「山水風光」、「閩南建築」、「海濱風光」；另外，如表 4-25 所示，大陸旅客對於金門觀光資源之細部吸引力程度表中，最吸引大陸旅客前往金門地區之觀光資源前四項依序為「山水風光」、「戰地遺址」、「氣候適宜」、「富人情味」。

表 4-21　臺灣旅客對於金門觀光資源吸引程度表

金門觀光資源構面	Mean	排序
經濟消費便利	2.1358	1
休閒旅遊活動	2.2437	2
文物古蹟探索	2.4135	3
生態文化探索	2.6019	4

表 4-22　大陸旅客對於金門觀光資源吸引程度表

金門觀光資源構面	Mean	排序
經濟消費便利	2.0597	1
休閒旅遊活動	2.2518	2
文物古蹟探索	2.2615	3
生態文化探索	2.4746	4

表 4-23　大陸及臺灣旅客對金門觀光資源吸引程度排序

觀光資源構面	平均數（Mean）		排序	
	臺灣旅客	大陸旅客	臺灣旅客	大陸旅客
經濟消費便利	2.1358	2.0597	1	1
休閒旅遊活動	2.2437	2.2518	2	2
文物古蹟探索	2.4135	2.2615	3	3
生態文化探索	2.6019	2.4746	4	4

表 4-24　臺灣旅客對於金門觀光資源之細部吸引程度表

觀光資源因素	細項	Mean	個別排序	總體排序
休閒旅遊活動	2. 戰地遺址	1.91	1	1
	1. 山水風光	2.03	2	2
	4. 富人情味	2.23	3	5
	5. 氣候適宜	2.23	4	5
經濟消費便利	11. 生活型態	2.46	1	11
	8. 神祕色彩	2.47	2	12
	6. 旅費便宜	2.52	3	13
	7. 活動豐富	2.53	4	14
	9. 物價合理	2.83	5	16
	10. 種類齊全	2.83	5	16
生態文化探索	15. 閩南建築	2.14	1	3
	17. 海濱風光	2.18	2	4
	16. 生態旅遊	2.27	3	8
	18. 民俗民風	2.28	4	9
	14. 雕堡活動	2.37	5	10

文化古蹟探索	19. 風味小吃	2.25	1	7
	20. 其它資源	2.59	2	15

表 4-25　大陸旅客對於金門觀光資源之細部吸引程度表

觀光資源因素	細項	Mean	個別排序	總體排序
休閒旅遊活動	1. 山水風光	2.02	1	1
	2. 戰地遺址	2.02	1	1
	5. 氣候適宜	2.05	3	3
	4. 富人情味	2.10	4	4
經濟消費便利	11. 生活型態	2.32	1	11
	8. 神祕色彩	2.36	2	12
	7. 活動豐富	2.46	3	14
	6. 旅費便宜	2.51	4	15
	10. 種類齊全	2.57	5	16
	9. 物價合理	2.74	6	17
生態文化探索	17. 海濱風光	2.17	1	5
	15. 閩南建築	2.21	2	6
	16. 生態旅遊	2.24	3	7
	18. 民俗民風	2.25	4	9
	14. 雕堡活動	2.43	5	13
文化古蹟探索	19. 風味小吃	2.24	1	7
	20. 其它資源	2.28	2	10

（三）臺灣民眾與大陸民眾對金門地區之觀光資源滿意度

　　臺灣旅客及大陸旅客對金門觀光資源的滿意程度，其平均數得分表示，以五點尺度量表評分，分數愈低者，表示大陸及臺灣旅客對於該觀光資源因素滿意程度愈高，目的用來了解各地區旅客對於金門地區的觀光資源競爭力認知。如表 4-26 所示，臺灣旅客對金門地區之觀光資源滿意程度，在「經濟消費便利」、「休閒旅遊活動」、

「文物古蹟探索」、「生態文化探索」項目中，平均數皆在滿意與普通之間（滿意為 2、普通為 3），而旅客在親身體驗旅遊後，「經濟消費便利」平均數為 2.2207，最接近滿意，「休閒旅遊活動」平均數為 2.3104，「文物古蹟探索」平均數為 2.4527，「生態文化探索」平均數為 2.5817，表示滿意程度逐漸為普通。另外，如表 4-27 所示，大陸旅客對金門地區之觀光資源滿意程度，在「經濟消費便利」、「休閒旅遊活動」、「文物古蹟探索」、「生態文化探索」項目中，平均數皆在滿意與普通之間（滿意為 2、普通為 3），而旅客在親身體驗旅遊後，「經濟消費便利」平均數為 2.2781，最接近滿意，「文物古蹟探索」平均數為 2.4912，「休閒旅遊活動」平均數為 2.4989，「生態文化探索」平均數為 2.6032，表示滿意程度逐漸為普通。

表 4-26　臺灣旅客對金門地區之觀光資源滿意程度

金門觀光資源構面	滿意度	排序
經濟消費便利	2.2207	1
休閒旅遊活動	2.3104	2
文物古蹟探索	2.4527	3
生態文化探索	2.5817	4

表 4-27　大陸旅客對金門地區之觀光資源滿意程度

金門觀光資源構面	滿意度	排序
經濟消費便利	2.2781	1
休閒旅遊活動	2.4989	3
文物古蹟探索	2.4912	2
生態文化探索	2.6032	4

伍、結論與建議

一、研究結論

（一）在大陸旅客與臺灣旅客到金門旅遊之主要動機差異方面，主要差異為臺灣旅客因為對於過去金門戰地的好奇心，至金門觀光以「戰爭遺蹟遊覽」為主因，而大陸旅客主要因金門地區環海因素，因此受「海濱的自然風光」吸引前來，表示其它金門地區吸引大陸旅客及臺灣旅客到金門觀光旅遊的主要動機差異性皆不大。

（二）探討金門觀光資源對臺灣旅客之人口統計變項的吸引差異中，以下列二點說明：

　　1.針對臺灣旅客而言：金門觀光資源之「生態文化探索」對於女性的吸引力較高於男性吸引力；而「文物古蹟探索」對於年收入 100-150 萬元、100-50 萬元及無所得的吸引力皆高於 150-200 萬元的臺灣旅客。

　　2.針對大陸旅客而言：金門觀光資源之「休閒旅遊活動」對於女性的吸引力較高於男性；而「經濟消費便利」、「生態文化探索」、「文物古蹟探索」對不同月收入的大陸旅客的吸引力有顯著差異，其中「經濟消費便利」對於月收入 5 千-1 萬元的吸引力較高於 3-5 千元的大陸旅客。

（三）分析金門觀光資源對大陸及臺灣旅客吸引力，以下二點說明：

　　1.對於臺灣旅客而言：最吸引臺灣旅客前往金門地區之觀光資源前四項依序為「戰地遺址」、「山水風光」、「閩南建築」、「海濱風光」。

2. 對於大陸旅客而言：最吸引大陸旅客前往金門地區之
   觀光資源前四項依序為「山水風光」、「戰地遺址」、「氣
   候適宜」、「富人情味」。

（四）分析臺灣民眾與大陸民眾對金門地區之觀光資源滿意度
   方面，研究發現，大陸旅客和臺灣旅客的滿意度皆在滿
   意及普通之間，其差異不大。

二、建議

（一）針對結論一：建議金門觀光業者在行銷手法上，針對臺
   灣旅客可以以金門的「戰爭遺蹟」主題，作為主要宣傳
   手法；針對大陸旅可以以金門的「海濱風光」主題，作
   為主要宣傳手法，藉此提高金門地區對臺灣及大陸遊客
   的吸引力。

（二）針對結論二、三：建議金門業者，針對臺灣旅客，對於
   女性旅客可多安排具「生態文化探索」方面的行程；對
   於年收入 150-200 萬元的旅客，可多安排具「文物古蹟
   探索」方面之行程。針對大陸旅客，對於女性旅客可多
   安排「休閒旅遊活動」之行程；對於月收入 5 千-1 萬元
   的旅客可多安排較具「經濟便利消費」之行程，藉此提
   高金門觀光對臺灣及大陸旅客的吸引力。

（三）針對結論四：整體而言，臺灣及大陸旅客對金門觀光資
   源的滿意度，皆持「普通」的水平，建議金門觀光業者
   在各方面需做完善規劃與調整。

（本文發表於「兩岸行銷物流與觀光休閒研討會」，

國立中興大學等主辦，2008 年 11 月 10 日。）

參考文獻

中文部分

陳建民、張皆欣、李能慧（2004），《大陸居民對金門觀光資源形象之研究——以廈門旅遊之大陸居民為調查對象》，二十一世紀產業發展研討會，國立高雄應用科技大學主辦。

林財丁、陳子良（2007），《人力資源管理第二版》，滄海書局。

林蔡焜（2006），建立休閒農業區競爭力評估準則之研究——以宜蘭縣為例，屏東科技大學農企業管理系所。

李俊龍（2004），《大陸遊客對金門意象認知與訊息傳遞媒介關係之探討》。銘傳大學觀光研究所碩士論文。

金門縣政府 http://www.kinmen.gov.tw/。

金門國家公園 http://www.kmnp.gov.tw/chinese/index.aspx。

金門縣部門發展計畫 http://gisapsrv01.cpami.gov.tw/cpis/cprpts/kinman/web%C0%C9/%B2%C4%A4G%BDg%20%20%B2%C4%A4G%B3%B9%20%C6[%A5%FA%B3%A1%AA%F9%B5o%AEi%ADp%B5e.htm。

留平美（2003），《1973～2000 年東南亞經濟體國際觀光競爭力之研究》，國立政治大學經濟研究所。

梁國常（2002），《遊客對風景遊憩區認知意象之研究——以陽明山國家公園為例》，國立臺灣師範大學地理學系博士論文。

劉茂男（2006），《發電機公司競爭力之個案研究》，亞洲大學經營管理研究所碩士論文。

詹怡泓（2003），《遊客對原住民觀光之知覺與互動關係之研究》，中國文化大學觀光是業研究所。

英文部分

Michael E. Porter (1985)，Competitive Advantage: New York: The Free Press, P.37.

James, F. E. Roger, D. B. & Paul, W. M.1995, Consumer Behavior, 8th edition, pp.277-278.

Martina G. Gallarza, 2002, Destination Image Toward a Conceptual Framework, Annals of tourism Research, No. 1, PP.56-78.

Michael E. Porter, 1985，Competitive Advantage: New York: The Free Press, P.37.

Morgan, J., 1995 "How to make them word" Purchasing, Vol.123, No5, pp.31-36

Fakeye, P.C. and Crompton, J.L., 1991, Image Difference between Prospective, First-Time, and Repeat Visitors to the Lower Rio Grand Valley, Journal of Travel Research, 3:10-16.

中國大陸旅遊發展現況及我因應策略之研究

壹、前言

　　近年來在全球經濟不景氣的情況之下，中國大陸在經濟方面仍然呈現穩定的成長，對於觀光業的發展也頗具成效。面對競爭激烈的全球觀光市場，中國大陸近年來積極積申辦 2001 年亞太經濟合作會議，以及 2008 年奧運、2010 年世界博覽會，對鄰近的臺灣產生了刺激和威脅。反觀臺灣方面，近年來的來臺觀光客並未有明顯的成長，雖然行政院在 2002 年提出備受矚目的「觀光客倍增計畫」，在國際觀光宣傳及拓展客源市場方面多所著力，顯然目前尚未有具體成效，反而在 2003 年因 SARS 事件而呈現 24.50% 的負成長情況。究竟兩岸之間觀光產業互動的結果，會帶來正面的效益抑或負面的效果，而面對大陸崛起的觀光市場，臺灣方面應有何因應對策？本研究將作進一步深入的探討。

貳、全球化、區域整合理論與觀光行銷

　　在當代，民族主義從政治轉向經濟，從盲目排外轉向充分利用西方文化成果，顯然是一個重大的發展。從 19 世紀晚期開始，大量西方觀念輸入東方，刺激了一種務實、開放、求新知、求進步的社

會思潮。然而在東西文化交鋒的過程中，只有一個共通性，那就是不論文化之差異性如何，都會造成一種具體式的被迫接受或強迫施予。經濟的殖民性常會疏離當地文化精英與其文學、經典、教義的聯繫，利用跨區域經濟的環境，削弱當地人民的敵對情緒。[1]由於一些國家和地區在文化上越來越傾向普遍主義的立場，民族主義意識已經由「對抗論」轉向「融合論」，像亞洲四小龍以及東南亞一些新興集團，便是以「融合論」來看待文化的差異。[2]

兩岸在政治上的互動關係紛紛擾擾，卻也阻擋不了朝經濟發展的路上各自努力，而中國大陸近年來在經濟上的突飛猛進，不得不為全世界所矚目。21 世紀是全世界區域化發展與全球化進程相互交織的時代，也是逐步消除區域封閉的時代。目前全球普遍存在區域整合性的組織，例如在歐洲有歐盟組織，在北美洲有美、加、墨三國組成的北美自由貿易區，中美洲地區的共同體市場和安第斯自由貿易集團正在發展之中，而南美洲的經濟共同體也在推展之中，在非洲，中非和西非也各自擁有自己的區域性組織；甚至連洲與洲之間也存在著正式和非正式的交往關係，影響最大的如亞太經合會議（APEC）、歐盟與東盟定期會議等。而就生產、交換與消費的過程來看，一個國家的經濟發展已經離不開整個世界的經濟運作和發展機制，並且成為全球經濟運行的一部分。[3]在全球化和世界區域經濟集團化的背景下，既強調區域的市場化和開放化，打破行政區劃界線，實現區域範圍內各組織、生產要素的多元結合，又重視區域整體性的合作，整合區域社會發展的各種模式、政策、要素等，促使區域社會發展的協調並增強區域競爭實力。

---

[1] 郭洪紀，《文化民族主義》（臺北：揚智文化事業公司，1997 年 9 月），頁 99-123。

[2] 同前註，頁 123。

[3] 鮑宗豪，《全球化與當代社會》（上海：三聯書局，2002 年 10 月），頁 13-14。

　　面對全球化和區域化的發展趨勢，政府的職能究竟要如何發揮，有兩種觀點：一種認為政府職能逐步消亡，區域發展的主體和根本動力是多類經濟組織；另一種觀點認為越是全球化和區域化，越要加強國家能力。[4]就觀光行銷方面而言，市場行銷是一種以顧客需要和願望為導向的觀念。市場行銷觀念是從市場需求出發，按照目標市場的顧客要求和願望來組織生產銷售產品，從長久的目標出發去占領整個市場。然而在 70 年代，由於西方資本主義國家出現了環境惡化、能源短缺、通貨膨脹、失業增加、消費者運動盛行等情勢的影響，人們紛紛對市場行銷的觀念提出了質疑，認為市場行銷雖然以滿足顧客的需要和欲望為主，但是私人企業生產經營的根本目的是為了獲得利潤，因此，許多企業在經營過程中迴避了滿足消費者的需要和長遠利益、社會利益之間的矛盾，從而造成了資源大量浪費和環境。過去談到行銷，極少人認為這是國家或政府的職責，所有的行銷理論也都是針對企業而來，但是當社會因行銷不當產生了問題，政府不能說完全沒有責任。換句話說，現在國家在行銷上所扮演的角色愈來愈重要，將國家的優勢與形象推銷出去已經是政府重要的職能。特別是觀光產業在近年來的趨勢愈來愈明顯，包括中國大陸、香港、日本、南韓、英國、泰國等國家，結合了政府整體的資源，並且聚集全國的民間力量，跨越國際會議、商業、體育、節慶等不同的活動內容，藉由全球性的傳媒與廣告力量，共同來促銷本國的入境旅遊產業向上發展。[5]

---

[4]　同前註，頁 23。

[5]　吳武忠、范世平，「從中國大陸旅遊產業競爭優勢來分析臺灣「觀光 Double」應有的國家行銷策略」，再創觀光新顛峰（觀光 Double）學術研討會論文集，臺北：中華觀光管理學會、銘傳大學觀光學院主辦，2002 年 11 月 9 日。

　　再就觀光消費行為而言，消費者行為理論的基礎概念可歸納為以學習、心理分析、社會心理、經濟學、需要層次等五種觀點為基礎[6]。由於消費者行為是一種行為過程及存在於社會關係中的個人、群體、組織，來獲得及使用各種產品、服務及其他資源經驗的結果[7]，如此一來，消費行為已經和社會群體合而為一。在現代化的社會，社會因素對於消費者行為的影響與日俱增，做為社會主導性的國家，掌控龐大的社會資源，政府主動介入國家行銷的角色也日益重要。政府對於有形的產品不需多費心力在行銷上，因為一般企業的行銷方式便足以達到效果，但是觀光產業的旅遊產品是無形性的，因此政府負擔國家行銷的責任也就更為明顯。藉由政府的「公信力」與「權威性」來增加「無形事物化」的品質修正自然是比較有說服力，也是觀光業國家行銷特別重要的原因。[8]

　　兩岸的觀光產業由國家行銷介入的例子所在多有，例如，大陸地區已於 2001 在上海舉辦亞太經濟合作會議，將來則有 2007 年於上海舉辦世界夏季奧運會，2008 年於北京舉辦奧運，2010 年於上海舉辦世界博覽會。臺灣方面，由行政院所主導的「觀光客倍增計畫」亦強調，觀光資源之開發以既有國際觀光旅遊路為優先，進行觀光資源開發，全面改善軟硬體設施、環境景觀及旅遊服務，使增於國際水準。此外，更以「目標管理」的手法，進行國際觀光的宣傳與推廣，就個別客源市場訂定今後六年的成長目標，結合各部會駐外單位之資源及人力，以「觀光」為主軸，共同宣傳臺灣之美；同時，為擴大宣傳效果，並訂 2005 年為「臺灣觀光年」、2008 年舉辦「臺

---

[6]　Hanna, N and R. Wozniak, (2001), *Consumer Behavior : An Applied Approach*, New Jersey, Prentice-Hall.

[7]　Gerald, Z and W. Melanie (1987), *Consumer Behavior: Basic Finding and Management Implications*, New York: John Wily and Sons.

[8]　吳武忠、范世平，同前註。

灣博覽會」，以提升臺灣之國際知名度。為迎合全球化時代，加速我國國際化，及助益觀光產業發展，將發展會議展覽產業（MICE, Meetings, Incentives, Conventions, Exhibitions），俾藉此拓展國際視野、提升國際形象。[9]

參、中國大陸入境旅遊現況與展望

一、入境旅遊現況分析

由於受到 2001 年世界經濟不景氣、國際政治局勢不穩定以及美國「911」恐怖攻擊事件的影響，全球旅遊收入比 2000 年下降了 2.6%，國際旅遊人數也下降了 0.6%。2002 年全球旅遊業的發展環境與 2001 年相較，仍然沒有太大的改觀，但是根據世界旅遊組織的統計報告，全球國際旅遊者人數首次突破 7 億人次，達到了 7.15 億人次，比 2001 年增長了 3.1%。[10]雖然處於 2001 和 2002 年不利的國際環境中，中國大陸的旅遊業在入出境和國內旅遊中仍舊持續保持良好的增長趨勢，成為最具有生機和活力的旅遊目的地和旅遊客源地。

中國大陸於 2002 年加入 WTO，總體經濟運作良好，GDP 維持在 8%的成長率。在此環境之下，入境旅遊業也有正面的發展，全年入境總人數達到 9790.83 萬人次。其中，外國遊客 1343.95 萬人次；香港遊客 6187.94 萬人次；澳門遊客 1892.88 萬人次；臺灣遊客 366.06 萬人次。旅遊收入高達 203.85 億美元。而港澳臺三地是中國大陸最

---

[9] 中華民國交通部觀光局，觀光客倍增計畫，2002 年。
[10] 參閱：世界旅遊組織（WTO）統計報告，2003 年 1 月 27 日。

大的客源市場，2002 年赴大陸的旅遊者計 8446.88 萬人次，占入境總人數的 86.3%。[11]

由於 2002 年中國大陸旅遊的快速成長，影響到 2003 年的入境旅遊人數和旅遊收入依保持高速成長的態勢，該年 1 至 2 月份入境旅遊人數達 1586.03 萬人次，比 2002 年同期成長 9.25%；旅遊收入達 31.64 億美元，比 2002 年同期成長 14.01%。但是由於三月下旬伊拉克戰爭，以及年初以來大陸內地部分省（區、市）、香港地區和臺灣地區相繼爆發 SARS 疫情，世界衛生組織和部分國家相繼發出旅遊禁令，致中國大陸在 2003 年初的旅遊榮景不再出現。上半年，入境旅遊人數出現了負成長，計接待入境旅遊人數 4132.28 萬人次，比 2002 年同期下降 11.76%；旅遊收入 73.31 億美元，比 2002 年同期下降 23.47%。[12]下半年隨著疫情得到有效的控制，世界衛生組織也逐步解除了中國大陸內地的旅遊禁令。而市場恢復發展的主要特點是商務和散客市場恢復的速度要比觀光休閒和團體旅遊的速度來得快，而且周邊市場的恢復也要比遠程市場恢復得快。整體而言，恢復的情況雖然無法達到年初的水準，但是也足以為 2004 年的發展打下了堅實的基礎。

2004 年是中國大陸旅遊脫離 SARS 侵襲後復甦的第一年。經過了 2003 年下半年的調整，加上 2004 年世界經濟成長率比 2003 年增加一個百分點，達到 3.2%，而且中國大陸經濟持續成長，經國際貨幣基金組織預測 2004 年經濟成長率仍為 7.5%，導致國民旅遊消費能力不斷提高；此外，2008 年的北京奧運會也是中國大陸大力宣傳的旅遊賣點，大陸國家旅遊局已經通過奧運宣傳旅遊計畫，強加宣傳。[13]

---

[11]　參閱：中國旅遊統計便覽（2003）（北京：中國旅遊出版社，2003 年 2 月）。

[12]　參閱：中國旅遊統計，月度資料，2003 年。

[13]　鑒於奧運會是全球的體育盛事，讓巴塞隆那成為整個歐洲第三大度假旅遊勝

二、市場展望

中國大陸的旅遊市場在歷經榮枯的洗練之後，總體來看亦有諸多的挑戰亟待克服。正值國際恐佈事件頻傳，中東局勢進一步惡化，東南亞等國政局動盪不安等因素的影響，部分傳統客源市場和遠程客源市將因此受到衝擊。然而就整體市場而言，日後的發展趨勢還是有利的因素大於不利的因素。主要的原因如下：

（一）國內政治經濟情勢穩定發展：中國大陸在十六次黨代表大會和第十屆全國人民代表大會順利召開後，政治情勢更加穩定和鞏固。雖然在 SARS 的肆虐之下，2003 和 2004 年的經濟成長率平均在 8%左右的水準。政治的穩定和經濟的繁榮，使得中國大陸在國際社會的聲勢維持不墜力表要客源市場的旅遊信心大增，讓中國大陸的旅遊安全目的地的形象重新確立。

（二）政府部門積極介入，強力促銷：2003 年 8 月 9 日，由中國大陸國家旅遊局提議並得到各國廣泛支持的東盟和日本、韓國旅遊部長特別會議在北京召開，各國代表共同商討本地區旅遊業恢復大計，並發表「振興亞洲旅遊北京宣言」，並透過活動啟動周邊市場，向全球傳遞訊息。同年十月中旬，世界旅遊組織第十五次全體大會亦於北京召開，計有一百三十多個成員國，近一千名各國旅遊代表參加，爭取世界各國對中國大陸旅遊業的恢復和發展予以認同和支持。此外，面對亟待復甦的旅遊業市場，

地，也為澳大利亞創造了八十多億澳元的旅遊收入，因此北京當局咸認為 2008 年的北京奧運會將是中國大陸旅遊業千載難逢的機會。參閱：張廣瑞、魏小安、劉德謙等主編，2002-2004 年中國旅遊發展：分析與預測（北京：社會科學文獻出版社，2003 年 12 月），頁 75。

　　　　中國大陸國家旅遊局主導各地掀起入境市場促銷活動，
　　　提出了「China For Ever」的宣傳口號。並致電歐美市場
　　　──九家、亞太市場四三九家大型旅行業者，聯手推動
　　　市場儘快恢復。

（三）北京奧運會效應開始顯現：2003 年 8 月 3 日，北京當局邀
　　　請了 2008 位中外來賓參加了隆重的北京奧運會會徽揭幕
　　　儀式，會徽「中國印‧舞動的北京」吸引了全世界的目光。
　　　不僅標識著北京籌備奧運會的工作進入了一個新的階段，
　　　而且也為北京市以及全國旅遊業的發展注入了新的活力。

（四）國內基礎建設的加強：由於中國大陸不斷持續加強其基
　　　礎建設，使得旅遊環境得到了改善，入境旅遊者在內地
　　　的安全足以得到保障，自然容易吸引入境的旅客。例如：
　　　從北京到九寨溝的航線於 2003 年 9 月 28 日正式通航，
　　　從北京到九寨溝坐飛機只需二個多小時，便捷又安全舒
　　　適的交通對旅客是一大吸引力。

　　總而言之，中國大陸旅遊業從 2003 年下半年到 2004 年的市場展
望是正面的，特別是周邊市場的恢復較快。針對港澳臺市場和內地的
聯繫不斷加強，使得市場能夠恢復到 2003 年 1 月到 2 月份時的水準。

肆、中國大陸出境旅遊現況與趨勢

一、出境旅遊現況分析

　　出境旅遊是中國大陸旅遊業的重要組成部分，近年來出境旅遊
的人數因私事出境人數增加的因素，使得整體成長的速度更加快

速。根據中國國家旅遊局的統計資料顯示，2002 年的公民出境人數超過 1660 萬人次，比 2001 年增加 36.8%，而 2001 年和 2000 年僅比上一年度分別增加 15.9%和 13.4%，顯然 2002 年的增加速度為過去兩年的一倍多。而從全球的統計資料來看，國際旅遊人次亦僅僅增加了 3.1%，中國大陸在 2002 年的成長是其十幾倍之多。再從出遊的性質上來看，在出境旅遊總人數之中，因私事出境者達 1006 多萬人次，比 2002 年增加 44.9%，相較於 2001 年和 2000 年分別為 23.3%和 31.99%的成長率，也有驚人的增加幅度。而在因公出境方面，2002 年因公出境人數為 654 萬，增加 26.1%，而 2001 年僅增加 7.2%，2000 年和 1999 年則均為負成長的現象。[14]

迄 2003 年 1 月至 2 月，中國大陸的出境旅遊仍快速成長，但是 2 月之後由於美國對伊拉克的衝突愈演愈烈，以及 3 月 20 日戰爭爆發的影響，致使剛剛加溫的赴埃及、土耳其等觀光路線遂冷卻下來。從四月份開始，復由於 SARS 疫情的擴張，大部分的國家不斷對中國大陸出境旅客實施限制措施，最多的時候曾經達到全球 127 個國家採取程度不同的簽證或其他管制措施，導致 4 月至 6 月份，出境旅遊幾乎處於真空及停止的狀態之中，一直到 7 月份以後才真正恢復。

整體而言，中國大陸在 2003 年出境旅遊上受到了極大的影響，尤其是失去了「五一」黃金週出遊的機會，但是和入境與國內旅遊相比，出境旅遊恢復得最快。SARS 過後，世界衛生組織在 5 月 25 日解除對中國的疫情不久，許多與境外有著密切關係的外貿企業，便千方百計地安排人員出境開拓市場，出席各種會和展覽活動，例如上海就安排了二十批經貿團赴海外洽談貿易，同時北京政府也相應調整諸多政策和簡化手續，以進一步刺激民眾出境旅遊時的消費

---

[14] 張廣瑞等主編，前揭書，頁 77-78。

需求。例如，公安部於 2003 年 8 月份公布有關護照和通行證的申領辦法改革。這項改革措施包括，居民憑身分證、戶口名簿按需申領護照的範圍，2003 年由上海、南京等二十五個大中城市擴大到一百個大中城市，達到全國大中型城市的三分之一。在實行按需申領護照的大中城市中，除規定的國家工作人員外，居民申請辦「往來港澳通行證」、「大陸居民往來臺灣通行證」時，免交工作單位或者公安派出所的意見。此外，從 2003 年 7 月 28 日開始，廣東省中山、東莞、江門、佛山市居民個人赴香港、澳門旅遊者，可以憑本人身分證、戶口名簿申請辦理「往來港澳通行證」及訪問簽證，簽證有效期限為三個月，分一次和二次往返有效，每次在港澳地區停留時間不超過七天，申領次數不受限制。申請人領取通行證後，可自行往來港澳地區。同年 9 月 1 日起，此項措施復擴大至北京、上海以及廣東省廣州、深圳、珠海市。[15]此項政策實施之後，立即帶來了內地居民赴港澳旅遊的高潮，7 月 28 日之後，在廣東四個城市開始實施的三天之內，就有 3 萬多人辦理了赴港澳簽證，預計實施該項政策的一年內將有 1 百萬名廣東居民以個人旅遊的方式赴港澳旅遊。[16]而香港匯豐銀行也預估，未來兩三年內，中國大陸內地居民在香港的消費額將達到 7 佰億港幣，比 2002 年增加一倍。[17]

自從 1987 年世界旅遊組織發布了關於到 2020 年中國大陸將成為世界第四大旅遊客源國、年輸出客源將達到 1 億人次的預測以來，世界各國對中國大陸出境的旅遊市場更加關注。綜觀中國大陸近年來出境旅遊型態，基本上有以下幾點特徵：[18]

---

[15] 參閱：《北京青年報》，2003 年 8 月 8 日。

[16] 參閱：《解放日報》，2003 年 8 月 8 日。

[17] 參閱：《北京青年報》，2003 年 8 月 9 日。

[18] 杜江著，《旅遊研究文集》（北京：旅遊教育出版社，2004 年 5 月），頁 402-414。

（一）出境旅遊人數和消費將持續成長：由於中國大陸經濟持續成長，城鎮居民可自由支配收入將繼續增加等經濟環境因素的影響，中國大陸出境旅遊市場總體規模將在2003年、2005年和2008年等幾個可以預期的重要年度獲得快速發展。以一項2000年的調查為例，有29%的大陸人民將新增加的收入主要用於消費，而47.3%的人會從低檔次消費為主轉向中高檔次的消費水準；另外，54%的人會增加旅遊、娛樂等消費。[19]根據國際消費結構轉換的情況來看，一旦中國大陸的結餘購買力在市場實現，「住」和「行」將是消費的熱點，其中「行」的方面主要就是交通、通訊和旅遊等方面的需求。

（二）出境旅遊仍屬於複雜型產品（shopping goods）：現階段中國大陸出境旅遊的產品仍具有較強的複雜型產品的屬性。亦即消費者由於花費和經驗等方面的原因，在進行此類消費決策時通常比較慎重，而且需要大量相關訊息的支持，亦即比較重視其消費，或是決策參與程度比較高。根據調查研究發現，中國大陸人民在出境旅遊方式選擇方面的情況為：全家出遊的占23.3%，和部分家庭成員共同出遊的占27.8%，和朋友結伴出遊的占29.0%，單獨出遊的占11.9%，單獨組織出遊的占7.4%，以其他形式出遊的占0.6%。由於「全家共同出遊」以及「與部分家庭成員共同出遊」的合計比重高達51.1%，此一現象在一定程度上將因為需要增加出遊開支，從而增加了出遊動機中在支付能

---

[19] 劉國光等，《2000年中國：經濟形勢分析與預測》（北京：社會科學文獻出版社，2000年1月）。

力上的複雜性和障礙，因此，出境旅遊仍將需要高度參與的消費決策，仍然屬於複雜型產品。[20]

（三）價格仍將是影響潛在消費者決策的重要因素：在中國大陸出境市場大眾化的早期，價格仍將是影響旅遊者產品選擇的主要因素。根據前述調查結果顯示，中國大陸人民出境旅遊的方式，全家出遊以及和部分家庭成員共同出遊的部分即占了 51.1%，而選擇與朋友出遊的亦占了 29.0%。由於中國人強烈的家庭觀念導致「整體出遊」偏重的現象，無形中提高了潛在出境旅遊者對於價格方面認知的敏感程度。

（四）出境旅遊目的將從純觀光朝向休閒度假方向發展：從整體發展趨勢來看，中國大陸出境旅遊市場中，以休閒為目的的部分將有很大的成長空間，中國大陸人民出境旅遊的目的將從純粹走馬看花式的觀光轉為休閒度假的方式所取代。根據紐西蘭 MFG（McDermott Fairgray Group Limited）的預測發現，2007 年到紐西蘭的 97,000 名觀光客中，來自中國大陸的度假人數將有 4.3 萬人次，並以年平均 18.4%的速度持續成長，其規模排在各細分市場之首。[21]另根據澳大利亞 TFC（Tourism Forecasting Council）的一項預測發現，2001 年到澳大利亞的 104.7 萬人次中，從中國大陸前來度假的觀光客將達 42.4 萬人次，並以年平均 26.8%的速度成長，其規模亦列在各個細分市場之首。此外，TFC 也預測 2000-2010 年，中國

---

[20] 參閱：杜江、厲新建、秦宇、李宏，「中國出境旅遊變動趨勢分析」，《旅遊學刊》，北京，2002 年第三期。

[21] *International Visitor Arrivals to New Zealand (2001~2007)*. McDermott Fairgray Group Limited, 2001.

大陸人民赴澳大利亞探親訪友的市場，將以年平均
24.8%的速度成長，超過了商務旅行為 22.7%的成長速
度，[22]顯示探親訪友市場將是未來中國大陸出境旅遊市
場的重要因素，值得臺灣方面的注意。

二、未來趨勢

　　中國大陸由於政治、經濟體制和觀念等多方面的原因，和入境
旅遊與國內旅遊相比，對待出境旅遊還是採取比較慎重的態度，政
治考慮多於經濟考慮，強調控制多於實行開放，以及境外目的地國
家和地區等其他原因，在在都使得中國大陸人民出境旅遊發展面臨
諸多的限制和障礙。[23]儘管如此，北京當局對於國民出境旅遊的政
策亦不斷地調整，而且調整的幅度加大，期能對出境旅遊產生突破
性的影響。針對中國大陸出境旅遊市場，從日後的發展趨勢來看，
以下幾個方面值得關注：[24]

　　（一）出境旅遊價格將會上升：基於市場供需的原則，中國大
　　　　　陸出境旅遊人數一旦日趨成長，旅遊產品的價格勢必會
　　　　　回升。尤其像香港等旅遊目的地，遊客增加的幅度突然
　　　　　大增，在供不應求的情況之下，當地飯店、旅館及其他
　　　　　旅遊設施或相關服務價格也必然會帶動上漲。

　　（二）政府積極開拓市場的效能發揮：由於政府對於內地和港澳
　　　　　之間旅遊政策的突破，使得內地與香港和澳門都簽署了

---

[22] Tourism Forecasting Council ----- October, 2001 Forecasts. *Forecasts Magazine*
（Australia）

[23] 張廣瑞等主編，前揭書，頁 87-89。

[24] 同前註，頁 93-94。

「關於建立更緊密經貿關係的安排」，而且從各方面都積極落實此項戰略的結果，必將大大地促進三地之間的經濟和旅遊活動。在手續方面的率先突破，加上地區性限制的逐步取消，將會帶動新一波內地前往港澳的旅遊高潮。

（三）在 ADS（Approved Destination Status）政策[25]方面的突破：2003 年 10 月 31 日，北京當局與歐盟簽署了「中歐旅遊目的地國地位諒解備忘錄」，並與丹麥、英國、愛爾蘭等國達成了聯合聲明，加上原本已簽署 ADS 協議的德國，使得中國大陸觀光團體赴歐盟國家旅遊的道路自此更為開通。可以預料的是歐盟對中國大陸整體開放，將會創造出日後中國出境旅遊的新局面。另外在北美地區方面，中國大陸已經率先與加拿大展開談判，勢必也會促進中國大陸與美國之間的談判。一旦歐美等國開放，世界其他國家將不會設太多的障礙，屆時中國大陸人民出境旅遊將會再掀起另一波的高潮。

（四）2004 年雅典奧運會具有極大的吸引力：2002 年漢城世界杯足球賽大大激發了中國人民對體育競技的興趣，而正值北京將於 2008 年舉辦奧運會前夕，更激發了中國人民對奧林匹克奧運會的興趣和關注。本屆奧運，希臘方面亦對廣大的中國市場大力宣傳，並且在力爭 ADS 方面更加積極，因此本屆雅典奧運會亦是 2004 年中國大陸人民出境旅遊的一大賣點。

---

[25] 所謂 ADS（Approved Destination Status）是二十世紀九十年代中期出現的新詞語，亦即中國大陸人民旅遊目的地。經過中、外兩國政府有關部門的協商，將某個國家確定為中國大陸人民出境旅遊的目的地國家，該國家同意接受中國大陸人民作為觀光客入境，並給予觀光簽證，中國大陸境內的旅行社只能組團到政府正式確定的目的地國家旅遊。這也是國與國之間的一種雙邊協議。參閱：同前註，頁 91。

伍、中國大陸內地旅遊現況與發展

一、內地旅遊現況分析

　　中國大陸近年來的國內旅遊有逐漸成長的趨勢。根據「中國旅遊年鑒」2000年至2002年的統計資料顯示，2000年的國內旅遊總人數為7.44億人，出遊率占全國總人數的59.1%，總花費為人民幣3175.54億元，平均每人花費人民幣426.6億元。2001年的國內旅遊總人數為7.84億人，成長率為5.38%，出遊率占全國總人數的62.2%，成長率為5.25%，總花費為人民幣3522.37億元，成長率為10.92%，平均每人花費人民幣449.5億元，成長率為5.37%。2002年的國內旅遊總人數為8.78億人，成長率為11.99%，出遊率占全國總人數的69.2%，成長率為11.25%，總花費為人民幣3878.36億元，成長率為10.11%，平均每人花費人民幣441.8億元，成長率為-1.71%（參閱附表1）。

　　進入2003年，由於中國大陸持續的經濟成長，國內旅遊業也呈現榮景。以該年春節黃金週為例，全國共接待5947萬人次，旅遊收入達人民幣258億元，比上一年分別成長15%和13%。然而接下來

表1　2000-2002年國內旅遊情況比較表

全國合計 年份	總人數		出遊率		總花費		平均花費	
	億人次	成長率 （%）	（%）	成長率 （%）	（億元）	成長率 （%）	（人）	成長率 （%）
2000年	7.44	--	59.1	--	3175.54	--	426.6	--
2001年	7.84	5.38	62.2	5.25	3522.37	10.92	449.5	5.37
2002年	8.78	11.99	69.2	11.25	3878.36	10.11	441.8	-1.71

資料來源：《中國旅遊年鑒2001》、《中國旅遊年鑒2002》、《中國旅遊年鑒2003》

突然發生 SARS 恐慌，不僅造成出境及入境旅遊的限制，即連國內旅遊也受到嚴重的波及。國務院除了決定該年暫不實施「五一」長假制度，改依法定的節日休假外，國家旅遊局亦發布了「關於調整四月下旬到五月底國內旅遊工作部署，切實防止『非典』通過旅遊活動擴散的緊急通知」，明確提出了不得組織跨區域促銷和跨區域旅遊等限制，種種措施均造成對國內旅遊的重大衝擊。一直到 5 月 23 日世界衛生組織（WHO）宣布撤銷對香港和廣東的旅遊警告後，6 月 20 日，WHO 又在日內瓦和北京兩地宣布，撤銷對北京的旅遊警告，同時將北京從 SARS 疫區的名單中刪除，中國大陸的國內旅遊業才開始漸漸復甦。以下半年的「十一」黃金週（中共國慶）期間，全國共接待旅遊者 8999 萬人次，比上一年的「十一」黃金週增加 11.5%，旅遊收入 346 億元，也同步增加了 13.1%，旅遊人數平均花費支出 384 元，同步增加了 1.3%[26]。

　　綜觀近年來，中國大陸的國內旅遊發展仍處於緩和成長的趨勢，尤其是城鎮居民的國內旅遊，更顯現出穩健的步伐。2002 年全國國內旅遊出遊人數的激增，主要是農村多年停滯後的激增所導致的；而全國國內旅遊平均每人花費水準的下降，同樣也是農村居民平均花費下降所致。因為隨著中國大陸逐漸的改革開放，農村居民的消費意識和型態同樣也出現了變化，也把旅遊活動當作是消費的一環，並安排在自己的生活中；但是由於農村居民的收入遠不及城鎮居民，在旅遊消費擴展及中低收入的農村居民時，自然會導致整體國內旅遊的平均消費水準跟著下降。另就城鎮居民而言，國內旅遊仍然保持著多年的穩定成長，從上表出遊人數、出遊率、花費總額、平均每人花費等方面的增幅，幾乎多處於連年緩增的趨勢中可見一般，仍可視為一種正常發展的態勢。

---

[26] 張廣瑞等主編，前揭書，頁 105-107。

二、未來發展趨勢

　　就整體情況而言，由於客源地的差異情形，居住在重大事件發生地區並經歷過該事件的人，對於整起事件的始末、過程、以及實際情形的認知，往往要比局外人還要深入。局外人對同一事件的認知，只優先注意到發生地和非發生地之間的差異而已，對於事件已經發生的關鍵性轉折，尚需要更長的認識和判斷的過程。因此，在中國大陸經歷過 SARS 的衝擊後，國內旅遊的恢復速度預期要比入境旅遊來得快，預期到 2004 年年底，國內旅遊就會全面恢復到 2002 年的水準。國內旅遊，由於民眾對自己健康和安全更加關心，因此在旅遊方式和遊程上的選擇，都會朝向多元的形態上發展，日後對於一日遊、周邊遊、自駕旅遊、家庭親子遊、以及學習和工作單位組織的大規模集體旅遊，將會得到更多的青睞。因此，在旅遊目的地的選擇上，鄉村旅遊和自然旅遊將會更加受到歡迎。

　　雖然未來中國大陸的國內旅遊業，充滿了許多利多，例如：城鎮居民和農村居民收入穩定成長、各級政府對於旅遊業發展的重視、地方基礎設施和旅遊設施的持續開發、外資進入旅遊業更加便利且意願提高、民間資本不斷地投向旅遊業等等因素，預估今後國內旅遊將在恢復的基礎上穩健發展，根據估計 2004 年的國內旅遊人數將比 2002 年增加 10%～15%左右，在收入方面亦可望比 2002 年增加 15%～20%左右，[27]然而許多不利的因素仍然值得注意和探討，包括：農村居民的收入和經濟能力相對偏低，對於每人旅遊平均花費的成長挹注有限；SARS 事件對於 2003 年農村經濟的影響甚大，將使農村居民在國內旅遊的消費受到壓抑；越來越盛的都市消費大型化，將形成城鎮居民消費的巨型分流；休閒方式的日趨多樣化，

---

[27] 同前註，頁 122-123。

將逐漸改變居民之前以旅遊休閒為主體的假日選擇；部分目的地旅遊業漫無目標的開發，不僅造成生態上的破壞，可能加深部分人士對旅遊業的誤解，乃至於進而導致某些部門或地方做出不利於旅遊業發展的選擇。

陸、臺灣地區觀光發展現況與問題

一、觀光發展趨勢

　　1959 年為我國現代觀光發展上之重要年代，政府和民間之觀光相關單位紛紛成立，積極推動觀光旅遊事業；[28]且根據交通部觀光局觀光統計年報歷年來臺旅客統計資料簡單分析，得知：臺灣在 1956 年來臺旅客人數有 14,974 人；1959 年至 1979 年開始快速成長，成長率幾乎都超過 10%以上，還有高達到 40%的成長率，因此，1959 年至 1979 年可以視為臺灣觀光的萌芽發展階段。1980 年後，來臺旅客就成長速度就降低許多，維持在 10%以下；在 1985 年、1990 年、1991 年、1993 年、1998 年和 2003 年皆出現負成長，尤其是在 2003 年負成長率出現-24.50%，來臺旅客數下降到 2,248,117 人。去年第一季在政府與民間合力推動臺灣觀光及開放馬來西亞、韓國免簽證政策下，來臺旅客人數比 2002 年成長 3.15%，3 月起受 SARS 疫情衝擊下，第二季來臺人數大幅下滑 71.54%，5 月來臺人數更創下歷史新低。直至 7 月 5 日 WHO 將臺灣由 SARS 疫區正式除名後，積極推動「後 SARS 復甦計畫」各項宣傳促銷措施下，來臺旅客逐

---

[28] 容繼業，「臺灣地區旅行業發展之回顧與前瞻」，第一屆臺灣觀光發展歷史研討會，臺中：臺灣省文獻委員會主辦，2001 年 5 月 15 日，頁 5。

步恢復，至 12 月已恢復至 SARS 前之九成。[29]茲將歷年來臺旅遊統計情形列於下表：

表 2　1956-2003 年來臺旅客統計表

年別 （西元）	人數 （單位：萬人）	成長率 （%）	年別 （西元）	人數 （單位：萬人）	成長率 （%）
1956	1.4974	--	1980	139.3254	3.94
1957	1.8159	21.27	1981	140.9465	1.16
1958	1.6709	-7.99	1982	141.9178	0.69
1959	1.9328	15.67	1983	145.7404	2.69
1960	2.3636	22.29	1984	151.6138	4.03
1961	4.2205	78.56	1985	145.1659	-4.25
1962	5.2304	23.93	1986	161.0385	10.93
1963	7.2024	37.70	1987	176.0948	9.35
1964	9.5481	32.57	1988	193.5134	9.89
1965	13.3666	39.99	1989	200.4126	3.57
1966	18.2948	36.87	1990	193.4084	-3.49
1967	25.3248	38.43	1991	185.4506	-4.11
1968	30.1770	19.16	1992	187.3327	1.01
1969	37.1473	23.10	1993	185.0214	-1.23
1970	47.2452	27.18	1994	212.7249	14.97
1971	53.9755	14.25	1995	233.1934	9.62
1972	58.0033	7.46	1996	235.8221	1.13
1973	82.4393	42.13	1997	237.2232	0.59
1974	81.9821	-0.55	1998	229.8706	-3.10
1975	85.3140	4.06	1999	241.1248	4.90
1976	100.8126	18.17	2000	262.4037	8.82
1977	111.0182	10.12	2001	283.1035	7.89
1978	127.0977	14.48	2002	297.7692	5.18
1979	134.0382	5.46	2003	224.8117	-24.50

資料來源：中華民國交通部觀光局觀光統計年報，http://www.taiwan.net.tw/lan/cht/index/

---

[29]　《中華民國交通部觀光局統計年報》，2003 年。

　　另就客源分析，來臺觀光的市場中，日本旅客有 657,053 人次，成為來臺的最大市場；港澳旅客有 323,178 人次；韓國旅客有 92,893 人次；新加坡等東南亞地區旅客合計有 324,169 人次；美洲地區旅客大部分來自美國有 272,858 人次；歐洲地區由於地理位置距離較遠，來臺旅客 118,843 人次；大洋洲旅客僅有 7,523 人次。以成長率分析，韓國正成長 11.08%為最高，其次為馬來西亞 1.07%及菲律賓 0.97%；其來臺旅客目的以業務為主佔 31.08%、其次是觀光佔 30.93，兩者相加已過 60%。[30]

　　在出境人數方面，由於前往中國大陸的人數持續增加，除了在 1998 年因受亞洲金融風暴影響，致使出境旅客大減外，其餘年份均呈正成長，於 2000 年高達 733 萬人次。在旅客目的地的選擇上，以赴中國大陸及港澳地區者最多（約占 35%），其後依次為東南亞地區（約占 20%）、東北亞地區（約占 20%）、美加地區（約占 10%）、歐洲地區（約占 6%）、紐澳地區（約占 3%），中國大陸、香港、日本、泰國、美國已經成為臺灣民眾出境的前五大目的地。

　　近年來，臺灣地區人民觀光旅遊之趨勢，受國民經濟所得提高暨週休二日制度的建立所影響。由於生活的習慣逐漸受到改變，休閒遊憩觀光已成為日常生活當中的一部份。在 2000 年國人平均一年在國內旅遊四次，旅遊天數以當日來回者居多，旅遊地區以北部地區較多（約占 45%）、南部地區次之（約占 36%）中部地區再次之（「九二一地震」後由 36%降至 31%）。2002 年從臺閩 263 處主要觀光區遊客數來看，2002 年較 2001 年成長 8.73%，遊客人次從 2001 年的 100,074,839 人次，增加 8,740,921 人次，在 2002 年遊客人次已達到 108,815,760 人次，可見觀光旅遊市場的繁榮。[31]

---

[30] 同前註。
[31] 取自：中華民國交通部觀光局網站，http://www.taiwan.net.tw/。

　　鑑於對內（國人）、對外（外國遊客）加速確立臺灣發展觀光之必要性，交通部觀光局在 2002 年及 2003 年皆提出觀光政策及施政重點，如下表所示：[32]

表 3　2002 年及 2003 年臺灣觀光政策暨施政重點表

	2002 年	2003 年
觀光政策	＊配合「振興觀光」之五大施政重點，加速落實「觀光客倍增計畫」之執行。 ＊加強辦理國際觀光宣傳推廣工作，依市場特性分別擬訂不同主題與策略進行推廣，以拓展國際客源，邁向倍增目標。 ＊輔導十二項具發展潛力之地方民俗活動，提昇地方節慶活動規模國際化，並與周邊景點配套推廣、加強國內外宣傳，吸引遊客參與。 ＊以套裝旅遊路線概念規劃十一處國家風景區中長程建設計畫，並積極執行。 ＊訂定「2004 年臺灣觀光年行動計畫」，積極推動「人人心中有觀光」運動，設計臺灣之旅產品開發計畫，期掀起全民推展臺灣觀光之熱潮，打造臺灣觀光新形象。 ＊訂定「旅館評鑑制度」暨「旅館評鑑標準表」，期展現國際水準，使我國之旅館品管管理體制與國際接軌，有利推廣、行銷。	＊發展臺灣為永續觀光的「綠色矽島」，達成 2008 年來臺旅客 500 萬人次之目標。 ＊以本土、文化、生態之特色為觀光內涵，配套建設，發展多元化觀光。 ＊減輕觀光資源負面衝擊，規劃資源多目標利用，建構友善旅遊環境。 ＊健全觀光產業投資經營環境，建立旅遊市場秩序，提昇觀光旅遊產品品質。 ＊迎合國內外觀光不同的需求，拓展觀光市場深度與廣度，吸引國際觀光客來臺旅遊。 ＊針對觀光市場走向，塑造具臺灣本土特色之觀光產品，有效行銷推廣。

---

[32] 同前註。

（續前表）

	2002 年	2003 年
施政重點	＊配合行政院「挑戰 2008：國家發展重點計畫」研擬「觀光客倍增計畫」執行計畫及分年分項計畫績效指標，以逐年改善旅遊環境。 ＊加強辦理國際觀光宣傳推廣工作，依市場特性分別擬訂不同主題與策略進行推廣，開創來臺旅遊市場新紀錄。 ＊宣示 2002 年為臺灣生態旅遊年，執行生態旅遊年工作計畫相關措施，並訂定生態旅遊白皮書。 ＊輔導十二項具發展潛力之地方民俗活動，提昇地方節慶活動規模國際化，並與週邊景點配套推廣、加強國內外宣傳，吸引遊客參與。 ＊以套裝旅遊路線概念規劃十一處國家風景區中長程建設計畫。 ＊辦理「國民旅遊卡」相關配套工作，完成發卡機構之評選、收單機構之遴選、特約商店之審查等工作。	＊配合「振興觀光」之五大施政重點，加速落實「觀光客倍增計畫」之執行。 ＊加強辦理國際觀光宣傳推廣工作，依市場特性分別擬訂不同主題與策略進行推廣，以拓展國際客源，邁向倍增目標。 ＊輔導十二項具發展潛力之地方民俗活動，提昇地方節慶活動規模國際化，並與周邊景點配套推廣、加強國內外宣傳，吸引遊客參與。 ＊以套裝旅遊路線概念規劃十一處國家風景區中長程建設計畫，並積極執行。 ＊訂定「2004 年臺灣觀光年行動計畫」，積極推動「人人心中有觀光」運動，設計臺灣之旅產品開發計畫，期掀起全民推展臺灣觀光之熱潮，打造臺灣觀光新形象。 ＊訂定「旅館評鑑制度」暨「旅館評鑑標準表」，期展現國際水準，使我國之旅館品管管理體制與國際接軌，有利推廣、行銷。

資料來源：中華民國交通部觀光局網站，http://www.taiwan.net.tw/。

　　臺灣已具備足夠的吸引力像是自然風景、人文歷史、傳統美食等去吸引國外旅客來臺旅遊，但是相對的配套仍顯不足；如何有效的吸引多數遊客，是現階段要思考的問題之一。尤其是在亞太地區其他國家紛紛舉辦國際型活動（韓國在 2002 年，舉辦世界盃足球

賽；大陸將在 2008 年，舉辦世界運動賽）來吸引遊客之下，臺灣現在的宣傳更顯不足。

二、臺灣對中國大陸觀光發展契機

　　就臺灣市場方面而言，2001 年 11 月 12 日，世界貿易組織第四次部長會議通過臺北加入 WTO 協議，臺灣以「臺澎金馬單獨關稅區」身分加入世貿組織，並自 2002 年 1 月 1 日成為世界貿易組織的成員。兩岸先後入世對兩岸的經貿關係產生了積極且正面的影響。無論兩岸貿易還是臺商赴內地投資，在 2002 年都獲得長足的發展。根據我陸委會統計資料顯示，2002 年兩岸貿易總額為 373.9 億美元，出超 215 億美元。而大陸商務部海關統計資料則顯示：兩岸貿易額首次突破 400 億美元，達 446.7 億美元，增長 38.1%，其中大陸對臺灣出口 65.0 億美元，增長 31.7%，大陸自臺灣進口 380.8 億美元，增長 39.3%，大陸逆差繼續增加，達 314.9 億元。臺灣已成為大陸的第四大貿易伙伴，第二大進口市場；大陸則成為臺灣第一大出口市場和最大貿易順差來源地（參見表 4）。此外，隨著兩岸經貿關係持續發展，臺灣對大陸經濟依存度持續深化，其中臺灣對大陸出口依存度已達 22.56%（參見表 4）。

　　在觀光旅遊方面，民國 89 年 12 月 5 日立法院三讀通過「臺灣地區與大陸地區人民關係條例」修正案，其中第十六條增訂第一款「大陸地區人民得申請來臺從事商務觀光……」之規定，大幅放寬之前大陸地區人民來臺的限制。本規定自 90 年 1 月 1 日開始實施，開啟了大陸地區人民以觀光名義來臺從事團體旅遊活動的新紀元。根據評估，每年來臺觀光旅客可達 30 萬人次至 100 萬人次，創匯收益亦可達每年 30 億美元之鉅，約佔臺灣地區國民境內旅遊

表 4　臺灣對大陸貿易佔我外貿之比重表

年別	香港轉口貿易統計			陸委會估算		
	出口比重	進口比重	進出口比重	出口比重	進口比重	進出口比重
1981	0.70	0.35	1.05	1.70	0.35	1.05
1982	0.88	0.44	0.68	0.88	0.44	0.68
1983	0.63	0.44	0.55	0.80	0.44	0.64
1984	1.40	0.58	1.06	1.40	0.58	1.06
1985	3.21	0.58	2.17	3.21	0.58	2.17
1986	2.04	0.60	1.49	2.04	0.60	1.49
1987	2.28	0.83	1.71	2.28	0.83	1.71
1988	3.70	0.96	2.47	3.70	0.96	2.47
1989	4.38	1.12	2.94	5.03	1.12	3.31
1990	4.88	1.40	3.32	6.54	1.40	4.23
1991	6.10	1.79	4.16	9.84	1.79	6.20
1992	7.72	1.55	4.83	12.95	1.55	7.60
1993	8.93	1.43	5.36	16.47	1.43	9.32
1994	9.15	1.51	5.50	17.22	2.18	10.02
1995	1.52	8.85	5.32	17.40	2.987	10.46
1996	8.38	1.56	5.20	17.87	3.02	10.95
1997	7.96	1.52	4.85	18.39	3.42	11.15
1998	7.56	1.58	4.65	17.94	3.93	11.13
1999	6.72	1.47	4.22	17.52	4.09	11.12
2000	6.47	1.41	4.01	16.87	4.44	10.84
2001	7.17	1.58	4.56	17.86	5.50	2.10
2002	7.90	1.52	4.94	22.56	7.06	15.39

資料來源：行政院大陸委員會，《大陸地區專業人士來臺從事文教交流活動統計》，
　　　　　2003，http://www.mac.gov.tw/statistic/ass_ce/Welcome.html。

表5　1991 年-2002 年兩岸貿易統計表

年別	兩岸貿易總額		我對大陸出口估算		我自大陸進口		出（入）超	
	金額	成長率	金額	成長率	金額	成長率	金額	成長率
1991	8091.0	67.0%	7493.50	70.5%	597.5	74.1%	6.896.0	75.5%
1992	11294.7	39.6%	10547.6	40.8%	747.1	25.0%	9800.5	42.1%
1993	15008.6	32.9%	13993.1	32.7%	1015.5	35.9%	12977.6	32.4%
1994	17881.2	19.1%	16022.5	14.5%	1858.7	83.0%	14163.8	9.1%
1995	22525.1	26.0%	19433.8	21.3%	3091.3	66.3%	16342.8	15.4%
1996	23787.2	5.6%	20727.3	6.7%	3059.9	-1.0%	17667.4	8.1%
1997	62370.5	10.9%	22455.2	8.3%	3915.3	28.0%	18539.9	4.9%
1998	23951.4	-9.2%	19840.9	-11.6%	4110.5	5.0%	15730.4	-15.2%
1999	25838.8	7.9%	21312.5	7.4%	4526.3	10.1%	16786.2	6.7%
2000	31233.2	20.9%	25009.9	17.3%	6223.3	37.5%	18786.6	11.9%
2001	27847.6	-10.8%	21945.7	-12.3%	5901.9	-5.2%	16043.8	-14.6%
2002	37393.9	34.3%	29446.2	34.2%	7947.7	34.7%	21498.5	34.0%

資料來源：行政院大陸委員會，《大陸地區專業人士來臺從事文教交流活動統計》，
2003 年，http://www.mac.gov.tw/statistic/ass_ce/Welcome.html。

年支出總額新臺幣 1989 億元之 49.8%，對提振國內旅遊市場
（inbound market）無疑是一項令人期待的盛事。[33]如上所述，臺灣
赴大陸旅遊人數每年將近 4 百萬人，消費金額高達新臺幣 1 千億元，
致使兩岸旅遊市場呈現極度不均衡狀態。但 2002 年我方開放市場以
後，大陸人士來臺從事文教交流活動的實際入境人數有 21,014 人，
2003 年 SARS 的影響，1 至 9 月實際入境人數亦達 13,894 人。[34]隨
著大陸經濟的成長，大陸出國旅遊人數逐年增加，2001 年首度超過

---

[33] 故鄉市場調查股份有限公司，《中華民國八十八年國人國內旅遊狀況調查報
告》（臺北：交通部觀光局，2000 年）。
[34] 行政院大陸委員會，大陸地區專業人士來臺從事文教交流活動統計，2003 年，
http://www.mac.gov.tw/statistic/ass_ce/Welcome.html

1 千萬人次，每年成長率約 20%，大陸旅客已成為各國積極爭取的
旅遊市場。大陸官方 2002 年宣佈將香港列為大陸內地人民的觀光旅
遊地區後，使原本逐漸蕭條的香港旅遊市場活絡起來，大陸赴港旅
遊人次從 50 萬人攀升至 500 萬人次，顯示大陸龐大觀光客市場不容
小覷。

三、相關問題

　　臺灣地區的觀光發展自 1987 破百萬，已邁入一個新的紀元。近
年來雖有政府積極介入輔導，仍無可避免產生以下幾點問題：[35]

（一）離尖峰之需求差距過大，供給面結構性失調：國內旅遊
　　　市場是「不患寡而患不均」，週休例假日與平日遊客人次
　　　比率懸殊，約為 7：3，直接衝擊觀光業經營及運輸效能
　　　之暢通等。例如假日風景區旅館住房率可達 7、8 成甚至
　　　無法訂到房間，而非假日即降至 3 成或更低；臺北開往
　　　花蓮的觀光列車假日一位難求，惟非假日卻門可羅雀。
　　　因此，尖峰期間民眾感受交通擁擠、設施不足、旅遊品
　　　質下降等問題，離峰時間長，旅館、遊樂區、餐飲的經
　　　營亦難有效正常營運，形成經營瓶頸。

（二）國際觀光客源不足，無法填補離峰：我國國內物價及人
　　　事成本較鄰近東南亞國家為高，加上國際航線分布廣度
　　　及來臺觀光簽證便利性不足等因素，降低我國在國際觀
　　　光市場之競爭力。在觀光宣傳推廣方面，以 2000 年為
　　　例，我國經費為 1 億 3 千萬元，日、韓將近 10 億元，新

---

[35] 中華民國交通部觀光局，《二十一世紀臺灣發展觀光新戰略》，2000 年。

加坡、泰國約 15 億元，香港更高達 19 億元；在人力方面，我國在行銷推廣人力不到 40 人，日、韓皆有百人以上，新加坡、泰國、香港則有數百人，因此與鄰近地區國家之觀光旅客人數比較（香港 13,059,477 人次，新加坡 7,691,090 人次），臺灣地區均較為遜色。

（三）觀光設施投資經營成本偏高，影響競爭力：臺灣地區的國際觀光旅館與一般觀光旅館之土地取得成本、建造費用、營運成本及人力成本等均較鄰近的國家如泰國、印尼、等國為高，致使觀光旅館住宿價格亦相對偏高，相對影響觀光產業在市場上的競爭能力。

（四）投資程序繁複，申請時效緩慢，影響民間投資意願：投資者在籌設申請時，因政府各單位事權分散，造成程序繁冗，投資範圍內公私土地狹雜，地權紊亂，公共設施興建不易，常使業者畏首畏尾不易伸展；復因金融機構考量現階段經濟不景氣，觀光產業之低報酬高風險，業者不但需提供足額擔保，更面臨高利率的成本壓力，形成業者財源籌措上的困境。

（五）違規觀光產業輔導合法化不易，影響正常營運：非法旅館業及觀光旅遊業者，因受限於地權、地用不符合法令規定，地方政府取締困難，而非法業者亦因無法合法化的問題，影響其營運，投資無法正常化。因此，在制度方面應考慮如何檢討現行地權、地用相關法規，評估市場需求，在不影響環境安全下適度調整修正相關法規；在執行方面則需聯合各級政府對有合法化可能的業者予以積極輔導，對無法合法化的業者加強取締或輔導轉型。

柒、臺灣地區未來因應策略

　　近年來中國大陸與臺灣在經濟貿易、觀光等方面互動越來越密切，中國大陸在觀光產業方面，因 2002 年加入 WTO 的正面效應下全年入境旅客人次已高達 9790.83 萬人次，比 2001 年成長 9.99%；2003 年雖然受到伊拉克戰爭及 SRAS 疫情影響，入境旅遊人次較 2002 年下降，全年入境數為 9166.21 萬人次，成長率出現負 6.38%。反觀，臺灣地區入境旅客在 2002 年為 297.7692 萬人次，僅比 2001 年成長 5.18%；2003 年同樣受伊拉克戰爭及 SRAS 疫情影響，成長率竟出現負 24.50%，全年入境人次為 224.8117 萬人次。相較於中國大陸的觀光產業快速發展，臺灣地區不能再劃地自限，而應提出具體作為，以下幾點因應策略可為參考：

一、強化國際觀光誘因，提升市場競爭力

　　我國觀光事業受到臺幣升值、物價高昂、觀光設備開發不足、國際機位不足等產業結構因素[36]，及鄰近亞洲國家積極舉辦國際性活動來吸引國際觀光客的策略下，國內觀光出現調適不良、遊程老化等現象；因此，加強輔導國內各大型活動之產品化、觀光化與國際化，期能吸引國際觀光客來華觀光為當務之急。觀光局也在 2004 年的觀光年工作計畫提出配套的措施有四，分別為：1.重新包裝遊程，鼓勵旅行業行銷。2.結合公民營觀光資源，研訂優惠價格等誘因方案。3.透過媒體介紹活動資訊，並報導舉辦縣市之周邊景觀、人文特色及產業之活力。4. 印製宣傳海報、摺頁，並透過網路行銷，

---

[36] 容繼業，前揭書，頁 5-15。

提昇活動資訊取得之便利性等。[37]配套措施美意雖甚佳，但政府應再注意民間配合之意願與成效，並給予適當的獎勵與誘因。

二、配合區域旅行風氣之興盛，開發新型態之觀光旅遊

　　區域旅行風氣之興盛未來亞洲區是整個世界經濟發展之重心，區域間旅行之風氣大開，因此在企業經營的主導下，國人前往大陸、香港、澳門、馬來西亞、新加坡的旅行人口激增，並且成為我國海外旅行之重要地點。[38]且未來許多亞洲地區的直航，例如：大陸航線、韓國航線等；大量前來臺灣旅遊的旅客或國人出國的模式將會有所改變，現在之觀光相關業者皆宜提前規劃、設計以應市場之改變。觀光局在 2004 年的觀光年工作計畫也提出具特色之優質的旅遊產品，有：1.「臺灣觀光年經典之旅」超值行程。2.針對各分眾市場設計「精緻旅遊」行程，，包括銀髮族之旅、青年旅遊等。3.針對特殊興趣旅遊市場設計主題旅遊產品，包括賞鳥之旅（賞冬鳥及賞夏鳥各一行程）、金門戰地之旅等。4.針對商務旅客設計 2 天 1 夜（太魯閣）及 1 日遊（近郊）行程，以吸引商務客。[39]塑造優質的旅遊產品是需多單位的結合，包含：居民、業者、公民營單位等，如何有效的結合以創造最高的經濟效益，是構思優質旅遊產品的思考重要，以避免紙上談兵。

---

[37] 中華民國交通部觀光局，前揭書，2003 年。
[38] 容繼業，前揭書，頁 5-18。
[39] 中華民國交通部觀光局，前揭書，2003 年。

三、重視危機管理，增強抵抗風險的能力

　　面對中國大陸近年來經濟成長迅速、觀光產業一日千里，臺灣地區的競爭力相較之下捉襟見肘。政府必須瞭解發展觀光是解決當前社會問題的重要關鍵。在中國大陸日漸增強的觀光競爭力下，我政府應早日建立風險管理機制，重新檢視發展觀光的重要性和相關法令，以增強抵抗風險的能力。過去政府素來只重視生產力的提昇，對於國人的休閒問題未予重視，以致於從土地地權、地用開始，凡都市或非都市地區休閒用途的設施，因涉及公私地夾雜或無法符合地用，多被列屬違法，實務上無法透過適法管理來落實休閒產業的發展，另方面也使國人休閒活動找不到合法場所，導致休閒消費產生衍生性的諸多問題。

四、提升主管機關位階，強化國家行銷的能力

　　中國大陸因政治制度的不同，國家介入觀光行銷的例子層出不窮，也造成了整合整體國家資源投入觀光發展的便利和效果。在全球化的行銷策略下，國家擔任觀光行銷主動者及促銷者的積極角色日漸重要，這也是何以中國大陸能整合國家資源投入觀光產業，並且能迅速度過 SARS 等危機，致使觀光產業能夠持續蓬勃發展。我國觀光產業在中央的主管機關，其位階還在部會之下，對於整合國家資源發展觀光的能力尚有疑義，為強化國家整體行銷的能力，實有檢討的必要。

五、企業發展創新，尋求制度上的突破

　　世界經濟普遍不景氣的情況之下，中國大陸的 GDP 依然保持7%左右的成長。加入 WTO 之後，中國大陸的經濟與國際經濟一體化的趨勢將進一步加速。臺灣地區進入大陸經商、貿易的人數也將會愈來愈多，如此，更增添了大陸旅遊經濟成長的機會。目前中國大陸大力發展入境旅遊、積極發展國內旅遊、穩步發展出境旅遊，三大遊遊市場都呈現了榮景，給旅遊企業帶來了新的機運。臺灣地區的觀光業應尋求企業上的發展和創新，以滿足旅客不斷變化的旅遊需求，吸引更多的入境旅客。業者亦應有此危機意識，不斷調整結構，旅遊產品的開發應由單純觀光性旅遊向綜合性旅遊方向轉變，為旅客提供更多的選擇。此外，更應妥適規劃國內旅遊市場，避免造成離尖峰差距過大所造成的失衡問題。

六、對中國大陸旅客進入臺灣地區之經營計畫與管理應加強

　　雖然政府各部門積極推動行政院的「觀光客倍增計畫」，但目前的效果仍然有限。其中的關鍵就在於沒有開放大陸民眾來臺觀光。以香港、澳門為例，一年的觀光旅遊人數即超過 1 千萬人次，主要就是來自大陸的觀光人潮。如果開放大陸觀光客來臺灣觀光，每年應可達到 1 千萬觀光人次的水準。而以每位大陸民眾出國旅遊，花費約為 2500 塊人民幣來計算，開放大陸民眾來臺，所帶來的觀光收入將可帶動銀行、餐飲、交通等相關產業發展，而且不像製造業可能造成公害汙染，是提振臺灣經濟非常可行的方法。[40]在可以提昇觀光效益之下，理應放寬中國大陸旅客入境臺灣的限制；再者，放

---

[40]　《聯合報》（臺北），2004 年 7 月 15 日，第 A11 版。

寬入境限制後即需加強管理，避免再次出現「跳機事件」的窘境，
目前旅行公會邀請陸委會、境管局和觀光局以及業者，經過開會討
論決定，未來大陸旅客來臺申請書，一定要確實填寫在臺親友聯絡
人的電話等，此等監督工作應再落實。

七、增加入境旅遊目的地訊息的管道和通路

　　臺灣地區在國際旅客的入境人數上日漸蕭條，國際觀光客源不
足，亦無法彌補離峰。面對中國大陸的競爭優勢，實應增加入境旅
遊目的地訊息的管道和通路。鑒於國際化和全球化的觀光型態，需
要對國外入境旅遊團體和個人的訊息供給加以引導和協調，提供完
善的旅遊資訊，否則可能會使潛在消費者對目的地的認知發生衝突
或模糊不清，不利於入境旅遊需求的成長。

八、防範中國大陸將臺灣設置成為 ADS 的門檻

　　中國大陸積極利用 ADS 制度作為外交上的一個政治籌碼，目前
許多國家也透過外交途徑，希望成為中國大陸出境旅遊的目的地。
如果兩岸的旅遊互相設限，對於觀光業的長遠發展絕非好事。我方
也應採政經分離以及更具彈性的大陸政策，以防範大陸主動對臺灣
設限，造成觀光產業的衝擊。兩岸設限愈少，業者可以在合法範圍
之內，自已評估風險，設想最有利的發展方式。

捌、結論

　　「觀光產業」已成為 20 世紀末各國最具社會經濟指標的產業。自 1950 年代至今，全球的觀光活動呈現日趨多元的豐富面貌，不僅在「量」上有可觀的成長，在「質」的方面亦有令人欣喜的新風貌不斷地醞釀與產生。根據世界觀光組織（WTO）2000 年版的分析報告指出，「觀光」已成為許多國家賺取外匯的首要來源。在全球各國的外匯收入中約有超過 8%來自觀光收益，總收益亦超過所有其他國際貿易種類，高居第一，約 5 兆 3 千 3 百億美元。WTO 更進一步預估，至 2020 年，全球觀光人數將成長至 16 億 2 百萬人次，全球觀光收益亦將達到 2 兆美元。[41]有鑒於此，從國家發展的宏觀形勢來看，臺灣的觀光事業發展應以「新思維」制定「新政策」，以全新的概念與思維來重新評估它的價值，並且在國家政策的位階上，重新訂定它的優先順序。[42]

　　觀光是沒有口號的政治，沒有形式的外交，其作用存之於無形，聚之於共識，影響力既深且遠。在國際化的時代，旅遊產品和服務替代性、選擇性更強，對於客源的爭奪成了競爭的主要表現。中國大陸已經加入 WTO，飯店業已率先開放，旅遊交通業正加快開放步伐，旅行社業者也將根據有關服務貿易協議逐步開放，旅遊業的三大支柱性行業已面臨國際旅遊企業的競爭。隨著競爭的國際化和日益激烈，旅遊企業優勝劣汰的現象將愈發突出，[43]臺灣方面應早日尋求因應，以免受到重大衝擊。

---

[41] 中華民國交通部觀光局，前揭書，2000 年。
[42] 同前註。
[43] 吳金林、黃繼元主編，《旅遊市場營銷》（四川：重慶大學出版社，2003 年 2 月），頁 10。

　　儘管兩岸在政治上紛紛擾擾，在全球化及區域整合的國際趨勢下，經濟的整合是可以先行創造出更大的共同利益。當今的歐盟是在全球化的新歷史條件下所成的區域經濟和政治整合的最成功典範。在全球化的觀光市場，國家積極性的角色日益重要，必須擔負起觀光行銷造勢者及促銷者的角色。中國大陸近年來一直積極爭取臺港澳等地的旅客入境，在政策上不斷放寬出入境的政策，對於爭取入境旅客已造成極大的成效。如果臺灣方面不再調整現行政策，恐會受到嚴重的影響。未來臺灣方面應積極調整大陸政策，放寬對大陸來臺觀光的限制，並且重新整合國家資源以投入振興國家觀光產業的行列。

（本文發表於「2004 年兩岸觀光旅遊產業之新挑戰學術研討會」，

中華觀光管理學會、銘傳大學主辦，2004 年 11 月 6 日）

參考文獻

中文部分

中華民國交通部觀光局觀光統計年報，http://www.taiwan.net.tw/lan/cht/index/

行政院大陸委員會，大陸地區專業人士來臺從事文教交流活動統計，2003 年，
　　http://www.mac.gov.tw/statistic/ass_ce/Welcome.html

《北京青年報》，2003 年 8 月 8 日。

《北京青年報》，2003 年 8 月 9 日。

《解放日報》，2003 年 8 月 8 日。

《聯合報》，臺北，2004 年 7 月 15 日。

中華民國交通部觀光局，《二十一世紀臺灣發展觀光新戰略》，2000 年。

中華民國交通部觀光局，觀光客倍增計畫，2002 年。

中華民國交通部觀光局，統計年報，2003 年。

中國旅遊統計便覽（2003），中國旅遊出版社，2003 年 2 月。

中國旅遊統計，月度資料，2003 年。

世界旅遊組織（WTO），統計報告，2003 年 1 月 27 日。

行政院大陸委員會，大陸地區專業人士來臺從事文教交流活動統計 2003 年。

吳武忠、范世平，《「從中國大陸旅遊產業競爭優勢來分析臺灣「觀光 Double」
　　應有的國家行銷策略」，再創觀光新顛峰（觀光 Double）學術研討會論文
　　集》，臺北：中華觀光管理學會、銘傳大學觀光學院主辦，2002 年 11 月
　　9 日。

吳金林、黃繼元主編，《旅遊市場營銷》，四川：重慶大學出版社，2003 年 2 月。

杜江著，《旅遊研究文集》，北京：旅遊教育出版社，2004 年 5 月。

杜江、厲新建、秦宇、李宏，〈中國出境旅遊變動趨勢分析〉，《旅遊學刊》，北
　　京，2002 年第三期。

故鄉市場調查股份有限公司，《中華民國八十八年國人國內旅遊狀況調查報
　　告》，臺北：交通部觀光局，2000 年。

容繼業，〈臺灣地區旅行業發展之回顧與前瞻〉，第一屆臺灣觀光發展歷史研討
　　會，臺中：臺灣省文獻委員會主辦，2001 年 5 月 15 日。

張廣瑞、魏小安、劉德謙等主編，《2002～2004 年中國旅遊發展：分析與預測》，
　　北京：社會科學文獻出版社，2003 年 12 月。

郭洪紀，《文化民族主義》，臺北：揚智文化事業公司，1997 年 9 月。

鮑宗豪，全球化與當代社會，上海：三聯書局，2002 年 10 月。

劉國光等，《2000 年中國：經濟形勢分析與預測》，北京：社會科學文獻出版社，
　　2000 年 1 月。

英文部分

Gerald, Z and W. Melanie (1987), Consumer Behavior: Basic Finding and
　　Management Implications, New York: John Wily and Sons.

Hanna, N and R. Wozniak, (2001), Consumer Behavior : An Applied Approach,
　　New Jersey, Prentice-Hall.

International Visitor Arrivals to New Zealand (2001~2007). McDermott Fairgray
　　Group Limited, 2001.

Tourism Forecasting Council ----- October, 2001 Forecasts. Forecasts Magazine
　　(Australia)

國家圖書館出版品預行編目

兩岸交流與社會發展──「小三通」與旅遊研究文集
／陳建民著. --一版.-- 臺北市：秀威資訊科技，
2009.04
　　面；　公分. --（社會科學類；AF0109）
BOD 版
部分內容為英文
含參考書目
ISBN 978-986-221-209-7（平裝）

1.兩岸關係　2.兩岸交流　3.社會發展　4.旅遊　5.文集

573.09　　　　　　　　　　　　　　　98005292

社會科學類　AF0109

兩岸交流與社會發展
──「小三通」與旅遊研究文集

作　　者／陳建民
發 行 人／宋政坤
執行編輯／賴敬暉
圖文排版／陳湘陵
封面設計／陳佩蓉
數位轉譯／徐真玉　沈裕閔
圖書銷售／林怡君
法律顧問／毛國樑　律師
出版印製／秀威資訊科技股份有限公司
　　　　　臺北市內湖區瑞光路 583 巷 25 號 1 樓
　　　　　電話：02-2657-9211　　傳真：02-2657-9106
　　　　　E-mail：service@showwe.com.tw
經 銷 商／紅螞蟻圖書有限公司
　　　　　臺北市內湖區舊宗路二段 121 巷 28、32 號 4 樓
　　　　　電話：02-2795-3656　　傳真：02-2795-4100
　　　　　http://www.e-redant.com

2009 年 4 月 BOD 一版
定價：350 元

‧請尊重著作權‧
Copyright©2009 by Showwe Information Co.,Ltd.

讀　者　回　函　卡

感謝您購買本書，為提升服務品質，煩請填寫以下問卷，收到您的寶貴意見後，我們會仔細收藏記錄並回贈紀念品，謝謝！

1. 您購買的書名：＿＿＿＿＿＿＿＿＿＿＿＿＿＿＿＿＿＿＿＿

2. 您從何得知本書的消息？

　　□網路書店　□部落格　□資料庫搜尋　□書訊　□電子報　□書店

　　□平面媒體　□ 朋友推薦　□網站推薦　□其他＿＿＿＿＿＿

3. 您對本書的評價：(請填代號　1.非常滿意 2.滿意 3.尚可 4.再改進)

　　封面設計＿＿＿　版面編排＿＿＿　內容＿＿＿　文/譯筆＿＿＿　價格＿＿＿

4. 讀完書後您覺得：

　　□很有收獲　□有收獲　□收獲不多　□沒收獲

5. 您會推薦本書給朋友嗎？

　　□會　□不會，為什麼？＿＿＿＿＿＿＿＿＿＿＿＿＿＿＿＿＿＿

6. 其他寶貴的意見：＿＿＿＿＿＿＿＿＿＿＿＿＿＿＿＿＿＿＿＿

＿＿＿＿＿＿＿＿＿＿＿＿＿＿＿＿＿＿＿＿＿＿＿＿＿＿＿＿＿＿

＿＿＿＿＿＿＿＿＿＿＿＿＿＿＿＿＿＿＿＿＿＿＿＿＿＿＿＿＿＿

＿＿＿＿＿＿＿＿＿＿＿＿＿＿＿＿＿＿＿＿＿＿＿＿＿＿＿＿＿＿

讀者基本資料

姓名：＿＿＿＿＿＿＿＿＿＿　年齡：＿＿＿＿　性別：□女　□男

聯絡電話：＿＿＿＿＿＿＿＿　E-mail：＿＿＿＿＿＿＿＿＿＿＿

地址：＿＿＿＿＿＿＿＿＿＿＿＿＿＿＿＿＿＿＿＿＿＿＿＿＿＿＿

學歷：□高中(含)以下　　□高中　　□專科學校　　□大學

　　　□研究所(含)以上　□其他＿＿＿＿＿＿＿＿

職業：□製造業　□金融業　□資訊業　□軍警　□傳播業　□自由業

　　　□服務業　□公務員　□教職　　□學生　□其他＿＿＿＿＿＿

秀威與 BOD

BOD（Books On Demand）是數位出版的大趨勢，秀威資訊率先運用 POD 數位印刷設備來生產書籍，並提供作者全程數位出版服務，致使書籍產銷零庫存，知識傳承不絕版，目前已開闢以下書系：

一、BOD 學術著作—專業論述的閱讀延伸
二、BOD 個人著作—分享生命的心路歷程
三、BOD 旅遊著作—個人深度旅遊文學創作
四、BOD 大陸學者—大陸專業學者學術出版
五、POD 獨家經銷—數位產製的代發行書籍

BOD 秀威網路書店：www.showwe.com.tw
政府出版品網路書店：www.govbooks.com.tw

永不絕版的故事·自己寫·永不休止的音符·自己唱